NOUVELLES

NOUVEAUX ...

1870-1871

EXPLIQUÉS ET ANNOTÉS

Prix : 14 francs

PARIS

ARTHÈME FAYARD, ÉDITEUR, ... RUE DE ...
Boulevard Saint-Germain

NOUVELLES LOIS — NOUVEAUX IMPOTS

LOIS, DÉCRETS, PROCLAMATIONS

ARRÊTÉS

LETTRES-PATENTES ET RÉSOLUTIONS

PROMULGUÉS EN FRANCE

En 1870, 1871 et 1872

OBSERVATION IMPORTANTE

En tête de chaque loi ou de chaque décret, nous plaçons deux dates. La première est celle de la loi ou du décret; la seconde est celle de la *promulgation* de cette loi ou de ce décret; distinction très-importante, car les lois, bien que votées, et existant par conséquent en réalité, ne sont exécutoires que du jour de leur promulgation.

ABATAGE des bêtes à cornes. (*Décret du 30 septembre-30 octobre 1871*). — 1-2. Les bêtes abattues par ordre de l'autorité, par suite de typhus ou de maux contagieux, seront évaluées par deux experts (l'un nommé par le maire, l'autre par la partie). Le propriétaire n'a droit qu'aux trois quarts de la valeur de l'animal. 3. Toutes les pièces d'évaluation, d'ordre et d'exécution d'abatage et de demande d'indemnité sont, dans les cinq jours de leurs dates, envoyées par le maire au préfet. Le ministre statue dans le délai de trois mois. 4. Les frais d'expertise, d'abatage, d'enfouissement, de désinfection, de transport des viandes et des animaux suspects, et tous autres frais accessoires restent au compte des propriétaires.

ABSINTHE (droits d'entrée) (*Loi du 26 avril-7 mars 1872*). — Voyez *Liqueurs et spiritueux*.

ACTES DE SOCIETE. — Voyez *Enregistrement* (*Loi du 28-29 février 1872*).

ACTES OFFICIELS (Dépôt des) (*Décret du 15 septembre-5 octobre 1870*). — Le dépôt à la préfecture du département d'Indre-et-Loire des décrets qui seront rendus par les délégués du gouvernement de la Défense nationale, équivaudra au dépôt au ministère de la Justice pour les actes officiels. Voyez *Décrets*, voyez *Formules*.

ACTES TRANSLATIFS de propriété. — Voyez *Enregistrement* (*Loi du 28-29 février 1872*).

ADJUDICATIONS. — Voyez *Enregistrement*.

ALGÉRIE (Organisation politique) (*Dé-*

...cret du 24 *octobre-7 novembre* 1870). — 1. Tout l'ancien système de gouvernement est supprimé. 2. Les décrets et décisions antérieures au 24 octobre sont abolis. 3. L'Algérie est divisée en 3 départements : Alger, Oran, Constantine; ce qui porte au chiffre de 92 les départements de la République française (1870). Chaque département élit 2 représentants. 4-5. Les populations européennes et indigènes établies dans les territoires dits *territoires militaires* continueront à être administrées par l'autorité militaire, dirigée par un général de division, qui aura les bureaux arabes sous ses ordres. 6. Le gouvernement et la haute administration sont centralisés à Alger sous l'autorité d'un *gouverneur général civil des trois départements de l'Algérie.* 7. Chaque département est administré par un préfet, ou, en l'absence du préfet, par son secrétaire général. Le préfet exerce, sous l'autorité du gouverneur, les attributions conférées aux préfets en France. 8. Le général commandant les territoires militaires prendra le titre de *général commandant les forces de terre et de mer réunies dans les trois départements.* Toutefois le ministre de la guerre et le ministre de la marine conservent, sur l'armée et sur la marine, l'autorité qu'ils exercent sur les troupes en campagne et sur les stations navales. Chaque territoire militaire est administré par un colonel ou un lieutenant-colonel nommé par le commandant des armées de terre et de mer. Dans ces territoires, le préfet a sous ses ordres les chefs des différents services civils et financiers dont l'action s'étend sur les diverses populations. Dès que l'autorité civile jugera que, dans un centre, il existe un nombre d'Européens suffisant pour former une municipalité, elle constituera une commune relevant de l'autorité préfectorale. 9-10. Tous les trois mois, le gouverneur général reçoit des préfets et des commandants militaires des rapports détaillés sur la situation de chaque administration. Le gouverneur correspond avec chaque ministre selon la nature des affaires. Tous les ans un rapport général détaillé est remis par lui au conseil des ministres, imprimé et communiqué à l'assemblée des représentants du peuple. 11. Le gouverneur ne peut être élu représentant, mais il a entrée à la Chambre devant laquelle il est responsable de ses actes. 12. Le *secrétaire-général* du gouvernement le remplacera en son absence. 13. Il est créé un *comité consultatif* du gouvernement (ce comité a été réorganisé par décret du 7-13 octobre 1871. Voyez ci-dessous *Algérie* (conseil consultatif). 14. Il est créé un *Conseil supérieur* du gouvernement. La composition de ce conseil et ses attributions ayant été modifiées par le décret du 7-13 octobre 1871, nous renvoyons nos lecteurs au mot *Algérie*, (conseil supérieur). 15. La législation antérieure sur les conseils généraux et les conseils municipaux sera maintenue jusqu'à nouvel ordre.

ALGÉRIE (Conseil consultatif du gouvernement) (*Décret du 7-13 octobre 1871*).— Le gouverneur-général civil de l'Algérie est assisté d'un conseil consultatif qu'il préside et qui est composé comme il suit : *Membres du Conseil* : le directeur général des affaires civiles et financières, le premier président, le procureur général, le commandant supérieur de la marine, le commandant supérieur du génie, l'inspecteur général des travaux civils, l'inspecteur général des finances, le recteur de l'académie d'Alger, un conseiller-secrétaire et un secrétaire-adjoint. L'archevêque d'Alger aura entrée au conseil consultatif.

Conseil supérieur du gouvernement (*Décret du 7-13 octobre 1871*). — Il est formé de quinze membres nommés par les conseils généraux (cinq par département). Ce conseil supérieur se réunit, sous la présidence du gouverneur, en session ordinaire, après que les conseils généraux ont voté le budget. Le gouverneur civil le convoque en service extraordinaire en cas de besoin. A l'ouverture de chaque session, le conseil élit un vice-président et un vice-secrétaire.

Fabrication des armes. Voyez *Armes* (*Décret du 7-12 octobre 1871*).

Concession de terrains en Algérie. Voyez *Alsaciens-Lorrains.*

ALGÉRIE (Israélites indigènes). *Décret du 24 octobre-7 novembre 1871*). — Les indigènes israélites sont déclarés citoyens français.

(*Décret du 7-9 octobre 1871*).—1. Ils demeureront, jusqu'à ce qu'une loi en ordonne autrement, inscrits sur les listes électorales. 2. Mais, dans les vingt jours de la promulgation du présent décret, ils devront se faire réinscrire. 3. Inscription qui se fera devant le juge de paix du domicile de l'Israélite, soit par la production d'un acte de naissance, soit par un témoignage écrit ou verbal de sept personnes domiciliées en Algérie depuis au moins dix ans, soit par toute autre preuve que le juge de paix trouvera concluante. La décision du juge, dont copie immédiate et sans frais sera remise à l'Israélite, vaudra titre. L'Israélite devra, s'il ne l'a déjà fait, adopter un nom de famille et des prénoms fixes. 4. L'Israélite pourra, en cas de refus, se pourvoir, par simple requête au président du tribunal de l'arrondissement qui indiquera une audience à trois jours de date au plus. Le tribunal statuera en dernier ressort.

Timbre et Enregistrement en Algérie. Voyez *Timbre,* voyez *Enregistrement.*

Avocats en Algérie. Voyez *Avocats.*

ALGÉRIE (Naturalisation des indigènes musulmans et des étrangers résidant en Algérie) (*Décret du 24 octobre-7 novembre 1870*). — 1. Les indigènes musulmans et les étrangers résidant en Algérie peuvent se faire naturaliser en produisant un acte de naissance ou un acte de notoriété, sur l'attestation de quatre témoins, dressé par le juge de paix ou par le cadi, lequel acte certifie que le réclamant est âgé de vingt et un ans accomplis. 2-3. L'indigène musulman, s'il réunit les conditions d'âge et d'aptitude déterminées par les règlements français spéciaux à chaque service, peut être appelé, en Algérie, aux fonctions et emplois de l'ordre civil qu'il est susceptible de remplir. Pour jouir de ses droits de citoyen français, il se présentera en personne devant le chef du bureau arabe de sa circonscription, lui formulera sa demande et déclarera qu'il entend être régi par les lois françaises. Il est dressé procès-verbal de la déclaration et de la demande, pièces que l'on adresse au gouverneur qui prononce sur les demandes, d'après l'avis du comité (conseil) consultatif.

ALGÉRIE (Concessions de terrains aux Français) (*Décret du 16-17 octobre 1871*). — 1. Tous les Français, d'origine européenne, mais non *Alsaciens-Lorrains,* peuvent obtenir du gouverneur général, sous promesse de propriété définitive, des locations de terre domaniales d'une durée de neuf années. — 2. Le locataire doit résider sur la terre louée et payer la somme de un franc par an, et d'avance, à la caisse du receveur des domaines. 3. Chaque lot contiendra de trois à dix hectares par tête de résident européen (famille ou domestiques du locataire). 4. Au bout de neuf ans, le bail est converti en titre définitif de propriété. Cet acte de propriété est établi sans droit d'enregistrement ou de transcription, et sans autres frais que le salaire du conservateur. 5. Après deux années de résidence, le locataire peut céder son droit au bail à tout autre colon européen, en notifiant le contrat de substitution au receveur des domaines. Le titre définitif de propriété est délivré, en fin de bail, au dernier locataire occupant. 6. Pendant trois ans, le locataire est affranchi de tous impôts sur la propriété mobilière.

ALLUMETTES (nouveaux impôts.) — (*Loi du 4-16 septembre 1871.*)

ALLUMETTES EN BOIS. — Boîtes ou paquets de 50 allumettes et au-dessous, 1 c. 5 m. Boîtes ou paquets de 51 à 100 allumettes, 0,03 c. Boîtes ou paquets contenant plus de 100 allumettes, 0,03 c. par centaine ou fraction de centaine.

Allumettes autres que les allumettes en bois. — Boîtes ou paquets de 50 et au-dessous, 0,05 c. Boîtes ou paquets de 51 à 100, 0.10 c. Boîtes ou paquets de plus de 100, 0,10 par centaine ou fraction de centaine. Droits perçus indépendamment des taxes de douanes sur allumettes importées. Sont imposés de même tous objets amorcés ou susceptibles de produire du feu. Les allumettes exportées sont affranchies d'impôts. Dans les trois jours de la promulgation de la présente loi, les fabricants d'allumettes doivent faire une déclaration de leur industrie dans un bureau de la régie ; même déclaration sera faite par les fabricants nouveaux. Toute fabrication, sans déclaration, sera punie d'une amende de 100 à 1,000 fr., et de la confiscation des objets saisis. Toute autre fraude sera punie d'une amende de 100 à 1,000 fr. et de la confiscation.

Règlement d'administration publique pour l'exécution de la loi du 4 septembre 1871. (*Décret du 29 novembre 1871.*)

Les fabricants d'allumettes chimiques doivent, en faisant leur déclaration, payer le prix de la licence. Tant qu'ils n'ont pas déclaré cesser leur industrie, ils ont ensuite à payer, dès le 1er janvier de chaque année, le même droit de licence. Si ce payement n'est pas effectué au jour dit, il est procédé au recouvrement par voie d'avertissement et de contrainte dans les conditions fixées par la loi. A l'extérieur du bâtiment principal de tout établissement où l'on fabrique des allumettes chimiques, les mots : *Fabrique d'allumettes chimiques* seront inscrits en caractères apparents. Les boîtes ou paquets seront scellés au moyen de timbres ou de vignettes timbrées.

ALLUMETTES EN BOIS (taxe). — (*Loi du 22-23 janvier* 1872). — Droit intérieur sur les allumettes en bois, décime compris :

Boîtes ou paquets de 100 allumettes et au-dessous, 0,04 par boîte ou paquet. Boîtes ou paquets contenant plus de 100 allumettes, 0,04 par centaine ou fraction de centaine. Le même droit sera perçu, indépendamment des taxes de douane, sur les allumettes en bois importées.

ALLUMETTES CHIMIQUES (*Décret du 29 février-1er mars* 1872). Les fabricants doivent apposer à leurs frais les timbres ou vignettes sur les boîtes. A partir du jour de la promulgation du présent décret, les boîtes ou paquets devront, dans le commerce, être, sans exception, revêtues de timbres ou vignettes.

ALLUMETTES. — Enfin, les lois et décrets ci-dessus n'ayant pas produit les résultats que l'on croyait pouvoir en attendre, il a été admis en principe qu'il serait établi un monopole pour la fabrication et la vente des allumettes, et que ce monopole, au lieu d'être attribué au gouvernement, serait alloué à un concessionnaire. A la date du 20 octobre 1872, il a été offert au gouvernement une somme de 16 millions 30,000 fr. pour le prix de la concession ; mais jusqu'à nouvel ordre, et jusqu'à ce que la nouvelle organisation soit établie, les lois et décrets ci-dessus restent en vigueur. Une société de banquiers, dont la raison sociale serait Vignal, Pilet-Whil et Cᵉ a obtenu l'adjudication. Les clauses de la convention seront modifiées suivant les bénéfices que fera cette société.

ALSACIENS-LORRAINS. — Nous réunissons sous ce titre toutes les lois et tous les décrets qui ont pour objet *l'option* des habitants de l'Alsace-Lorraine, les *concessions* de terrain qui sont faites en Algérie à ceux d'entre eux qui veulent abandonner leur patrie devenue allemande. Pour la situation qui est faite à ceux qui optent pour la nationalité allemande, et pour certaines formalités qu'ont à remplir les *Alsaciens-Lorrains* qui optent pour la France, nous sommes forcés de renvoyer nos lecteurs à notre mot : *Traités avec l'Allemagne.*

ALSACIENS-LORRAINS ÉLECTEURS ET ÉLIGIBLES (*Loi du* 19-20 *juin* 1871). — Article unique. Sont électeurs et éligibles, sans condition de temps de résidence dans le nouveau domicile qu'ils ont choisi ou choisiront en France, les citoyens français qui, conformément à l'article 2 du traité du 18 mai 1871, ont opté ou opteront pour la nationalité française, à la charge par eux de faire, à la mairie de leur nouvelle résidence, leur déclaration constatant leur volonté d'y fixer leur domicile et d'y réclamer leur inscription sur les listes électorales. Voyez *Traité de paix définitif*, article 2.

CONCESSION aux habitants de l'Alsace et de la Lorraine de terrains en Algérie (*Loi du* 21-24 *Juin* 1871). Une concession de 100.000 hectares des meilleures terres dont l'Etat dispose en Algérie est attribuée, à titre gratuit, aux habitants de l'Alsace et de la Lorraine qui voudraient conserver la nationalité française et qui prendraient l'engagement de se rendre en Algérie pour y mettre en valeur et exploiter les terrains ainsi concédés. Une commission de 15 membres sera nommée par les bureaux de l'Assemblée, pour étudier et préparer la série de mesures destinées à réglementer l'exécution de la présente loi, et pour déterminer, en outre, dans quelle proportion et de quelle manière l'Etat devra intervenir, en dehors de la concession des terres, pour faciliter l'installation des nouveaux immigrants.

Loi du 15-22 *septembre* 1871. — Art. 1ᵉʳ. Il est institué à Belfort et à Nancy des commissions à l'effet de recevoir les demandes des habitants de l'Alsace et de la Lorraine qui, voulant conserver la nationalité française, prendraient, conformément à la loi du 21 juin 1871, l'engagement de se rendre en Algérie pour y cultiver et mettre en valeur les terres dont la concession leur serait faite par l'Etat à titre gratuit. Ces commissions seront chargées de constater la moralité des émigrants et leur aptitude à faire des colons agricoles ; de s'assurer que chaque famille dispose de ressources pécuniaires s'élevant à 5,000 fr. au moins ; de diriger sur les ports d'embarquements les familles d'émigrants. 2. L'Etat pourvoira au transport par mer des émigrants. 3. Des commissions instituées par les conseils généraux, recevront les colons, les dirigeront sur les lots qui leur sont affectés et leur rendront tous les bons offices réclamés par leur situation. 4. On ajoutera à chaque colonie, un communal en bois et des terres de parcours. 5. Chaque remise de lot sera accompagnée d'une remise de plan. Le choix des lots aura lieu par ordre d'arrivée. L'étendue des lots sera en rapport avec le nombre des membres de la famille. 6. Chaque centre de population sera pourvu, aux frais de l'État, d'eaux alimentaires, d'une mairie, d'une école, d'un édifice du culte, de voies de communication. 7. Ces travaux seront faits par les immigrants de préférence à tous autres ouvriers. 8. En attendant la construction de maisons, les colons camperont comme des troupes en campagne. 9. Chaque colonie sera constituée en commune de plein exercice aussitôt l'arrivée des 2/3 des habitants qui doivent la former.

RÉPARTITION dès terres aux *Alsaciens-Lorrains* qui émigrent en Algérie.

(*Décret du 16-17 octobre* 1871). — Art. 1er. Pour bénéficier de la loi ci-dessus, les Alsaciens-Lorrains doivent produire devant les commissions d'émigration, une expédition de leur *option* en faveur de la France. 2. A leur arrivée en Afrique, ils souscriront un engagement de cultiver et d'habiter les terres concédées, et ils justifieront qu'ils sont encore possesseurs des 5,000 fr. exigés par la loi ci-dessus (Art. 1er). La non habitation des terres avant de les avoir mise en valeur, entraînerait la déchéance de la concession. 3. Les concessionnaires deviendront propriétaires définitifs et incommutables, par arrêté préfectoral prononcé à leur requête ou à la requête de leurs ayants cause ; l'arrêté sera enregistré gratis et transcrit sans autre frais que le salaire du conservateur. 4. Pendant 3 ans le concessionnaire sera affranchi de tout impôt sur la propriété immobilière. 5. Les conditions de peuplement de chaque colonie pour être constituée en commune, seront réglés de façon que la proportion corresponde à l'existence d'un corps électoral de 100 citoyens au moins.

CIRCULAIRE du ministre de la justice. (*Option* des *Alsaciens et Lorrains*) (30 *mars* 1872). — On considère comme originaires de l'Alsace-Lorraine, tous ceux qui sont nés dans les territoires cédés à l'Allemagne. Les déclarations d'option seront centralisées au ministère de la justice ; elles doivent être inscrites sur papier libre, sans aucun frais.

AMNISTIE accordée par *Décret du 4-6 septembre* 1870. — Amnistie pleine et entière est accordée pour tous les délits politiques et de presse, depuis le 3 décembre 1852, jusqu'au 3 septembre 1870.

AMNISTIÉS (*Loi du 17-21 juin* 1871). — Les amnisties ne peuvent être accordées que par une loi. (Voir *droit de grâce*).

AMONES ET CARDAMONES (droit d'importation). (*Loi du 3-16 juillet* 1872 .— Les droits d'importation sont modifiés comme il suit : Amones et cardamones des pays hors d'Europe (y compris les colonies françaises) 200 fr. les 100 kilog. ; des autres pays, 240 fr. les 100 kilog.

ANNONCES JUDICIAIRES ET LÉGALES (*Décret du 28-31 décembre* 1870). — Jusqu'à ce qu'il en ait été décidé autrement, les annonces pourront être insérées, au choix des parties, dans l'un des journaux publiés en langue française dans le département. Toutes les annonces judiciaires relatives à une même procédure de vente seront insérées dans le même journal.

APPELS. Voyez *contingent*, voyez *levée*.

APPEL des jeunes gens de 25 à 35 ans du département de la Seine (*Décret du 12-13 novembre* 1870). — 1. Les jeunes gens de 25 à 35 ans, célibataires ou veufs sans enfants, du département de la Seine, formant la troisième catégorie, sont appelés à l'activité. 2. Cet appel s'étend aux jeunes gens des autres départements actuellement en résidence à Paris.

ARMES (*Loi du 1er-2 septembre* 1870). — 1. Le gouvernement est autorisé à s'approprier, pendant la durée de la guerre, les armes et munitions de guerre fabriquées en France pour l'étranger ou en cours de fabrication. 2. Ces armes et munitions seront payées au prix stipulé par les contrats.

Décret du 4-6 septembre 1870. La fabrication, le commerce et la vente des armes sont absolument libres.

Décret du 12-22 octobre 1870. Toutes les armes et munitions de guerre d'origine étrangère peuvent être requises à leur arrivée en France, et payées par récépissés donnant titre au remboursement.

ARMES ET CARTOUCHES (*Arrêté du 30-31 mars* 1871). — Le décret du 9 septembre 1870, relatif à l'admission en franchise des armes et des cartouches. est rapporté.

Loi du 19-24 juin 1871. Le décret du 4 septembre 1870, sur le commerce et la fabrication des armes de guerre, est abrogé ; les lois antérieures sont remises en vigueur. Tout fabricant ou détenteur non autorisé de machines ou engins meur-

…tiers ou incendiaires, agissant par explosion ou autrement, ou de poudre fulminante, quelle qu'en soit la composition, sera puni d'un emprisonnement de six mois à cinq ans et d'une amende de 50 à 3,000 francs. Les dispositions de l'article 463 (1) du Code pénal sont et demeurent applicables aux délits prévus par la présente loi.

Décret du 7-12 *octobre* 1871. La loi ci-dessus est rendue exécutoire en *Algérie*.

ARRÊTS. Voyez *formule exécutoire*.

ARTS ET MANUFACTURES — Voyez *Chambres consultatives*.

ASSASSINAT des généraux Clément Thomas et Lecomte (*Loi du* 26 *mars-6 avril* 1871). Art. 1er. L'assassinat des généraux Clément Thomas et Lecomte est un deuil public, auquel l'Assemblée appelle le pays tout entier à s'associer. Art. 2. L'Assemblée nationale assistera à un service solennel qui sera célébré à cette occasion dans la cathédrale de Versailles. — Art. 3. Un monument funèbre sera élevé, aux frais de l'Etat, aux généraux Clément Thomas et Lecomte.

Loi du 26 *mars-6 avril* 1871.—Art. 1er. La famille du général Lecomte, assassiné à Paris, est adoptée par la nation. Art. 2. Une pension nationale, dont le chiffre sera ultérieurement fixé, est allouée à Mme veuve Lecomte ; elle se cumulera avec celle à laquelle elle a droit en vertu des lois existantes. Voyez *Familles des militaires* (*Loi du* 1er-15 *mars* 1872).

ASSEMBLÉE NATIONALE Constituante. (*Décret du* 8 *septembre* 1870.) Les colléges électoraux sont convoqués pour le dimanche 16 octobre, à l'effet d'élire une Assemblée nationale constituante. *Décret des* 15-17 *septembre* 1870. Ces élections sont remises successivement jusqu'aux 7 et 8 février 1871.

Élections à l'Assemblée nationale. (*Décret des* 21 *janvier-2 février* 1871.) — Art. 1er. Les assemblées électorales sont convoquées pour nommer les représentants du peuple à l'Assemblée nationale. 2. Elles se réuniront le mercredi 8 février prochain, pour procéder aux élections dans les formes de la loi. 3. Un décret, rendu aujourd'hui, règle les dispositions légales ; il va être immédiatement publié.

Décret du 29 *janvier* 1871. — Art. 1er. Les colléges électoraux sont con-

(1) Pour l'article 463 du code pénal, voyez notre mot *Loi militaire*, article 68.

voqués à l'effet d'élire l'Assemblée nationale, pour le dimanche 5 février, dans le département de la Seine, et pour le mercredi 8 février, dans les autres départements. 2. Dans les départements et fractions de départements où, à raison des circonstances de guerre ou autres, le vote ne pourrait avoir lieu le 8 février, le jour du vote sera déterminé par un arrêté préfectoral, si ce vote peut s'accomplir avant la réunion de l'Assemblée, par une décision de l'Assemblée elle-même, s'il ne peut avoir lieu que postérieurement à cette réunion. 3. L'élection aura lieu par département au scrutin de liste, conformément à la loi du 15 mars 1849. Chaque département élira le nombre de députés déterminé par le tableau annexé au décret du 15 septembre 1870. 10. Il sera statué par l'Assemblée sur les élections de l'Algérie et des colonies. 11. L'Assemblée se réunira à Bordeaux le 12 février. (*Décret du* 31 *janvier-2 février* 1871.) Il n'y aura qu'un seul jour de vote, de sept heures du matin à sept heures du soir. Le dépouillement aura lieu le soir même. Les éligibles qui auront obtenu le plus grand nombre de voix, quelque soit le nombre des électeurs inscrits ou des votants, seront proclamés représentants élus à l'Assemblée nationale. Le nombre total des représentants sera de 759, non compris les députés des colonies françaises. Le nombre des députés dans les colonies est fixé comme il suit : Martinique, 2 ; Guadeloupe, 2 ; Guyane, 1 ; Sénégal, 1 ; Réunion, 2. — Total, 8. Dans ces colonies, l'élection aura lieu le troisième dimanche qui suivra la réception dans chaque colonie du *Moniteur universel* publiant le décret de convocation.

Élections de Paris (*Décret du* 2-3 *février* 1871.) Elles sont portées du 5 au 8 février.

Élections dans les départements occupés. (*Instruction du* 30 *janvier* 1871). A défaut de carte, les électeurs inscrits pourront voter après la simple constatation de leur identité. Le vote sera valable, quelque soit le nombre des votants.

Élections partielles pour pourvoir à certaines vacances dans le sein de l'Assemblée nationale. (*Arrêté du* 9-10 *juin* 1871). Elles auront lieu le dimanche 2 juillet prochain. Voyez *Élections*.

ASSEMBLÉE NATIONALE siége à *Versailles.* (*Résolution du* 10 *mars* 1871.) L'Assemblée nationale a adopté la résolution suivante : Art 1er. Le siége de l'Assemblée nationale sera transporté à Versailles. 2. L'Assemblée fixe au lundi 20 mars sa première réunion dans cette ville.

Loi du 8-12 septembre 1871. Art. 1er. L'Assemblée nationale, le Pouvoir exécutif et les ministres continuent à résider à Versailles.

ASSEMBLÉE NATIONALE. (membres de l') (*Loi du 25 avril-1er mai* 1872.) Art. 1er. Aucun membre ne pourra, pendant la durée de son mandat, accepter de fonction publique salariée, ni, s'il est déjà fonctionnaire, obtenir d'avancement, interdictions qui continueront d'être appliquées aux membres démissionnaires pendant les six mois qui suivront leurs démissions ou jusqu'à la dissolution de l'Assemblée, si cette dissolution a lieu avant l'expiration dudit délai de six mois. 2. 3. Les fonctions accordées au concours ou à l'élection, celles de ministre, de sous-secrétaire d'État, d'ambassadeur, de ministre plénipotentiaire, de préfet de la Seine, les missions extraordinaires et temporaires à l'intérieur ou à l'extérieur sont exceptées des dispositions précédentes. 3. Les officiers-députés sont considérés comme étant en mission hors cadres pendant la durée de leur mandat. 5. Les députés ne peuvent être nommés ou promus dans l'ordre de la Légion d'honneur, excepté pour fait de guerre. Voyez *Fonctionnaires, Députés*.

ASSISTANCE PUBLIQUE. (*Arrêté du* 25-27 *juin* 1871. — Les décrets postérieurs au 4 septembre 1870 sont rapportés ; l'Assistance sera régie comme elle l'était avant la proclamation de la République.

ASSURANCES MARITIMES (Enregistrement et Timbre). Voy. *Enregistrement.* (*Loi du 23 août* 1871.) — Art. 6. Voyez à la suite de ce mot le décret du 25 novembre 1871, réglant la perception d'enregistrement de la taxe pour les *Assurances maritimes.*

ASSURANCES CONTRE L'INCENDIE. — Voyez *Enregistrement*, même loi et même décret que ci-dessus.

AVANCEMENT DANS L'ARMÉE. (*Décret du 13-19 octobre* 1870). — Les lois ordinaires sont suspendues ; des avancements extraordinaires et des grades peuvent être accordés à des personnes n'appartenant pas à l'armée ; ils pourront rester acquis après la guerre s'ils ont été justifiés par des actions d'éclat ou d'importants services. Voyez *Grades*.

Décret du 10-19 octobre 1870. Il pourra être nommé au grade de sous-lieutenant, dans les corps d'infanterie, des sous-officiers pris dans la gendarmerie.

Décret du 24-31 octobre 1870. Les officiers démissionnaires ou retraités, employés comme auxiliaires, peuvent concourir pour l'avancement. Après la guerre. ils pourront, sur leur demande, être maintenus dans l'armée, et il sera procédé à une nouvelle liquidation de la pension des retraités rappelés à l'activité.

AVANCEMENT DANS L'ARMÉE (*Loi du 5-10 janvier* 1872). — L'avancement aux grades d'officier subalterne aura lieu sur la totalité de l'arme. Les tableaux d'avancement au choix seront établis par une commission composée d'officiers généraux.

AVOCAT GÉNÉRAL (premier). (*Décret du 16-17 novembre* 1870). — Le titre et les fonctions de premier avocat général seront supprimés dans les cours d'appel au fur et à mesure des extinctions ; le nombre des avocats généraux restant le même.

AVOCATS EN ALGÉRIE (*Loi du* 21-23 *décembre* 1871). — Le décret du 24 octobre 1870 concernant la profession d'avocat en Algérie est abrogé.

BAGAGES (transports de). — Voyez *Transports.*

BANQUE (Billets de) (*Loi du 12 août* 1870). — Art. 1er. Les billets de banque ont cours légal. 2. La banque n'est pas obligée de les rembourser en espèces. 3. Le chiffre des émissions est de 1,800,000,000 de francs. 4. Les émissions de la banque d'Algérie seront de 18 millions de fr. 5. Les coupures des billets seront réduites à 25 fr.

Loi du 14-15 août 1870. Le chiffre des émissions des billets de la Banque de France est élevé à 2,400,000.000 de fr.

BANQUE D'ALGÉRIE (*Loi du 3-4 septembre* 1870). — Art. 1er. La limite pour les émissions de billets de la Banque d'Algérie pourra être portée à 24,000,000 de fr. 2. Les coupures des billets de cette banque pourront être réduits à 25 fr.

BANQUE DE FRANCE (Coupure des billets) (*Décret du 12-14 décembre* 1870). — La banque est autorisée à abaisser à 20 fr. la moindre coupure de ses billets et à substituer cette coupure à celle de 25 fr. dont il est question ci-dessus (Loi du 12 août 1870).

BANQUE DE FRANCE (Emission des *billets* de la) (*Loi du 29-31 décembre* 1871). —

Art. 1er. Le chiffre des émissions des billets de la Banque de France et de ses succursales est élevé provisoirement à 2,800 millions. 2. La banque aura la faculté d'abaisser à 10 fr. et à 5 fr. les coupures de ses billets. 3. Les établissements qui ont émis, sous leur responsabilité des billets de 10 fr. et au-dessous, ne pourront plus en faire de nouvelles émissions, et seront tenus de les retirer de la circulation dans le délai de six mois à partir de la promulgation de la présente loi.

BANQUE DE FRANCE (*Décret du 23 mars-21 mai 1872*). — Elle est autorisée à créer une succursale à Vesoul.

Loi du 15-21 *juillet* 1872 . E le est autorisée à porter son chiffre d'émission de billets à 3,200,000,000 de francs.

BANQUES de la Martinique, de la Guadeloupe, de la Réunion et de la Guyane française (*Décret du 11 septembre*-10 *octobre* 1871). — La durée de leurs priviléges est prorogée de deux années.

BELFORT. — La partie restée française de son ancien arrondissement, élira un représentant à l'Assemblée nationale (*Arrêté du 9-10 juin* 1871).

BÊTES A CORNES (Abatage des). — Voyez *Abatage.*

BIERES. — Voyez *Contributions indirectes* (*Loi du* 1er-3 *septembre* 1871).

BILLARDS (Taxe sur les) (*Loi du* 16 *septembre* - 2 *octobre* 1871). — Art. 1er. A dater du 1er octobre 1871, les billards publics et privés seront soumis aux taxes suivantes : Paris, 60 fr. ; villes au-dessus de 50,000 âmes, 30 fr. ; villes de 10,000 à 50,000 âmes, 15 fr. ; ailleurs, 6 fr. 2. Cette taxe sera doublée pour toute déclaration inexacte ou qui ne sera pas faite dans les trois mois après la promulgation de la présente loi. La déclaration devra être faite, à l'avenir, avant le 31 janvier de chaque année. Tant qu'il n'y aura aucun changement à opérer à la taxe, il ne sera pas nécessaire de faire une déclaration chaque année ; mais les demandes de décharge de taxe doivent, sous peine de nullité, être faites avant le 31 janvier, pour l'année courante.

Décret du 27 *décembre* 1871.) — Art. 1er. La taxe est due pour l'année entière et pour chaque *billard* dont on a la jouissance depuis le 1er janvier. Elle est payable en autant de termes qu'il reste de mois à courir à la date de la publication du rôle. 2. En cas de déménagement du contribuable hors du ressort de la perception, la taxe ou la portion de taxe restant à acquitter est immédiatement exigible. En cas de décès du contribuable, les héritiers sont tenus au payement de la taxe ou portion de taxe non acquittée. En cas de cession d'un établissement renfermant un ou plusieurs billards publics, la taxe afférente à ces billards est, si le cédant en fait la demande, transférée à son successeur. 3. Les possesseurs de billards, soit publics, soit privés, doivent en faire la déclaration à la mairie de la commune où se trouvent ces billards. Les déclarations sont reçues du 1er octobre de chaque année au 31 janvier de l'année suivante. 4. La déclaration est inscrite sur un registre spécial et signée par le déclarant. Il en est délivré un récépissé, mentionnant le nom du déclarant, la date de la déclaration et le nombre des billards déclarés. Lorsque la déclaration est effectuée par un fondé de pouvoir, le fait est relaté sur le registre et le récépissé. 5. Les déclarations produisent leur effet jusqu'à déclaration contraire et les taxes continuent à être perçues sur le pied de l'année précédente, tant qu'il n'y a pas lieu à changement dans l'établissement desdites taxes. Les déclarations tendant à la diminution ou à la radiation des taxes doivent, à peine de nullité et conformément à l'article 10, paragraphe 3, de la loi du 16 septembre 1871, être faites avant le 31 du mois de janvier qui suit l'année pendant laquelle la taxe a cessé d'être due, en totalité ou en partie. Il en est de même à l'égard des billards transférés dans une localité dont le tarif est moins élevé. 6. Lorsque les faits pouvant donner lieu à des doubles taxes motivées par l'omission ou l'inexactitude des déclarations n'ont pas été constatés en temps utile pour entrer dans la formation du rôle primitif, il est dressé dans le cours de l'année un rôle supplémentaire. 7. Les rôles des taxes sur les billards publics et privés sont établis par perception et dressés d'après des états matrices rédigés par les agents des contributions directes. L'état matrice présente, d'une part, les noms, prénoms, professions et résidences des redevables, et, d'autre part, le détail des bases d'imposition. (*Dispositions transitoires.*) 8. Les taxes applicables à l'année 1871, pour les billards publics et privés possédés ou dont on a eu la jouissance à la date du 1ᵉʳ octobre de ladite année, seront réglées à raison du quart des sommes portées au tarif. Les doubles taxes, pour omission de déclaration en temps utile ou déclaration reconnue inexacte ou incomplète, seront établies d'après les mêmes bases. 9. Les déclaraions concernant l'année 1871 seront faites par les redevables et inscrites dans les formes prescrites par les articles 3 et 4, avant le 31 janvier 1872. 10. Les taxes dues pour l'année 1871 seront payables, en une seule fois, dans le mois qui suivra les publications du rôle correspondant.

BILLETS DE BANQUE. *Voy.* Banque.

BOISSONS (Débitants de). — Voyez *Contributions indirectes* (*Loi du* 1ᵉʳ-3 septembre 1871, art. 6.)

BOMBARDEMENT DE PARIS (Victimes du). — Voyez *Victimes*, voyez *Familles*.

BOUILLEURS. — Voyez *Contributions indirectes*.

BOULANGERIE. (Caisse de la) *Voy.* Caisse de la boulangerie.

BOURBON. *Voy.* Princes.

BRASSEURS (Droits de licence). — Voyez *Contributions indirectes* (*Loi du* 1ᵉʳ-3 septembre 1871).

BREVETS D'INVENTION. (*Décret du* 10-14 septembre 1870.) Les inventeurs brevetés qui, depuis le 25 août 1870, n'auront pu acquitter les annuités de leurs brevets dans le délai légal, seront relevés de la déchéance, en justifiant qu'ils ont toujours acquitté ces annuités en temps ordinaire.

Décret du 14-17 *octobre* 1870. Les inventeurs qui voudront prendre un brevet seront dispensés de verser immédiatement la première annuité de la taxe.

Décret du 25 *janvier* 1871. Le délai de deux ans, dans lequel les brevetés doivent, à peine de déchéance, mettre leurs inventions en exploitation en France, est prorogé de six mois à dater du 1ᵉʳ janvier 1871, pour les brevets pris moins de deux ans avant cette date.

Arrêté du 5-9 *juillet* 1871. Les décrets du 10 septembre et du 14 octobre 1870, concernant les annuités des brevets, cesseront d'avoir leur effet à partir du 1ᵉʳ octobre. Les annuités échues et non payées depuis le 14 octobre 1870, devront être acquittées au 1ᵉʳ octobre 1871. Il en est de même pour les annuités à échoir jusqu'au 1ᵉʳ octobre 1871, dont le versement pourra n'être effectué qu'à cette époque.

BUDGET EXTRAORDINAIRE DE LA VILLE DE PARIS. (*Loi du* 26-31 *janvier* 1872). L'art. 2 de la loi du 18 avril 1869 qui soumet le vote et le règlement définitif du budget extraordinaire de la ville de Paris à l'approbation d'une loi, est abrogé.

BUDGET RECTIFICATIF DE 1871. (*Loi du* 16 *septembre*-2 *octobre* 1871.) Cette loi est très-importante ; nous allons la résumer en quelques lignes. Art. 1ᵉʳ. Elle ouvre, sur l'exercice de 1871, des crédits montant à 326,545,327 fr. répartis par ministères, et elle annule tous les autres crédits ouverts pendant la guerre. 2. Elle crée des impôts nouveaux sur : 1º la fabrication des huiles de *schiste*, voy. *Schiste* ; 2º les *sucres* (voy. ce mot.) ; 3º les *chevaux* et les *voitures*, voy. *Chevaux et Voitures* ; 4º les *billards publics et privés* ; 5º les *cercles, sociétés et lieux de réunion*, voy. *Cercles* ; 6º les *valeurs négociées*, voy. *Valeurs et Titres* ; 7º les prix des places des *voyageurs*, voy. *Voyageurs* ; 8º les prix des transports de bagages et messageries à grande vitesse, voy. *Transport*. 3. Elle augmente de 2,172,090 francs les recettes et les dépenses de la Légion d'honneur, et elle diminue celles de l'Imprimerie nationale de la somme de 13,000 francs. 4. Enfin elle révise les lois sur les *traitements* des grands fonctionnaires, voy. *Fonctionnaires*, voy. *Ministres*.

BULLETIN DES COMMUNES. (*Décret du* 27 *décembre* 1871-23 *janvier* 1872).

Le *Bulletin des Communes*, feuille hebdomadaire, contenant les lois, décrets et instructions du gouvernement, sera publié par l'imprimerie nationale et sera distribué aux communes autres que les chefs-lieux de canton, pour y être placardé. Le prix d'abonnement, de 4 francs par an, sera acquitté par les communes et porté à leurs budgets à titres de dépense obligatoire.

BULLETIN DES LOIS. (*Décret du* 1ᵉʳ-19 *octobre* 1870.) Il est créé, en province, un bulletin des lois pour l'insertion des actes de la délégation du gouvernement de la défense nationale, hors de Paris.

CACAO et SUCRE destinés à la fabrication du *chocolat.* (*Décret du* 5-13 *juin* 1872.) Art. 1ᵉʳ. Ils pourront être admis temporairement en franchise de droits. 2. L'importateur s'engagera, par soumission cautionnée, à réexporter ou réintégrer en entrepôt, sous quatre mois, 100 kil. de chocolat pour 53 kil. de cacao, et 60 kil. de sucre brut des nᵒˢ 10 à 14; 100 kil. de sucre. au-dessous du nᵒ 7, seront comptés pour 76 kil. 10 déc. de sucre des nᵒˢ 10 à 14; 100 kil. des nᵒˢ de 7 .à 9, seront comptés pour 90 kil. 90 déc. de sucre des nᵒˢ 10 à 14; 100 kil. des nᵒˢ 15 à 18 seront comptés pour 106 kil. 80 déc. de sucre des nᵒˢ 10 à 14; 100 kil. des nᵒˢ 19 et 20 seront comptés pour 109 kil. 10 déc. de sucre des nᵒˢ 10 à 14; 100 kil. de sucre en poudres blanches au-dessus du nᵒ 20, seront comptés pour 111 kil. 35 déc. des nᵒˢ 10 à 14; 100 kil. de sucre raffiné au-dessus du nᵒ 20 seront comptés pour 113 kil. 60 déc. des nᵒˢ 10 à 14. 3. Les chocolats produits en décharge vaudront au moins 2 fr. 70 c. le kilog., en fabrique, droit compris, et composés exclusivement de cacao, de sucre et d'aromates. Ils porteront l'étiquette et la marque du fabricant. 4. Les opérations auront lieu : à l'entrée, pour les bureaux où il existe un entrepôt ; à la sortie, par les douanes de Paris, Bordeaux, Bayonne et Marseille. 5. Toute fraude dans la composition des chocolats en décharge, entraînera la déchéance du régime d'admission temporaire et les pénalités édictées par l'art. 5 de la loi du 5 juillet 1836.

CACAO (Augmentation des droits). — Voyez *Douanes*.

CACHETS. — Voyez *Sceaux*.

CAFÉS (Augmentation des droits). — Voyez *Douanes*.

CAFÉS de toute espèce expédié en transit. (*Décret du 12 juillet-16 août 1872.*) L'identité de ces cafés doit être garantie par le prélèvement d'un échantillon plombé.

CAISSES MUNICIPALES DE PARIS. (*Voy.* États et Registres.)

CAISSE DES TRAVAUX DE PARIS. (*Voy.* États et Registres.)

CAISSE DE LA BOULANGERIE. (*Voy.* États et Registres.) (*Loi du 29 juin 5 juillet 1872.*) — Cette caisse est autorisée à rembourser les sommes qui lui ont été attribuées par la loi du 17 juillet 1856. Cette somme sera rendue aux communes du département de la Seine.

CAISSE de la dotation de l'armée liquidée. (*Décret du 3 janvier 1871.*) Art. 1ᵉʳ. La caisse de la dotation de l'armée est autorisée à remettre, au Trésor public, une somme de rentes 3 p. 100 suffisante pour représenter un capital équivalent à la charge imposée à la caisse de la dotation pour le service des suppléments à rembourser au Trésor sur les pensions militaires concédées jusqu'au 31 décembre 1869. 2. La remise de ces rentes libérera complétement la caisse de la dotation de ladite charge, à partir du 1ᵉʳ janvier courant. 3. La caisse de la dotation continuera d'acquitter, au moyen des rentes de son portefeuille, les compléments des primes, hautes payes et autres dépenses restant à solder par suite des contrats de rengagement et de remplacement non encore expirés. 4. La caisse de la dotation de l'armée établira en 1876 le compte définitif de ses opérations, par suite duquel l'excédant de ses dépenses sur ses ressources lui sera remboursé par le trésor ou réciproquement l'excédant de ses ressources sur ses dépenses, sera mis par elle à la disposition du ministre des finances.

CAISSE DES DÉPÔTS ET CONSIGNATIONS. — Voyez *Consignations*.

CAISSES D'ÉPARGNE. (*Loi du 12 juillet 1871.*) Article unique. Le décret du Gouvernement de la défense nationale, en date du 17 septembre 1870, concernant la suppression du remboursement aux déposants des caisses d'épargne, est abrogé.

CANNELLE. — Voyez *Douanes*, art 10.

CARTES A JOUER. — Voyez *Contributions indirectes* (*Loi du 1ᵉʳ-3 septembre 1870. art. 5.*)

CASSIA. — Voyez *Douanes*. art. 10.

CAUTIONNEMENT DES JOURNAUX. (*Décret du 10-12 octobre 1870.*) Le cautionnement est aboli; le montant en sera restitué aux ayants droit, après la cessation de la guerre.

CAUTIONNEMENT pour tous les journaux et écrits périodiques. (*Loi du 6-11 juillet 1871.*) Art. 1ᵉʳ. Le décret, en date du 10 octobre 1870, par lequel le gouvernement de la défense nationale a supprimé le cautionnement des journaux et écrits périodiques, est abrogé. 2. Le cautionnement est, en conséquence, rétabli pour tous les journaux politiques sans exception, et pour les journaux et écrits périodiques non politiques paraissant plus d'une fois par semaine. Sont seules exceptées les feuilles quotidiennes ou périodiques ayant pour unique objet la publication des avis, annonces, affiches judiciaires, arrivages maritimes, mercuriales et prix courants, les cours de la bourse et des halles et marchés. 3. Le cautionnement, pour les journaux ou écrits périodiques qui y sont assujettis, sera : de 24,000 francs dans le département de la Seine, si le journal ou écrit périodique paraît plus de trois fois par semaine, soit à jours fixes, soit par livraisons irrégulières en une ou plusieurs éditions; et de 18,000 francs seulement, si la publication n'a lieu que trois fois par semaine au plus. Dans tous les autres départements, le cautionnement sera de 12,000 francs pour les écrits paraissant plus de trois fois par semaine, si la publication a lieu dans une ville de cinquante mille âmes et au-dessus, et de 6,000 francs, si elle a lieu dans toute autre ville. Il sera de moitié seulement des sommes ci-dessus fixées pour les journaux ou écrits périodiques paraissant trois fois par semaine seulement ou à des intervalles plus éloignés. La publication sera censée faite au lieu où siége l'administration ou la rédaction du journal ou écrit périodique, quel que soit le lieu de l'impression. 4. Le cautionnement sera affecté par privilége au payement des frais, dommages-intérêts et amendes auxquels les propriétaires, gérants ou autres des articles incriminés pourront être condamnés. Le prélèvement s'opérera dans l'ordre indiqué par le présent article. Il pourra, en tout ou en partie, être grevé du privilége de second ordre au profit des bailleurs de fonds qui auront rempli les conditions exigées en pareil cas. Demeurent, en conséquence, abrogées les dispositions des lois antérieures qui assujettissaient le propriétaire et le gérant du journal à posséder en propre une partie du cautionnement. 5. Tout journal ou écrit périodique qui aura encouru, dans la personne de son gérant ou dans celle de l'auteur d'un article incriminé, une condamnation à l'amende et à des réparations civiles affectant son cautionnement, sera tenu de satisfaire à ces condamnations dans un délai de quinzaine, à partir du jour où elles seront devenues définitives, ou de cesser sa publication, qu'il ne pourra reprendre qu'après avoir justifié de la complète libération de son cautionnement. 6. Demeurent en vigueur, sans modification, les dispositions de la loi du 11 mai 1868 relatives à la déclaration préalable et au dépôt. 7. Toute infraction aux dispositions des articles 2, 3, 5 et 6 de la présente loi sera punie d'une amende de 100 francs à 2,000 francs et d'un emprisonnement de six jours à six mois. Celui qui aura publié le journal ou écrit périodique, et l'im-

primeur, seront solidairement responsables des amendes. L'article 463 du Code pénal pourra, dans tous les cas, être appliqué. 8. Il est accordé aux propriétaires de journaux ou écrits périodiques existant actuellement sans cautionnement, un délai de deux mois pour se conformer aux dispositions de la présente loi.

CAUTIONNEMENT DES COMPTABLES DE L'ETAT (*Décret du 31 janvier-8 mars 1872*). — Ils seront affectés à des rentes sur l'Etat calculées pour les *dépôts provisoires*, au cours moyen de la veille du jour du dépôt. Pour les cautionnements définitifs, au cours moyen du jour du dépôt.

CAUTIONNEMENT des journaux en Algérie (*Arrêté du 19 août 1871-5 janvier 1872*). — Le cautionnement est fixé à 3,600 francs pour journaux et écrits périodiques paraissant plus de cinq fois par semaine, et réduit de moitié pour les autres publications périodiques.

CENTIMES ADDITIONNELS ou principal de la *Contribution des patentes*. — Voyez *Contribution des patentes*.

CERCLES ET SOCIETES DE REUNION (Taxes nouvelles) (*Loi du 16 septembre-2 octobre 1871*). — 1. A dater du 1er octobre 1871, les abonnés des Cercles, Sociétés et lieux de réunion où se paient des cotisations, supporteront une taxe de 20 0/0 pour lesdites cotisations, payables par les membres ou associés; cette taxe sera acquittée par les gérants, secrétaires ou trésoriers. 2. Les sociétés scientifiques, littéraires, agricoles, musicales, dont les réunions ne sont pas quotidiennes, et les sociétés de bienfaisance ne payent pas la taxe ci-dessus. 3. Cette taxe sera doublée pour toute déclaration inexacte ou qui ne sera pas faite dans les trois mois après la promulgation de la présente loi. La déclaration devra être faite à l'avenir avant le 31 janvier de chaque année. Tant qu'il n'y aura aucun changement à opérer à la taxe, il ne sera pas nécessaire de faire une déclaration chaque année; mais les demandes de décharges de taxe doivent être faites, sous peine de nullité, avant le 31 janvier pour l'année courante.

CERCLES ET SOCIÉTÉS DE RÉUNION (Taxe des) (*Décret du 27-29 décembre 1871*). — 1. Les gérants, secrétaires ou trésoriers des cercles, sociétés et lieux de réunion, passibles de la taxe doivent faire chaque année, avant le 31 janvier, à la mairie des communes dans lesquelles se trouvent lesdits établissements, une déclaration indiquant le nombre des abonnés, membres ou associés ayant fait partie du cercle, de la société ou de la réunion pendant l'année précédente, ainsi que le montant correspondant de leurs cotisations. 2. La déclaration du gérant, secrétaire ou trésorier est inscrite sur un registre spécial et signé par le déclarant; il en est délivré un récépissé reproduisant les détails énoncés ci-dessus. Lorsque la déclaration est effectuée par un fondé de pouvoir, le fait est relaté sur le registre et le récépissé. 3. La taxe sur les cercles, sociétés et lieux de réunion est payable en une seule fois, dans le mois qui suit la publication du rôle. Elle est perçue sur les abonnés, membres ou sociétaires, par les gérants, secrétaires ou trésoriers des cercles, sociétés et lieux de réunion, qui sont chargés d'en verser le montant entre les mains des percepteurs des contributions directes. 4. Dans le cas de dissolution ou de fermeture, en cours d'exercice, d'un cercle, d'une société ou d'un lieu de réunion, la taxe est payée immédiatement. A cet effet, une déclaration spéciale est faite selon les formes indiquées à l'article 2, dans les dix jours de la dissolution; cette déclaration est immédiatement transmise par le maire au directeur des contributions directes, qui donne avis au redevable du montant de la somme à acquitter; le payement doit avoir lieu dans les huit jours de la réception de cet avis.

5. Lorsque les faits pouvant donner lieu à des doubles taxes n'ont pas été constatés en temps utile pour entrer dans la formation du rôle primitif, il est dressé dans le cours de l'année un rôle supplémentaire. 6. Les rôles des taxes sur les cercles, sociétés et lieux de réunion où se payent des cotisations sont établis par ressort de perception et dressés d'après des états matrices rédigés par les agents des contributions directes. L'état matrice présente, d'une part, les noms, prénoms, professions et résidences des redevables, et, d'autre part, le détail des bases d'impositions. *Dispositions générales.* 7. Les taxes applicables à l'année 1871, pour les cercles, sociétés et lieux de réunion, seront calculées à raison de vingt pour cent des cotisations payées pour le quatrième trimestre de 1871. Les doubles taxes, pour omission de déclaration en temps utile ou déclaration reconnue inexacte ou incomplète, seront établies d'après les mêmes bases. 8. Les déclarations concernant l'année 1871 seront faites par les redevables et inscrites dans les formes prescrites par les articles 1 et 2, avant le 31 janvier 1872. 9. Le ministre des finances est chargé de l'exécution du présent décret, qui sera inséré au *Journal officiel.*

CESSATION de payements. — Voyez *Concordats amiables.*

CHAMBRE DES HUISSIERS. — Voyez *Syndics.*

CHAMBRES DE COMMERCE (*Décret du 22-26 janvier* 1872). — Les membres de ces chambres, quand leur ressort est le même que celui d'un tribunal de commerce, seront élus conformément aux articles 618 et 619 du code de commerce, modifiés par la loi du 21 décembre 1871. Voyez *Tribunaux de commerce* (élections). Quand une chambre comprend plusieurs tribunaux de commerce dans sa circonscription, il est procédé à l'élection de ses membres d'après les listes dressées par ces tribunaux.

CHAMBRES CONSULTATIVES des arts et manufactures (*Décret du* 22-26 *janvier* 1872). — L'élection des membres de ces chambres est faite par les électeurs de la circonscription de chaque chambre, inscrits sur les listes dressées comme il est dit pour les chambres de commerce.

CHANGE (Lettres de). — Voyez *Enregistrement.*

CHASSE (Droit de) (*Décret du* 13-15 *septembre* 1870). — Dans un délai de six jours, la chasse sera fermée dans tous les départements où elle est ouverte depuis le 16 août. Toute contravention sera passible d'une amende de 100 à 500 francs, dont le produit sera versé à la caisse des secours pour les familles des soldats blessés.

CHASSE (Droit de) (*Loi du* 9-12 *août* 1871. — Le décret du 13 septembre 1870, qui suspend momentanément le droit de chasse et inflige aux délinquants des pénalités exceptionnelles est abrogé.

CHASSE (Permis de). — Voyez *Enregistrement* (*Loi du* 23 *août* 1871).

CHEMINS VICINAUX. (*Loi du* 21-25 *juillet* 1870). — L'excédant des prestations disponibles, dans les communes où les travaux sont terminés, pourra, sur la proposition du conseil municipal et après autorisation du conseil général, être appliqué aux chemins publics ruraux. Les communes qui reçoivent des subventions pour l'entretien de leurs chemins vicinaux ne peuvent jouir de cette faculté; les autres communes ne peuvent en jouir que dans la limite du maximum du tiers de leurs prestations.

CHEMINS DE FER (*Loi du 15 septembre-12 octobre 1871*). — Article unique. Est déclaré d'utilité publique l'établissement des chemins de fer ci après dénommés : 1º De Saint-Omer à Berguette, passant à ou près Campagne, à ou près Aire, et venant aboutir à la ligne des houillères du Pas-de-Calais, près de la station de Berguette ; 2º De Berguette à Armentières, passant à ou près Saint-Venant, Merville-la-Gorgue, Laventie, en suivant la rive droite de la Lys ; 3º De Calais à Dunkerque, partant de la ligne de Lille à Calais, près de la station de Saint-Pierre-lès-Calais, passant à ou près Gravelines et Bourbourg, en empruntant entre ces deux villes la ligne de Gravelines à Watten, et aboutissant à la ligne d'Hazebrouck à Dunkerque, près de Dunkerque ; 4º De Soumain à Roubaix et à Tourcoing, passant à ou près Orchies, Cysoing, Lannoy et Wattrelos ; 5º D'un point situé entre les stations de Jeumont et d'Erquelines, à Fourmies ou à Anor, restant constamment sur le territoire français et passant à ou près Consolre, Solre-le-Château, Glageon et Trélon.

Chemins de fer. (*Décret du 26 octobre-18 novembre 1872*). — Est déclaré d'utilité publique l'établissement des deux chemins de fer ci-après : 1º De Saint-Amand à la frontière belge, vers Tournay ; 2º De Saint-Amand à Blanc-Misseron.

Chemins de fer (*Décret du 26 février-2 mars 1872*). — Est déclaré d'utilité publique la voie destinée à relier la ligne de Lille à Valenciennes et celle d'Anzin à la frontière belge, à la station de Bruay.

Chemins de fer (*Loi du 15 juin-18 juillet 1872*). — 1. Sont déclarés d'utilité publique : 1º l'établissement d'un chemin de fer se détachant, près de Monsoult, de la ligne d'Epernay à Luzarches, et se raccordant à la ligne de Rouen à Amiens, près de Saleux ; 2º l'établissement d'un chemin de fer se détachant, à Cambrai, de la ligne de Busigny à Somain et aboutissant à la frontière belge, dans la direction de Dour.

2. Ces chemins de fer sont concédés à la compagnie du chemin de fer du Nord.

Décret du 2-20 juillet 1872. — Est déclaré d'utilité publique l'établissement d'un chemin de fer entre Chauny et la ligne de Soissons à Laon, près d'Anis.

CHEVAUX ET VOITURES (Impôts sur les) (*Loi du 16 septembre-2 octobre 1871*). — La loi du 2 juillet 1862 est remise en vigueur à dater du 1er janvier 1872 (1).

CHICOREE (Racines de) nouveaux impôts. (*Loi du 4 septembre 1871*). — La racine de chicorée préparée est soumise à un droit de fabrication de trente centimes par kilogramme, décimes compris. La chicorée exportée est affranchie de ces droits.

Décret du 30 novembre-1er décembre 1871. — 1-2. Déclaration et payement de licence se feront en même temps. La déclaration indiquera le mode de fabrication, la forme et le poids des paquets, et le régime de la fabrique (jours et heures de travail). 3. Les paquets pèseront 250, 500 ou 1,000 grammes. Ils seront disposés de manière à être facilement scellés de timbres ou de vignettes. 4. A l'extérieur du bâtiment principal de la fabrique seront écrits en caractères apparents les mots : *Fabrique de chicorée*. 5. L'administration des contributions directes peut exiger que les jours et fenêtres de la fabrique soient grillés, qu'il n'y ait qu'une porte ou entrée ouverte. 6. Le fabricant devra mettre un bureau ou local meublé au service des employés. 7. Les fabricants, les marchands en gros et les commissionnaires peuvent obtenir de l'administration le crédit de l'impôt. 8. Les marchands en gros ou en détail, non pourvus de la licence de fabricant, doivent faire au bureau de l'administration des contributions indirectes le plus voisin de leur domicile une déclaration, formalité indispensable pour le commerce de la chicorée. 9. Les marchands en détail ne peuvent, en cas de vente en quantité inférieure à 250 grammes, fractionner plusieurs paquets à la fois. 10. Les marchands en gros ou en détail ne peuvent avoir chez eux que de la chicorée en paquets, revêtus de timbres ou de vignettes. 11. *Provisions de ménage*. Elles ne peuvent dépasser 3 kilogrammes, sans être soumises au règlement ci-dessus. Voyez notre mot *Douanes*, art. 6.

CHOCOLATS. — Voyez *Cacao* et *sucre*, voyez *Douanes*, art. 6.

CIDRE. — Voyez *Contributions indirectes* (*Loi du 1er-3 septembre 1871*).

CIGARES. — Voyez *Tabacs*.

(1) Cette loi est modifiée par la loi du 23-28 juillet 1872. Voy. *Contributions directes* à percevoir pendant l'exercice 1873.

CIGARETTES. — Voyez *Tabacs.*

CODE DE COMMERCE ET CODE CIVIL MODIFIÉS *(Loi du 12-20 février 1872).* — 1. Les articles 450 et 550 du Code de commerce sont modifiés et remplacés par les dispositions suivantes : Art. 450. Les syndics auront, pour les baux des immeubles affectés à l'industrie ou au commerce du failli, y compris les locaux dépendant de ces immeubles et servant à l'habitation du failli et de sa famille, huit jours à partir de l'expiration du délai accordé par l'article 492 du Code de commerce aux créanciers domiciliés en France pour la vérification de leurs créances, pendant lesquels ils pourront notifier au propriétaire leur intention de continuer le bail, à la charge de satisfaire à toutes les obligations du locataire. Cette notification ne pourra avoir lieu qu'avec l'autorisation du juge-commissaire et le failli entendu. Jusqu'à l'expiration de ces huit jours, toutes voies d'exécution sur les effets mobiliers servant à l'exploitation du commerce ou de l'industrie du failli, et toutes actions en résiliation du bail seront suspendues, sans préjudice de toutes mesures conservatoires et du droit qui serait acquis au propriétaire de reprendre possession des lieux loués. Dans ce cas, la suspension des voies d'exécution établie au présent article cessera de plein droit. Le bailleur devra, dans les quinze jours qui suivront la notification qui lui serait faite par les syndics, former sa demande en résiliation. Faute par lui de l'avoir formée dans ledit délai, il sera réputé avoir renoncé à se prévaloir des causes de résiliation déjà existantes à son profit. Art. 550. L'article 2102 du Code civil est ainsi modifié à l'égard de la faillite : Si le bail est résilié, le propriétaire d'immeubles affectés à l'industrie ou au commerce du failli, aura privilége pour les deux dernières années de location échues avant le jugement déclaratif de faillite, pour l'année courante, pour tout ce qui concerne l'exécution du bail et pour les dommages-intérêts qui pourront lui être alloués par les tribunaux. Au cas de non-résiliation, le bailleur, une fois payé de tous les loyers échus, ne pourra pas exiger le payement des loyers en cours ou à échoir, si les sûretés qui lui ont été données lors du contrat sont maintenues, ou si celles qui lui ont été fournies depuis la faillite sont jugées suffisantes. Lorsqu'il y aura vente et enlèvement des meubles garnissant les lieux loués, le bailleur pourra exercer son privilége comme au cas de résiliation ci-dessus, et, en outre, pour une année à échoir à partir de l'expiration de l'année courante, que le bail ait ou non date certaine. Les syndics pourront continuer ou céder le bail pour tout le temps restant à courir, à la charge par eux ou leurs cessionnaires de maintenir dans l'immeuble gage suffisant, et d'exécuter, au fur et à mesure des échéances, toutes les obligations résultant du droit ou de la convention, mais sans que la destination des lieux loués puisse être changée. Dans le cas où le bail contiendrait interdiction de céder le bail ou de sous-louer, les créanciers ne pourront faire leur profit de la location que pour le temps à raison duquel le bailleur aurait touché ses loyers par anticipation et toujours sans que la destination des lieux puisse être changée. Le privilége et le droit de revendication établis par le nº 4 de l'article 2102 du Code civil, au profit du vendeur d'effets mobiliers, ne peuvent être exercés contre la faillite. 2. La présente loi ne s'appliquera pas aux baux qui, avant sa promulgation, auront acquis date certaine. Toutefois le propriétaire qui, en vertu desdits baux, a privilége pour tout ce qui est échu et pour tout ce qui est à échoir, ne pourra exiger par anticipation les loyers à échoir, s'il lui est donné des sûretés suffisantes pour en garantir le payement.

CODE DE COMMERCE modifié. — Voyez *Tribunaux de commerce.*

CODE PÉNAL modifié *(Décret du 27-30 novembre 1870).* — Les trois derniers paragraphes de l'art. 463 du Code pénal sont abrogés et remplacés par les dispositions suivantes : Dans tous les cas où la peine de l'emprisonnement et celle de l'amende sont prononcées par le Code pénal, si les circonstances paraissent atténuantes, les tribunaux correctionnels sont autorisés, même en cas de récidive, à réduire l'emprisonnement même au-dessous de six jours et l'amende même au-dessous de seize francs; ils pourront aussi prononcer séparément l'une ou l'autre de ces peines, et même substituer l'amende à l'emprisonnement, sans qu'en aucun cas elle puisse être au-dessous des peines de simple police.

CODE DE JUSTICE MILITAIRE modifié. — Voyez *Conseils de guerre (Loi du 21 mai 1872.)*

COLONIES (titres universitaires délivrés dans les) (*Décret du 26 octobre-16 décembre* 1871. — 1. Les étudiants pourvus du brevet de capacité pour les letttres ou pour les sciences, pourront l'échanger contre un diplôme de bachelier sous la condition d'acquitter les droits de rigueur en France, et en accompagnant leur demande des pièces suivantes : — 1° extrait de naissance ; 2° certificat de l'autorité administrative constatant que le postulant habite depuis deux ans au moins dans la colonie ; 3° compositions écrites ; 4° certificat d'aptitude ; 5° récépissé du versement des droits.

COMMANDEMENTS DANS L'ARMÉE (*Loi du 8-17 août* 1871).— Les décrets spéciaux et toutes les dispositions réglementaires intervenus pendant la guerre pour constituer le *Commandement dans l'armée* cessent d'être en vigueur, les grades conférés seront révisés d'abord par le ministre qui réunira tous les documents et titres des officiers, puis par une commission de 15 membres nommés par l'Assemblée nationale, qui statuera souverainement et réglera la situation future des officiers.

COMMISSION D'ENQUÊTE sur la situation des ouvriers en France. (*Loi du 24 avril-9 mai* 1872). — Elle étudiera la condition des ouvriers en France, et sera composée de 45 membres nommés dans les bureaux, avec la faculté de s'adjoindre des personnes étrangères à l'Assemblée ; ces personnes auront voix consultative. — Un rapport général résumera les travaux de cette commission.

COMMISSION D'EXAMEN pour les marchés passés par les administrations publiques à l'occasion de la guerre. (*Loi du 6-8 avril* 1871). — Art. 1er. Une commission composée de 60 membres de l'Assemblée nationale, nommée par les bureaux, à raison de 4 membres par bureaux, est chargée d'examiner tous les marchés passés par les administrations publiques à l'occasion de la guerre, payables en tout ou en partie sur les fonds de l'Etat, et de contrôler la régularité des conditions auxquelles ils ont été consentis ainsi que celle de leur exécution. 2. Une copie des marchés conclus avec des personnes autres que les agents autorisés à cet effet par les lois, décrets, ordonnances et réglements sera à la diligence de la partie intéressée, et ce, sous peine de déchéance, adressé dans un délai de deux mois, à partir de la promulgation de la présente loi, au ministre compétent, qui la transmettra à la commission avec ses observations. 3. Tout les documents et renseignements de nature à éclairer la commission seront aussitôt mis à sa disposition par les ministres compétents. Tous pouvoirs sont conférés à la commission, soit pour mander et faire comparaître devant elle ou interroger les personnes en état de donner des renseignements, soit pour se faire délivrer et communiquer toutes les pièces de nature à éclairer sa religion. 4. Un rapport sera adressé par la commission à l'Assemblée nationale.

COMMISSION D'EXAMEN des ouvrages dramatiques. (*Décret du 30 septembre-3 octobre* 1870). — Cette commission est et demeure supprimée.

COMMISSION DE SURVEILLANCE des caisses d'amortissement et des dépôts et consignations. (*Loi du 21 juin-14 juillet* 1871). — Elle se compose de 9 membres : 2 pris dans l'Assemblée nationale ; 1 des présidents de la Cour des Comptes ; du gouverneur ou d'un des sous-gouverneurs de la Banque de France désigné par le Conseil de la Banque ; du président ou d'un membre de la Chambre de Commerce de Paris ; 2 membres du Conseil d'Etat ; du directeur du mouvement des fonds au Ministère des Finances.

COMMISSION PROVISOIRE chargée de remplacer le conseil d'Etat (*Décret du 3-5 octobre* 1870). — Les sections de cette commission ne peuvent délibérer que si deux conseillers au moins sont présents. Un maître des requêtes sera alors adjoint aux deux membres présents. La commission, réunie en assemblée générale, ne pourra délibérer que si 5 membres au moins sont présents.

Décret du 7-8 octobre 1870. — Les membres de cette commission recevront une indemnité mensuelle de 1,500 fr. pour les conseillers, et de 666 fr. 66 pour les auditeurs.

COMMISSION PROVISOIRE chargée de remplacer le *Conseil d'Etat*. (*Arrêté du 1er-7 avril* 1871). — Elle se réunira à Versailles en attendant la nouvelle organisation du conseil d'Etat.

COMMISSION DES GRACES.— Voyez *Droit de grâce*, art. 4.

COMMISSIONS DÉPARTEMENTALES voy. *conseil généraux*.

COMMISSIONS DÉPARTEMENTALES créées par la *Loi du 10-29 août* 1871. — Voy. *conseil général* réorganisé art. 69. — Art. 1er

La commission est élue chaque année par le Conseil général à la fin de la session d'août et se compose de 4 à 7 membres, un par arrondissement autant que possible. Les membres en sont toujours rééligibles. 2. Elle est présidée par le plus âgé de ses membres; elle élit son secrétaire; elle siége à la préfecture. 3. La moitié plus un de ses membres doivent assister aux délibérations, dont procès-verbal est tenu. 4. Elle se réunit au moins une fois par mois ordinairement, pour un nombre de jours qu'elle détermine. 5. Tout membre qui s'absente pendant deux mois consécutifs est considéré comme démissionnaire, à moins d'excuse légitime. 6. Les membres ne reçoivent aucun traitement. 7. Le préfet a ses entrées à la commission, devant laquelle il peut prendre la parole. 8. La commission règle les affaires qui lui sont adressées par le conseil général, donne son avis au préfet sur les questions qu'il lui soumet ou sur lesquelles elle appelle son attention ; elle fait, à l'ouverture de chaque session ordinaire du conseil général, un rapport sur ses travaux et sur les propositions qu'elle croit utiles. 9. Elle répartit les subventions dont le conseil général ne s'est pas réservé la distribution, enfin elle continue et termine tous les travaux que le conseil général lui a confiés. 10. Les désaccords entre le préfet et la commission sont renvoyés à la prochaine session du conseil général qui statue définitivement. 11. D'ailleurs, toutes les décision de la commission peuvent être frappés d'appel devant le conseil général, soit par le préfet, soit par les conseils municipaux ou par tout autre partie intéressée. Elles peuvent aussi être déférées au Conseil d'Etat, pour cause d'excès de pouvoir ou de violation de loi ou de règlement d'administraion publique.

COMPTES-RENDUS d'opérations militaires. (*Loi du 21 juillet* 1870). — Les comptes-rendus peuvent être interdits par arrêté ministériel. Toute infraction sera punie de 5,000 à 10,000 fr. d'amende ; et de suspension de 1 à 6 mois, en cas de récidive.

COMPTES-RENDUS d'opérations militaires. (*Décret du 29-30 novembre* 1870). — Les comptes-rendus ou récits d'opérations militaires de mouvements de troupes etc. autres que ceux publiés par l'autorité militaire, sont interdits jusqu'à nouvel ordre. sous peine de suspension pour les journaux contrevenants

CONCORDATS et faillis concordataires (*Décret du 7-14 septembre* 1870). — Les faillis concordataires déclarés excusables sont admis à faire partie de la garde nationale.

CONCORDATS AMIABLES (*Loi du 22 avril-9 mai* 1871). — Art. 1er. Les suspensions ou cessations de payements survenues depuis le 10 juillet 1870 ou qui surviendront jusqu'au 30 septembre 1871, ne recevront la qualification de faillite et n'entraîneront les incapacités attachées à la qualité de failli que dans le cas où le tribunal de commerce refuserait d'homologuer le concordat ou, en l'homologuant, ne déclarerait pas le débiteur affranchi de cette qualification. 2. Le tribunal de commerce aura la faculté, si un arrangement amiable est déjà intervenu entre le débiteur et la moitié en nombre de ses créanciers représentant les trois quarts en somme, de dispenser le débiteur de l'apposition des scellés et de l'inventaire judiciaire. Dans ce cas; le débiteur conservera l'administration de ses affaires et procédera à leur liquidation concurremment avec les syndics régulièrement nommés, et sous la surveillance d'un juge-commissaire commis par le tribunal, mais sans pouvoir créer de nouvelles dettes. Les dispositions du Code de commerce relatives à la vérification des créances, au concordat, aux opérations qui les précèdent et qui les suivent et aux conséquences de la faillite dont le débiteur n'est pas affranchi par l'article 1er de la présente loi, continueront à recevoir leur application. 3. La présente loi est applicable à l'Algérie.

Loi du 9-15 septembre 1871. — Les effets de la loi du 22 avril 1871 seront applicables aux suspensions de payement qui se produiront du 30 septembre au 31 décembre 1871.

Loi du 19-23 décembre décembre 1871. — Les effets de la loi du 22 avril 1871 seront applicables aux suspensions de payement qui se produiront du 1er janvier au 13 mars 1872.

CONCOURS AU GRAND PRIX DE ROME (*Décret du 13 novembre* 1871-13 *février* 1872). — Ils ont lieu à l'Ecole nationale des Beaux-Arts. Tout artiste français, âgé de 15 à 30 ans, qu'il soit ou non élève de l'Ecole, peut concourir. Les jeunes gens envoyés à Rome y resteront quatre ans. Les lauréats de la section d'architecture se rendront ensuite à l'école d'Athènes. Un séjour à Rome d'une année seulement sera exigé des compositeurs de musique.

CONNAISSEMENTS. Voy. *Timbre.*

CONSEIL D'ÉTAT (*Décret du* 15-16 *septembre* 1870). — 1. Les membres actuels du Conseil d'Etat sont suspendus de leurs fonctions. 2. En attendant qu'il soit réorganisé, le Conseil d'Etat sera remplacé par une *commission provisoire* (Voy. *commission provisoire*).

Conseil d'État réorganisé (*Loi du* 24-31 *mai* 1872). — Le Conseil d'État se compose de 22 conseillers d'État en service ordinaire et de 15 en service extraordinaire. Il y a auprès du Conseil d'État 24 maîtres des requêtes et 50 auditeurs. Un secrétaire-général est placé à la tête des bureaux du Conseil; il aura le titre et le rang de maître des requêtes. Un secrétaire spécial est attaché au contentieux. Les ministres ont rang et séance à l'assemblée générale du Conseil d'Etat. Chacun d'eux a voix délibérative en matière non contentieuse, pour les affaires qui dépendent de son ministère. Le garde des sceaux a voix délibérative chaque fois qu'il préside, soit l'assemblée générale, soit les sections. Les conseillers d'Etat en service ordinaire sont élus par l'Assemblée nationale en séance publique, au scrutin de liste et à la majorité absolue. Après deux épreuves, il est procédé à un scrutin de ballotage entre les candidats qui ont obtenu le plus de suffrages en nombre double de ceux qui restent encore à élire. Avant de procéder à l'élection, l'Assemblée nationale charge une commission de quinze membres, à raison d'un membre par bureau, de lui présenter une liste de candidatures. Cette liste contient des noms en nombre égal à celui des conseillers à élire, plus une moitié en sus; elle est dressée par ordre alphabétique. L'élection ne peut avoir lieu que trois jours au moins après la distribution et la publication de la liste. Le choix de l'Assemblée peut porter sur les candidats qui ne sont pas proposés par la commission. Les membres du Conseil d'Etat ne pourront être choisis par l'Assemblée nationale. En cas de vacance par décès ou démission d'un conseiller d'État, l'Assemblée nationale procède dans le mois à l'élection d'un nouveau membre. Les conseillers d'État en service ordinaire peuvent être suspendus pour un temps qui ne pourra pas excéder deux mois, par décret du président de la République, et pendant la durée de la suspension, le conseiller suspendu sera remplacé par le plus ancien maître des requêtes de la section. L'Assemblée nationale est de plein droit saisie de l'affaire par le décret qui a prononcé la suspension; à l'expiration du délai, elle maintient ou révoque le conseiller d'Etat. En cas de révocation, on procède au remplacement dans le mois. Les conseillers d'État sont renouvelés par tiers tous les trois ans. Les membres sortants sont désignés par le sort et indéfiniment rééligibles. Le Conseil d'État est présidé par le garde des sceaux, ministre de la justice, et, en son absence, par un vice-président. Le vice-président est nommé par le président de la République et choisi parmi les conseillers en service ordinaire. En l'absence du garde des sceaux et du vice-président, le Conseil d'État est présidé par le plus ancien des présidents de sections, en suivant l'ordre du tableau. Les conseillers d'État en service extraordinaire sont nommés par le président de la République; ils perdent leurs titres de conseillers d'État de plein droit dès qu'ils cessent d'appartenir à l'administration active. Les maîtres des requêtes, le secrétaire général et le secrétaire spécial du contentieux sont nommés par décret du président de la République; ils ne peuvent être révoqués que par un décret individuel. Pour la nomination des maîtres des requêtes, du secrétaire général et du secrétaire du contentieux, le président et les présidents de sections seront appelés à faire des présentations. Les décrets portant révocation ne seront rendus qu'après avoir pris l'avis des présidents. Les auditeurs sont divisés en deux classes, dont la première se compose de dix et la deuxième de vingt. Les auditeurs de deuxième classe sont nommés au concours, dans les formes et aux conditions qui seront déterminées dans un règlement que le Conseil d'État sera chargé de faire. Ils ne restent en fonction que pendant quatre ans, et ne reçoivent aucune indemnité. Les auditeurs de première classe sont nommés au concours, dans les formes et aux conditions déterminées par le règlement du 9 mai 1849. Ne seront admis à concourir pour la première classe que les auditeurs de la deuxième, après quatre ans d'exercice, soit au Conseil d'État, soit dans l'administration départementale, comme conseillers de préfecture, secrétaires généraux ou sous-préfets. Seront seuls admis aux épreuves du premier concours qui aura lieu pour la première classe après la promulgation de la présente loi, tous les anciens auditeurs, âgés de moins de trente ans, qui ont été attachés, soit à l'ancien Conseil d'État, soit à la commission provisoire instituée par le décret du 15 septembre 1870. Des candidats étrangers à ces deux catégories d'auditeurs seront admis au concours dans le cas où le nombre de ceux-ci serait insuffisant. Les auditeurs de première classe reçoivent un traitement égal à la moitié de celui des maîtres des requêtes ; la durée de leurs fonctions n'est pas limitée. Le tiers au moins des places des maîtres des requêtes sera réservé aux auditeurs de première classe. Les auditeurs, tant de seconde que de première classe, ne peuvent être révoqués que par des décrets individuels et après avoir pris l'avis du président du Conseil d'État délibérant avec les présidents de section. Les employés des bureaux sont nommés par le président du Conseil d'État sur la proposition du secrétaire général. D'autres articles de la loi règlent ensuite les formes de procéder et des conflits d'attribution qui peuvent survenir entre l'autorité administrative et l'autorité judiciaire.

Conseil d'État réorganisé (Règlement intérieur.) (*Décret du* 21-25 *août* 1872). — 1. Il sera divisé en : 1º section de l'intérieur, de la justice, de l'instruction publique, des cultes et des beaux-arts ; 2º section des finances, de la guerre, de la marine, des colonies et de l'Algérie ; 3º section des travaux publics, de l'agriculture, du commerce et des affaires étrangères. 2-3. Tous les trois ans il sera fait, par le président de la République, une nouvelle répartition des conseillers d'État et des maîtres des requêtes entre les diverses sections. 4. Le secrétaire général dirige les travaux des bureaux ; il peut être suppléé par un maître des requêtes. 5. Sont portés à l'assemblée générale du Conseil d'État : 1º tous les projets de loi et les projets de règlement d'administration publique ; 2º les projets de décret ayant pour objet : l'enregistrement des actes du Saint-Siége, les recours pour abus, les autorisations des congrégations religieuses, la création d'établissements publics ou d'utilité publiques, toutes les acceptations par établissements, congrégations, communes et départements de dons ou de legs dépassant 50,000 fr., les annulations de délibérations de conseils généraux, les impositions d'office sur les départements, les recours formés par les conseils municipaux, dans le cas d'annulation de leurs délibérations ; les impositions extraordinaires et les emprunts votés par les conseils municipaux, les emprunts contractés par les hospices et établissements charitables ; les changements apportés à la circonscription territoriale des communes, la création d'octrois nouveaux, de tribunaux de commerce, de conseils de prud'hommes, de chambres temporaires, de chambres de commerce, la naturalisation exceptionnelle des étrangers, les prises maritimes, les concessions ; les travaux publics à la charge de l'État, les chemins de fer d'intérêt local, etc., etc.

CONSEILS DE GUERRE (*Loi du* 7-13 *août* 1871). — Art. 1ᵉʳ. Il pourra être dérogé, en vue du jugement des affaires s'y rattachant, aux dispositions des art. 6, 7, 43, 44, 154, 155 du Code de justice militaire. En conséquence : 1º les présidents et juges des conseils de guerre pourront être pris en dehors du tableau spécial établi dans chaque division militaire. Ils seront choisis, ainsi que les substituts-commissaires du Gouvernement et les substituts-rapporteurs, parmi les officiers en activité dans toute l'étendue du territoire de la République ; 2º les rapporteurs et substituts-rapporteurs auront compétence pour instruire auprès des divers dépôts de détention provisoire établis en dehors de la première division militaire, et seront distribués dans ces dépôts proportionnellement au nombre des inculpés qui s'y trouvent détenus ; 3º les présidents et juges des conseils de révision seront valablement pris même en dehors de la place ; 4º les conseils de guerre et de révision pourront être établis par arrêté du Chef du Pouvoir exécutif sur telle partie du territoire de la première division militaire qu'il sera jugé utile ; 5º l'ordre d'informer, celui de mise en jugement et de convocation des conseils de guerre sera donné par le commandant de la première division militaire, ou par les officiers généraux qu'il déléguera spécialement à cet effet. 2. Le nombre des rapporteurs ou substituts-rapporteurs spécialement chargés de l'instruction des affaires se rattachant à l'insurrection sera porté à cent. Il pourra même dépasser ce chiffre s'il en est besoin. 3. Le nombre des conseils de guerre sera porté à quinze au fur et à mesure du règlement des procédures. Il pourra, si besoin est, être élevé à un chiffre supérieur, par arrêté du Chef du Pouvoir exécutif. 4. Les conseils de guerre continueront à siéger, après la levée de l'état de siége, jusqu'à l'entier examen des faits se rattachant à l'insurrection.

Conseils de guerre et conseil de révision de la première division militaire (*Arrêté du* 15 *juillet-*16 *décembre* 1871). — Ils continueront de siéger temporairement à Versailles.

Conseil de guerre (1er) transféré à Versailles (*Décret du* 8-19 *mai* 1872). — Le 1er conseil de guerre de la 1re division militaire séant actuellement à Paris, est transféré à Versailles.

Conseils de guerre et conseil de révision supprimés (*Décret du* 21 *juillet-*21 *août* 1872). — Sont supprimés : Le 2e conseil de révision séant à Versailles ; le 11e conseil de guerre séant à Rambouillet ; les 13e et 26e à Chartres ; les 22e et 23e à Vincennes ; les 24e et 25e au Mont-Valérien.

Conseils de guerre (Composition des) (*Loi du* 16-21 *mai* 1872. — Article unique. Les articles 11, 12 et 30 du Code de justice militaire sont modifiés ainsi qu'il suit: Art. 11. Pour juger un général de division ou un maréchal de France, les maréchaux et les généraux de division sont appelés, suivant l'ordre de l'ancienneté, à siéger dans le conseil de guerre, à moins d'empêchement admis par le ministre de la guerre. Le président du conseil de guerre est choisi parmi les maréchaux désignés en vertu du paragraphe précédent, ou, à défaut d'un maréchal, parmi les juges désignés dans les conditions que détermine l'article 12. 12. A défaut d'un nombre suffisant de maréchaux, sont appelés à faire partie du conseil de guerre, d'après leur rang d'ancienneté et dans l'ordre suivant: 1o des amiraux ; 2o des officiers généraux ayant commandé en chef devant l'ennemi. Ces officiers généraux seront nommés par le ministre de la guerre, qui restera juge des cas d'empêchement. Les fonctions de commissaire du Gouvernement peuvent être remplies par un général de division, et celles de rapporteur sont exercées par un officier général. 30. Lorsque le conseil de guerre dont le jugement est attaqué a été présidé par un général de division ou par un maréchal de France, le conseil de révision est également présidé par un général de division ou par un maréchal de France, ou, à défaut d'un maréchal, par un officier général désigné suivant les conditions déterminées par l'article 12. Le général de brigade siége alors comme juge, et le chef de bataillon, ou le chef d'escadron, ou le major le moins ancien de grade, ou, à égalité d'ancienneté, le moins âgé, ne prend point part au jugement de l'affaire.

CONSEIL SUPÉRIEUR du Commerce, de l'Agriculture et de l'Industrie réorganisé (*Décret du* 13 *mars-*5 *juin* 1872), — Ce Conseil est placé sous la présidence du ministre de l'agriculture et du commerce; il se compose de : 2 vice-présidents ; 8 membres pris parmi les députés à l'Assemblée nationale; 2 membres du Conseil d'Etat ; 10 notables agriculteurs, négociants ou industriels ; du secrétaire général du ministère de l'agriculture et du commerce ; des directeurs généraux des ponts et chaussées ; des douanes ; des consulats des colonies, de l'agriculture, du commerce intérieur, des affaires de l'Algérie.

CONSEIL DU SCEAU DES TITRES (*Décret du* 10-11 *janvier* 1872). — Il demeure supprimé et sera remplacé par le Conseil d'administration établi près le garde des sceaux.

CONSEILS MUNICIPAUX. — Ils ont été dissous provisoirement par décret du 20 septembre 1870.

Arrêté du 16-17 *avril* 1871. Art. 1er. Les élections pour le renouvellement intégral des conseils municipaux auront lieu dans toutes les communes le 30 avril présent mois. Un arrêté spécial déterminera, aussitôt que les circonstances le permettront, l'époque des élections communales dans la ville de Paris et dans les communes du département de la Seine. Dans le département de la Corse, les électeurs se réuniront le 7 mai, et en Algérie le 14. 2. Le ministre de l'intérieur est chargé de l'exécution du présent arrêté. Pour les nouvelles élections aux *Conseils municipaux*, voyez *Elections*, voyez *Loi électorale*.

CONSEIL DES PRISES (*Décret du* 29 *septembre-*3 *octobre* 1870). — Les recours contre les décisions du Conseil des prises seront portés devant la commission provisoire chargée de remplacer le Conseil d'Etat.

CONSEILS DE RÉVISION PERMANENTS (*Décret du 2 septembre-16 décembre* 1871. — Il en est établi un second à Versailles. Le ressort de ce Conseil est le même que le ressort pour le premier.

CONSEILS GÉNÉRAUX (*Loi du 23-26 juillet* 1870). — Cette loi a été abrogée.

Conseils généraux et conseils d'arrondissement, remplacés par des commissions départementales (*Décret du 25-26 décembre* 1870). — Les *commissions* qui sont créées en remplacement des Conseils généraux se composeront d'autant de membres qu'il y a de cantons dans le département.

Loi du 29 mars-4 avril 1871. — Les *commissions départementales* sont supprimées. Les conseils généraux sont rétablis.

CONSEILS GÉNÉRAUX réorganisés (*Loi du 10-29 août* 1871.) Art. 1er, 2, 3. Il y a, dans chaque département, un conseil général. qui élit, dans son sein, une commission départementale. 4. 5. Chaque canton élit un membre du conseil général. 6. 7. 8. 9. 10. 11. Pour être éligible, il faut être domicilié dans le département ou y payer une contribution, être âgé au moins de 25 ans, ne pas être pourvu d'un conseil judiciaire, n'être ni préfet, ni sous-préfet, ni conseiller de préfecture, ni secrétaire général dans le département où ont lieu les élections; ni procureur général, avocat général ou substitut du procureur général près la cour d'appel du canton où doit avoir lieu le vote; ni président, vice-président, juge titulaire, juge d'instruction ou membre du parquet du tribunal de 1re instance où se trouve le canton où l'on vote, ni juge de paix de ce canton; ni général de la division ou de la subdivision où se trouve le canton, ni préfet maritime, major-général de la marine, commissaire d'inscription maritime dans le département maritime d'où ressort le canton, ni commissaire ou agent de police dans le canton, ni ingénieur (en chef ou ordinaire) dans le département où ont lieu les élections, ni ingénieur du service des mines dans un canton de son ressort, ni recteur d'académie dans le ressort de son académie, ni inspecteur d'académie ou des écoles primaires dans le département où auront lieu les élections, ni ministre d'un culte dans le canton appelé au scrutin, ni agent ou comptable de tout ordre au service du gouvernement dans le département, ni inspecteur ou directeur des postes, des télégraphes, des manufactures de tabac, dans leur département, ni agent des eaux et forêts dans un canton de son ressort, ni vérificateur des poids et mesures dans un canton de son ressort, ni architecte départemental, agent-voyer, employé des bureaux de la préfecture ou de la sous-préfecture, ni agent salarié ou subventionné sur les fonds départementaux, dans le département où ont lieu les élections, ni membre d'un autre conseil général. 12. 13. Les colléges électoraux, convoqués par le pouvoir exécutif, se réuniront après un intervalle de 15 jours au moins, après le décret de convocation. 14. Pour être élu au premier tour de scrutin, il faut réunir la majorité absolue des suffrages exprimés et un nombre de suffrages égal au quart de celui des électeurs inscrits. Au second tour, la majorité relative suffit. Si plusieurs candidats obtiennent le même nombre de suffrages, l'élection est acquise au plus âgé. 15. Tout électeur du canton peut combattre la validité des élections, par une réclamation consignée au procès-verbal ou déposée au secrétariat général de la préfecture. 16. Le conseil général vérifie, sans aucun recours, les pouvoirs de ses membres. 16. Tout conseiller élu dans plusieurs cantons doit opter dans les trois jours entre les mains du président du conseil général. 17. 18. 19. 20. De même les démissions s'adressent au président du conseil général. 21. Les conseillers, renouvelés par moitié tous les trois ans, sont indéfiniment rééligibles. 22. En cas de vacances, les électeurs doivent être réunis dans le délai de trois mois. 22. Les conseils se réuniront ordinairement deux fois par an : 1o le premier lundi qui suit le 15 août; 2o au jour fixé dans la session du mois d'août. 24. Mais ils peuvent se réunir extraordinairement lorsque les circonstances l'exigent. 25. A chaque session, le conseil élit son président, son ou ses vice-présidents et ses secrétaires. 26. Le conseil fait son règlement intérieur. 27. Le préfet a ses entrées au conseil, où il peut prendre la parole; il assiste aux délibérations, excepté s'il s'agit d'apurement de comptes. 28. Les séances des conseils sont publiques; elles peuvent devenir secrètes, si le conseil le désire et le vote. 29. Le président a seul la police de l'assemblée. 30. Pour la validité des délibérations, il faut la présence de la moitié, plus un, des membres. 31. 32. Le compte rendu de chaque séance sera mise, dans les 48 heures, à la disposition des journaux; ceux-ci devront, sous peine de 50 à 500 fr. d'amende, chaque fois qu'ils apprécieront une discussion, reproduire en même temps la portion du compte rendu qui y est afférente. 33. Les actes et délibérations, qui ne sont pas dans les attributions des conseils, seront nuls. 34. Toute délibération, déclarée illégale par le préfet, est nulle. 35. 36. Un conseil général ne peut être dissous que par une loi de l'Assemblée nationale, ou, en l'absence de celle-ci, par un décret du gouvernement. 37. 38. 39. Le conseil, dans sa session d'août, répartit les contributions directes, après avoir statué sur les répartitions de contingent. 40. 41. 42. Il vote les centimes additionnels et les centimes extraordinaires autorisés par les lois, les emprunts départementaux remboursables dans un délai de quinze ans au plus. 43. Il procède à la révision des sections électorales. 44. Il prescrit l'ouverture ou les redressements des chemins vicinaux et d'intérêt commun. 45. Il nomme et révoque les titulaires des bourses entretenues sur les fonds départementaux. 46. Il statue définitivement sur tout ce qui a rapport aux biens, aux édifices, aux routes des départements et aux dépenses pour achats ou entretien de ces propriétés départementales. 47. Les délibérations du conseil deviennent exécutoires au bout de vingt jours, si le préfet n'en demande pas l'annulation que le gouvernement peut seul décréter. 48. 49. Le conseil a voix délibérative dans les cas d'acquisition, d'aliénation ou d'échange des hôtels de préfecture et de sous-préfecture, des écoles normales et sur les taxes d'octroi. Ses délibérations, à ce sujet, sont exécutoires dans les trois mois. 50. Il donne son avis sur les changements de territoire du département, des arrondissements, des cantons et des communes, sur l'application des lois au régime forestier. 51. Il peut, par l'intermédiaire de son président, communiquer avec les ministres pour réclamations ou avis; mais les *vœux politiques* lui sont interdits. Les vœux d'économie et d'administration générale sont cependant de sa compétence. 52. Toutes les administrations publiques sont sous sa dépendance. 53. Il autorise le préfet à accepter ou à refuser les dons et legs faits au département. 54. 55. Il représente le département dans tout litige ou dans tout procès. 56. Il prend connaissance du rapport, fait par le préfet, sur la situation du département. 57 à 68. Il règle le budget. 69 à 91. Il élit, chaque année, la *commission départementale*. (Voy. commission départementale). 92. 93. Toutes les lois précédentes sont abrogées. 94. Une loi spéciale statuera sur le conseil général, dans le département de la Seine.

CONSEIL GÉNÉRAL DE LA SEINE. (*Loi du* 16-21 *septembre* 1871.) Il sera composé de 80 membres du conseil municipal de Paris, plus de 8 membres élus dans les arrondissements de Sceaux et de Saint-Denis, à raison de 1 membre par canton.

ELECTIONS pour le renouvellement intégral des conseils généraux et des conseils d'arrondissements.

Décret du 16-17 *septembre* 1871. Elles auront lieu, dans les départements autres que ceux de l'Algérie, le dimanche 8 octobre.

CONSEILS GÉNÉRAUX, de leur rôle dans des circonstances exceptionnelles. (*Loi du* 15-23 *février* 1872.) Art. 1er. Si l'Assemblée nationale ou celles qui lui succéderont viennent à être illégalement dissoutes ou empêchées de se réunir, les conseils généraux s'assemblent immédiatement, de plein droit, et sans qu'il soit besoin de convocation spéciale, au chef-lieu de chaque département. Ils peuvent s'assembler partout ailleurs dans le département, si le lieu habituel de leurs séances ne leur paraît pas offrir de garanties suffisantes pour la liberté de leurs délibérations. Les conseils ne sont valablement constitués que par la présence de la majorité de leurs membres. 2. Jusqu'au jour où l'assemblée, dont il sera parlé à l'art. 3, aura fait connaître qu'elle est régulièrement constituée, le conseil général pourvoira d'urgence au maintien de la tranquillité publique et de l'ordre légal. 3. Une assemblée, composée de deux délégués, élus par chaque conseil général, en comité secret, se réunit dans le lieu où se seront rendus les membres du gouvernement légal et les députés qui auront pu se soustraire à la violence. L'assemblée des délégués n'est valablement constituée qu'autant que la moitié des départements.

au moins, s'y trouve représentée. 4. Cette assemblée est chargée de prendre, pour toute la France, les mesures urgentes que nécessite le maintien de l'ordre, et spécialement celles qui ont pour objet de rendre, à l'Assemblée nationale, la plénitude de son indépendance et l'exercice de ses droits. Elle pourvoit provisoirement à l'administration générale du pays. 5. Elle doit se dissoudre aussitôt que l'Assemblée nationale se sera reconstituée par la réunion de la majorité de ses membres sur un point quelconque du territoire. Si cette reconstitution ne peut se réaliser dans le mois qui suit les événements, l'assemblée des délégués doit décréter un appel à la nation pour des élections générales. Ses pouvoirs cessent le jour où la nouvelle Assemblée nationale est constituée. 6. Les décisions de l'assemblée des délégués doivent être exécutées, à peine de forfaiture, par tous les fonctionnaires, agents de l'autorité et commandants de la force publique.

CONSEIL GÉNÉRAL DES HOSPICES. (*Décret du* 18-19 *février* 1871.) — 1. A l'avenir, il se composera de : deux membres du conseil municipal de Paris, élus par ce conseil; deux maires ou adjoints, élus par leurs collègues, un de l'arrondissement de Saint-Denis et un de celui de Sceaux ; de six des administrateurs des sociétés de bienfaisance de Paris, Sceaux et Saint-Denis, élus par leurs collègues ; deux médecins des hôpitaux, élus par leurs collègues ; deux chirurgiens des hôpitaux, élus par leurs collègues ; un professeur de la faculté, un médecin des bureaux de bienfaisance, un membre de la Cour de cassation, un conseiller d'Etat ou un maître des requêtes, un membre de la chambre de commerce, un de la chambre des notaires, un du conseil des prud'hommes ; tous ces membres, élus par leurs collègues ; et, enfin, quatre membres choisis par le conseil général. 2. Les membres sont renouvelés, par tiers, tous les ans. 3. Le préfet préside le conseil ; un vice-président, élu tous les ans, le remplace en cas d'absence. 4. La direction du service des secours à domicile, dans le département de la Seine, est attribué au *conseil général* des hospices.

CONSIGNATIONS effectuées dans le département de la Seine, antérieurement au 31 mars 1871. (*Loi du* 15 *septembre-*12 *octobre* 1871.) Dans le délai de quatre mois, à partir de la promulgation de la présente loi, tous prétendants droit sur des sommes consignées ou déposées à Paris entre les mains du caissier général de la Caisse des Dépôts et Consignations, seront tenus, pour conserver le bénéfice des actes par eux faits antérieurement au 31 mars 1871, de remettre, à ladite caisse, les pièces énonçant leur demande et la qualité en laquelle ils agissent. Les lois et règlements, concernant la caisse des dépôts et consignations, continueront d'être observés sur tous les points qui ne sont pas réglés par la présente loi.

CONSISTOIRES ISRAELITES. — Voyez *Rabbins.*

CONTINGENT de la classe de 1870. (*Loi du* 20-21 *juillet* 1870.) Le contingent sera porté à 140,000 hommes.

Décret du 1er-6 *octobre* 1870. Ce contingent est appelé à l'activité.

Décret du 28-31 *octobre* 1870. Ce decret est la répétition textuelle du précédent.

CONTINGENT de la classe de 1870. (*Loi du* 5 12 *septembre* 1871.) Il est réduit à 120,000 hommes.

CONTRAINTE PAR CORPS. (*Loi du* 19-23 *décembre* 1871.) L'art. 3, § 3, de la loi du 22 juillet 1867, est abrogé. (Cet article interdisait la contrainte par corps pour le recouvrement des frais dus à l'Etat, en vertu des condamnations prévues dans l'art. 2 de la même loi.)

Décret du 10-11 *mai* 1872. La loi ci-dessus est rendue exécutoire en Algérie.

CONTRATS DE MARIAGE. — Voyez *Enregistrement* (*Loi du* 28-29 *février* 1872).

CONTRIBUTION sur le revenu des créances hypothécaires. (*Loi du* 28 *juin-*28 *juillet* 1872.) Art. 1er. A partir du 28 juin-28 juillet 1873, il sera prélevé une contribution de 2 % sur le revenu des créances hypothécaires. Cette contribution, à la charge du créancier, sera payée par le débiteur qui en fera la retenue sur les intérêts. 2. Les créances sur *valeurs mobilières* (voy. ce mot) sont exemptées de cette contribution, ayant à en payer une autre. 3. Tout créancier, convaincu d'avoir, par un moyen quelconque, fait supporter cette contribution à son débiteur, sera, pour ce seul fait, puni d'une amende de 50 à 1,000 francs. 4, 5. Un règlement fixera le mode de constatation des créances et de perception de la taxe. Toute contravention à ce règlement sera punie d'une amende de 25 à 50 francs.

CONTRIBUTION DES PATENTES (centimes

additionnels au principal de la). (*Loi du 16 juillet-7 août* 1872.) Art. 1er. En sus des centimes généraux, il sera perçu, au profit du Trésor, pour l'année 1873, 0 fr. 60 cent. additionnels au principal de la contribution des patentes. 2. Sont affranchis de cette contribution, les patentables des 7e et 8e classes du tableau A, qui exercent leurs professions dans des communes de 20,000 âmes et au-dessous, et ceux des autres tableaux, dont la patente n'excède pas 8 francs.

Contributions directes à percevoir pendant l'exercice de 1872. (*Loi du 4-20 septembre* 1871.) Art. 1er, 2. Elles seront perçues, suivant les états anciens. 3. Le maximum des centimes que les conseils généraux sont autorisés à voter est fixé à 25 centimes sur les *contributions foncière* et *personnelle mobilière*, plus 1 centime sur les quatre contributions directes. 4. Le maximum des centimes extraordinaires est fixé à 12 centimes. 5. Le maximum de la contribution spéciale, sur les quatre contributions directes, est fixé à 2 centimes. 6. Le maximum des centimes votés par les conseils municipaux sera de 20. 7. Les centimes que le gouvernement est autorisé à imposer sur les communes, pour dépenses obligatoires, ne pourra excéder le maximum de 10. 8. Pour l'établissement d'écoles primaires, les conseils municipaux et les conseils généraux sont autorisés à voter chacun 3 centimes additionnels (total : 6 centimes) au principal des quatre contributions directes. 9. Les impositions pour dépenses cadastrales ne dépasseront pas 5 centimes, du principal de la contribution foncière. 10. Pour chemins vicinaux, on pourra imposer les quatre contributions directes jusqu'à concurrence de 7 centimes. 11. Le fonds de non-valeur des contributions foncières sera fixé comme suit : 1 centime par franc, pour contributions foncière et personnelle mobilière ; 3 centimes par franc, pour contribution des portes et fenêtres. 12. Le fonds de subvention est porté à 4,000,000 de francs.

Contributions directes à percevoir pendant l'exercice de 1873. (*Loi du 23-28 juillet* 1872.) Art. 1er. Elles seront perçues, suivant les états anciens. 2. Les centimes additionnels au principal de la contribution des patentes sont augmentés de 3 centimes 8/10. 3. Les contributions, dont le taux est déterminé en raison de la population, seront établies dans la ville de Lille, y compris les communes annexées. 4. Il en sera de même pour la ville de Lyon et pour ses annexes. 5. On remettra en vigueur l'art. 5 de la loi du 2 juillet 1862, sur la contribution des chevaux et des voitures. La taxe sera appliquée : aux voitures suspendues destinées au transport des personnes ; aux chevaux que l'on attelle à ces voitures et aux chevaux de selle. 6. La taxe sera réduite de moitié pour les voitures et les chevaux d'utilité. 7. Seront exemptés : les voitures publiques et les chevaux que l'on y attelle ; les voitures et les chevaux possédés par les marchands de chevaux ou de voitures, ou les fabricants de voitures ou ceux qui sont spécialement destinés à la location ; les chevaux et voitures possédés en conformité des règlements du service militaire ou administratif. 8. Les possesseurs de chevaux et de voitures, au 1er janvier, doivent la taxe de l'année entière. Les personnes qui, dans le courant de l'année, deviendront possesseurs de voitures ou de chevaux imposables, doivent la contribution à partir du 1er du mois de l'acquisition, sans qu'il y ait lieu de déduire la taxe imposée au précédent possesseur. 9, 10, 11. Les art. 4, 6, 8, 9, et les § 1 et 3 de l'art. 7 de la susdite loi du 2 juillet 1862, sont abrogés. 12. Les différents maximums de *centimes additionnels* resteront les mêmes que pour l'année 1872.

CONTRIBUTIONS INDIRECTES (augmentation d'impôts.) — (*Loi du 1er-3 septembre* 1871). — Art. 1er. Le droit de circulation sur les vins, cidres, poirés et hydromels sera perçu, en principal et par chaque hectolitre, conformément au tarif ci-après : Vins en cercle, à destination des départements : première classe, 1 fr. 20 ; deuxième classe, 1 fr. 60 ; troisième classe, 2 fr. ; quatrième classe, 2 fr. 40. Vins en bouteilles, quel que soit le département, 15 fr. Cidres, poirés et hydromels, 1 fr. La « taxe de remplacement » perçue aux entrées de Paris sera portée en principal : sur les vins en cercles, à 8 fr. 50 ; en bouteilles, à 15 fr. Dans les autres villes rédimées, la taxe de remplacement sera révisée, eu égard au nouveau droit de circulation. 2. Le droit général de consommation par hectolitre d'alcool pur contenu dans les eaux-de-vie et esprits en cercles, par hectolitre d'eaux-de-vie et esprits en bouteilles, de liqueurs d'absinthes en cercles et en bouteilles, et de fruits à l'eau-de-vie, est fixée à 125 fr. en principal. Les débitants établis dans les villes qui sont soumises à une taxe unique, les débitants établis en tous autres lieux et qui payent le droit général de consommation à l'arrivée, conformément à l'article 41 de la loi du 21 avril 1832, seront tenus d'acquitter, par hectolitre, un complément de 50 fr., en principal, sur les quantités qu'ils auront en leur possession à l'époque où les dispositions du présent article seront exécutoires et qui seront constatées par voie d'inventaire. A dater de la même époque, la taxe de remplacement aux entrées de Paris sera portée à 141 fr. en principal, par hectolitre d'alcool pur contenu dans les eaux-de-vie et esprits en cercles, par hectolitres d'eaux-de-vie et esprits en boutcilles, de liqueurs et absinthes en cercles et en bouteilles, et de fruits à l'eau-de-vie. — 3. Les vins présentant une force alcoolique supérieure à 15 degrés sont passibles du double droit de consommation, d'entrée ou d'octroi pour la quantité d'alcool comprise entre 15 et 21 degrés. Les vins présentant une force alcoolique supérieure à 21 degrés seront imposés comme alcool pur. — 4. Le droit à la fabrication des bières sera porté, pour la bière forte, à 3 fr. 60 l'hectolitre, décimes compris ; pour la petite bière, 1 fr. 20. — 5. Les droits de 25 c. et de 40 c. actuellement perçus par chaque jeu de cartes à jouer, sont remplacés par un droit unique de 50 c., en principal, par jeu, quel que soit le nombre de cartes dont il se compose et quels que soient la forme et le dessin des figures. Le supplément de taxe sera payé par les fabricants de cartes, sur les quantités reconnues en leur possession et déjà imposées, d'après le tarif qui est modifié. — 6. A partir du 1er octobre 1871, les droits de licence seront perçus, d'après le tarif suivant, sur les assujettis qui y sont dénommés : débitants de boissons : dans les communes au-dessous de 4,000 âmes, 12 fr. ; dans celles de 4 à 6.000 âmes, 16 fr. ; dans celles de 6 à 10,000 âmes, 20 fr. ; dans celles de 10 à 15,000 âmes, 24 fr. ; dans celles de 15 à 20,000 âmes, 28 fr. ; dans celles de 20 à 30,000 âmes, 32 fr. ; dans celles ce 30 à 50,000 âmes, 36 fr. ; dans celles de 50,000 âmes et au-dessus (Paris excepté), 40 fr. Brasseurs : dans les départements de l'Aisne, des Ardennes, de la Côte-d'Or, de la Meurthe, du Nord, du Pas-de-Calais, du Rhône, de la Seine, de la Seine Inférieure, de Seine-et-Oise et de la Somme, 100 fr. ; dans les autres départements, 60 fr. Bouilleurs et distillateurs de profession : dans tous les lieux, 20 fr. Marchands en gros de boissons : dans tous les lieux, 100 fr. Fabricants de cartes : dans tous les lieux, 100 fr. Fabricants de sucres et glucoses : dans tous les lieux, 100 fr.

CONTRIBUTIONS INDIRECTES (augmentation des). — (*Loi du* 4-16 *septembre* 1871). — Cette loi importante règle les prix des *tabacs de cantine* et des nouvelles espèces de *tabacs* que la régie est autorisée à fabriquer. Elle crée de nouveaux impôts sur les *allumettes* (Voyez *allumettes*, voyez *tabacs*). Elle crée aussi des impôts sur la *racine de chicorée* (voyez *chicorée*), sur la fabrication des *papiers* (voyez *papiers*) et sur toutes les *poudres* de chasse (voyez *poudres*).

CORPS LÉGISLATIF ET SÉNAT (*Décret du* 4-6 *septembre* 1870). — Le Corps législatif est dissous. Le Sénat est aboli.

COUPURES DE BILLETS (voyez *banque*).

COUR DES COMPTES (*Décret du* 25 *septembre-4 octobre* 1871). — Lorsque des justifications à l'appui des comptabilités soumises à la juridiction de la Cour des comptes feront défaut, par suite d'incendies ou de faits de guerre, la Cour pourra décider qu'il sera suppléé aux justifications absentes.

CRÉANCES HYPOTHÉCAIRES (Impôt sur le revenu des). Voyez *contribution sur le revenu des créances hypothécaires*.

DÉCHARGES (droit de timbre sur les) Voyez enregistrement (*Loi du* 23 *août* 1871, article 18).

DÉCHÉANCE des magistrats ayant pris part aux commissions mixtes de 1852 (*Décret du* 28-30 *janvier* 1871). — Ce décret étant abrogé par la loi ci-dessous, il nous semble inutile d'en donner la teneur. — (*Loi du* 25 *mars-*1er *avril* 1871). — Article unique. Le décret du 28 janvier, qui a prononcé la déchéance de quinze magistrats y dénommés, est déclaré nul et non avenu, comme contraire à la règle de la séparation des pouvoirs et au principe de l'inamovibilité de la magistrature, en réservant le droit souverain de l'Assemblée sur l'organisation judiciaire.

DÉCRETS DU GOUVERNEMENT de la Défense nationale. — (*Décret du* 4-5 *octo-*

bre 1870). La signature de sept membres du gouvernement est nécessaire et suffisante pour la validité des décrets du gouvernement.

Décret du 12-14 décembre 1870). — 1. Jusqu'au retour des membres du gouvernement délégués hors de Paris; la signature de six membres du gouvernement suffira pour la validité de ses décrets.

Décret du 4-8 février 1871. — Les décrets pourront être désormais rendus à la majorité des membres du conseil présents à Paris, et la signature de trois membres du gouvernement suffira pour leur validité.

DÉCRETS (promulgation des). Voyez *promulgation.*

DÉDOMMAGEMENT accordé à ceux qui ont subi pendant l'invasion des contributions de guerre, réquisitions, soit en argent, soit en nature, des amendes et des dommages matériels. — (*Loi du 6-12 septembre* 1871), — 1-2. Ces contributions, réquisitions, amendes et dommages seront constatés et évalués par les commissions cantonales qui fonctionnent en ce moment sous la direction du ministre de l'intérieur. 3. Lorsque l'étendue des pertes aura été ainsi constatée, une loi fixera la somme que l'état du trésor public permettra de consacrer à leur dédommagement et en déterminera la répartition. 4. Une somme de 100 millions sera répartie entre les départements. Une somme de 6 millions sera répartie immédiatement entre les départements qui ont le plus souffert des opérations d'attaque dirigées par l'armée française pour entrer dans Paris. 5. Les communes imposées seront remboursées par le trésor. Les contribuables imposés par les Allemands ou les Français seront admis à en appliquer le montant en déduction de leurs contributions de 1870 et 1871.

DÉFENSE NATIONALE (gouvernement de la). Voyez *gouvernement.*

DÉLÉGATION DU GOUVERNEMENT en province. — (*Décret du 12-14 septembre* 1870). — Art. 1er. M. Crémieux, membre du gouvernement de la Défense nationale, garde des sceaux, ministre de la justice, est délégué pour représenter le gouvernement et en exercer les pouvoirs.

2. Chaque département ministériel sera représenté près de lui par un délégué spécial, chargé du service de ce département. 3. Le membre du gouvernement de la Défense nationale aura son siége à Tours et pourra le transporter partout où l'exigeront les nécessités de la défense. 4. Les pouvoirs conférés par le présent décret cesseront quand les relations avec Paris redeviendront libres.

Décret du 16-18 septembre 1870. — M. Glais-Bizoin, membre du gouvernement, et le vice-amiral Fourichon, ministre de la marine et des colonies, se rendront à Tours et y formeront, avec M. Crémieux, la *délégation du gouvernement* dans les départements non encore occupés par l'ennemi.

Décret du 4-8 octobre 1870. — M. Gambetta est adjoint à la délégation de Tours; il se rendra sans délai à son poste. Voyez *Bulletin des lois,* des actes et décrets de la délégation. Voyez *promulgation* des lois et décrets de la délégation.

Décret du 8-12 décembre 1870. — Le siége du gouvernement, délégué à Tours, est transféré à Bordeaux.

DÉLITS DE PRESSE (*Loi du 15-22 avril*). — Art. 1er. La poursuite en matières de délits commis par la voie de la presse ou par les moyens de publication prévus par l'article 1er de la loi du 17 mai 1819 (1), aura lieu à partir de la promulgation de la présente loi. 2. Les tribunaux correctionnels continueront de connaître : 1° des délits commis contre les mœurs, par la publication, l'exposition, la distribution et la mise en vente de dessins, gravures, lithographies, peintures et emblèmes ; 2° des délits de diffamation et d'injures publiques concernant les particuliers ; 3° des délits d'injure verbale contre toute personne ; 4° des infractions purement matérielles aux lois, décrets et règlements sur la presse. 3. En cas d'imputation contre les dépositaires ou agents de l'autorité publique, à l'occasion de faits relatifs à leurs fonctions, ou contre toute personne ayant agi dans un caractère public, à l'occasion de ces actes, la preuve de la vérité des faits diffamatoires pourra être faite devant le jury, conformément aux

(1) L'année 1819 fut très-féconde en lois sur la presse. La loi du 17-18 mai prononce une amende de 50 à 4,000 fr, et un emprisonnement de 9 mois à 5 ans pour toute provocation ou complicité à l'inviolation de la personne du roi ou de l'ordre de successibilité au trône, ou contre l'autorité du roi, des chambres ou des lois. 2. Sont punissables de 3 jours à 2 ans de prison et de 30 à 4,000 fr. d'amende les crimes ci-dessus, quand ils n'ont pas été suivis d'effet.

articles 20, 21, 22, 23, 24 et 25 (1) de la loi du 26 mai 1819, qui sont remis en vigueur. Néanmoins, le droit de citation directe appartiendra également, dans ce cas, au ministère public. 4. L'action civile résultant des délits à l'occasion desquels la preuve est permise par l'article ci-dessus ne pourra, sauf dans le cas de décès de l'auteur de l'article incriminé ou d'amnistie, être poursuivie séparément de l'action publique. Dans tous les cas, elle s'éteindra de plein droit par le seul fait de l'extinction de cette action. 5. L'opposition à l'arrêt par défaut sera recevable jusqu'à l'exécution de cet arrêt, ou jusqu'à ce qu'il résulte d'un acte d'huissier que le condamné a eu personnellement connaissance de l'arrêt depuis trois jours au moins. 6. Sont abrogées toutes les dispositions contraires à la présente loi, contenues dans tous actes législatifs antérieurs, et notamment dans le décret du 17 février 1852 et la loi du 11 mai 1868.

DÉLITS DE PRESSE (procès pour). — (*Loi du* 12-15 *février* 1872). — Le § 1er de l'article 17 du 17 février 1852, qui interdit de rendre compte des procès pour délits de presse, est abrogé.

DÉNOMBREMENT DE LA POPULATION (*Décret du 8-14 mars* 1872). — 1. Il sera effectué dans le cours de l'année 1872.

DÉPENSES DE L'ÉTAT (*Arrêté du* 1er *avril* 1871). — Aucune dépense de l'État ne devra être engagée et ne sera acquittée par le trésor qu'autant que le ministre des finances aura reconnu la possibilité d'y pourvoir.

DÉPORTATION (Loi sur la) (23 *mars-3 avril* 1872.) — 1-2. La presqu'île Ducos, dans la Nouvelle-Calédonie, est déclarée lieu de *déportation dans une enceinte fortifiée*. 3. L'île des Pins et, en cas d'insuffisance, l'île Moré, dépendances de la Nouvelle-Calédonie, sont déclarées lieu de *déportation simple*. 4-5. Les condamnés jouiront, dans la presqu'île Ducos, l'île des Pins et l'île Moré, de toute la liberté compatible avec la nécessité d'assurer la garde de leurs personnes et le maintien de l'ordre.

Décret du 31 mai-1er juin 1871. — Régime des condamnés à la déportation dans une enceinte fortifiée. — 1. Les condamnés à la déportation dans une enceinte fortifiée habiteront, dans l'enceinte, un lieu désigné par le commandant de l'établissement ; ils pourront avoir des habitations séparées. 2. Ils sont entretenus par l'État, soit à l'aide des ressources laissées à leur disposition, soit à l'aide du produit de leur travail. Ils sont nourris comme les soldats aux colonies, sauf la ration de vin, qui ne leur est accordée qu'en échange d'un travail déterminé. Le vêtement donné par l'État se compose de : 1 vareuse et 1 pantalon en drap, 2 pantalons de toile, 2 vareuses en toile, 1 casquette, 1 chapeau de paille, 3 chemises de coton, 1 ceinture de flanelle, 4 mouchoirs de poche, 2 paires de souliers, 1 cravate en laine ; *coucher* : hamac ou couchette en fer ou en bois, matelas, couverture, 2 draps. 3. Les règlements de police seront les mêmes que ceux qui sont en vigueur dans les établissements militaires. 4. Le gouverneur peut interdire ou suspendre les communications et rapports des condamnés avec le dehors de l'enceinte, à la condition de rendre compte au ministre de la marine des causes qui ont déterminé cette interdiction. Il peut aussi interdire l'introduction dans l'enceinte de publications qu'il juge dangereuses. 5. Il peut accorder, dans le périmètre de l'enceinte, des concessions provisoires de terres, soit individuellement, soit collectivement, à des groupes de condamnés ; il peut retirer ces concessions pour défaut de culture ou pour toute autre cause grave, à la condition d'en rendre compte au ministre de la marine. 6. Les concessionnaires resteront soumis aux appels et à l'habitation dans l'enceinte. 7. Les travaux industriels utiles à la colonie ou à l'établissement peuvent être autorisés. Ils seront rétribués d'après un tarif arrêté par le gouverneur. 8. Toute réclamation faite par des condamnés sera individuelle et écrite. Les réclamations destinées au ministre de la marine seront remises au gouverneur, qui les transmettra dans le plus bref délai. 9. Les règlements intérieurs sont faits par le gouverneur, et deviennent aussitôt exécutoires, en attendant l'approbation ministérielle. 10. Les infractions aux rè-

---

(1) Art. 20. L'injure qui ne renfermera pas l'imputation d'un vice déterminé sera punie des peines de simple police. 21, 22, 23, Les comptes-rendus fidèles des séances des chambres ou des discours des membres de ces chambres, ou des discours prononcés devant les tribunaux, ne donneront lieu à aucune poursuite. 24. Les imprimeurs, s'il n'ont agi sciemment, ne seront par poursuivis. 25. En cas de récidive, il y aura aggravation de peines.

glements ci-dessus sont passibles des dispositions de l'art. 369 du Code de justice militaire pour l'armée de mer.

DÉPOT LÉGAL nécessaire pour la publication des actes officiels. Voyez *actes officiels.*

DÉPUTÉS FONCTIONNAIRES. Voyez *fonctionnaires.*

DÉTENTION (Règlement pour les lieux affectés à la). — (*Décret du 25-26 mai 1872*). — 1-2. Les relations entre condamnés et gardiens seront celles que rend indispensable le service. Le directeur seul entendra les observations et les réclamations. 3. Les condamnés ne peuvent communiquer qu'avec leurs femmes, leurs descendants et ascendants, leurs beau-père, belle-mère, leurs sœurs, leurs oncles, leurs tantes, leurs neveux, leurs nièces, leurs cousins et cousines germains et leurs tuteurs. 4. Les visites auront lieu au parloir, sous la surveillance d'un gardien. 5. Les heures des visites seront fixées par le directeur. Il faut, pour visiter les détenus, une autorisation, qui peut être suspendue par le directeur pour cause d'abus ou de violation des règlements. Les visites peuvent être journalières. 6. La correspondance des condamnés, à l'arrivée et au départ, sera ouverte et lue par le directeur, qui retiendra, pour les transmettre au ministère de l'intérieur, les lettres contenant des nouvelles ou des discussions politiques.

DISPARUS depuis le 19 juillet 1870 jusqu'au 31 mai 1871 (*Loi du 9-12 août 1871*). — Les dispositions de la loi du 13 janvier 1817(1) sont remises en vigueur pour constater judiciairement le sort des Français ayant appartenu aux armées de terre et de mer, à la garde nationale mobile ou mobilisée, à un corps reconnu par le ministère de la guerre, qui ont disparu depuis le 19 juillet 1870 jusqu'au traité de paix du 31 mai 1871. Les mêmes dispositions pourront être appliquées par les tribunaux à tous autres Français qui auraient disparu dans le même temps par suite de faits de guerre.

DISTILLATEURS (Droit de licence).—

(1) En vertu de cette loi, les héritiers du disparu doivent déclarer son absence au tribunal de son dernier domicile, afin que toutes les recherches soient faites pour constater son décès ou déclarer son absence. Cette dernière pourra être déclarée sans autre instruction, lorsqu'on n'aura pas eu de nouvelles de l'individu depuis 2 ans. La demande des héritiers sera rendue publique.

Voyez *Contributions indirectes* (*Loi du 1er-3 septembre 1871*).

DROIT DE GRACE (*Loi du 17-21 juin 1871*). — 1. Les amnisties ne peuvent être accordées que par une loi. 2. L'Assemblée nationale délègue le pouvoir de faire grâce au Président du Conseil des ministres, Chef du pouvoir exécutif de la République française. 3. Néanmoins, la grâce ne peut être accordée que par une loi aux ministres et autres fonctionnaires ou dignitaires dont la mise en accusation a été ordonnée par l'Assemblée nationale. 4. La grâce ne pourra être accordée aux personnes condamnées pour infractions qualifiées crimes par la loi, à raison des faits se rattachant à la dernière insurrection à Paris et dans les départements, depuis le 15 mars 1871, que s'il y a accord entre le Chef du pouvoir exécutif et l'Assemblée nationale, représentée par la Commission dont il sera parlé ci-après. En conséquence, tous les recours formés par ces condamnés, après avoir été instruits par le ministre de la justice, seront transmis au président de l'Assemblée nationale. Ces recours seront examinés par une Commission de quinze membres, nommés par l'Assemblée nationale, en réunion publique et au scrutin secret. La grâce ne pourra être accordée par le Chef du pouvoir exécutif que conformément à l'avis de cette Commission. En cas de dissentiment entre la Commission et le Chef du pouvoir exécutif, la condamnation sera exécutée.

DOUANES (Modification du tarif) (8 *juillet 1871*). — 1. Les droits sur les sucres sont augmentés de trois dixièmes. 2. Les sucres extraits, par les procédés barybiques, des mélasses dites *épuisées*, sont augmentés à un droit de 15 francs pour 100 kilogrammes, décimes compris. 3. Mélasses non destinées à la distillation, ayant 50 pour cent au moins de richesse saccharines, 18 fr. 60 les 100 kilogrammes. 4. Glucoses en sirop ou concrets, 10 francs les 100 kilogrammes, décimes compris. 5. Cafés en fèves, des pays hors d'Europe, y compris les colonies françaises, 150 francs les 100 kilogrammes; des autres pays, 170 francs les 100 kilogrammes. Café torréfié ou moulu 200 francs les 100 kilogrammes. 6. Chicorée brûlée ou moulue, 55 francs les 100 kilogrammes. 7. Thé des pays hors d'Europe, 200 francs les 100 kilogrammes; d'Europe, 260 francs les 100 kilogrammes.

8. Cacao en fèves, des pays hors d'Europe, 100 francs les 100 kilogrammes ; d'Europe, 120 francs les 100 kilogrammes. 9. Chocolat et cacao broyé, 160 francs les 100 kilogrammes. 10. Poivre, piment, girofle, cannelle, cassia lignea, muscades en coques, des pays hors d'Europe, 250 francs les 100 kilogrammes; des pays européens, 240 francs les 100 kilogrammes. 11. Muscades sans coques et macis, des pays hors d'Europe, 300 francs les 100 kilogrammes; d'Europe, 350 francs, 12. Vanille, 4 francs le kilogramme. 13. Vins non liquoreux, 5 francs l'hectolitre; liquoreux, 20 francs. 14. Eaux-de-vie en bouteille, 30 francs les 100 litres de liquide; en fûts, 30 francs les 100 litres d'alcool pur. Autres alcools, 30 francs l'hectolitre d'alcool pur. 15. Liqueurs, 35 francs l'hectolitre de liquide. 16. Tabacs et cigarettes dont l'importation est autorisée pour le compte des particuliers, 36 francs le kilogramme. 17. Huiles de pétrole et de schiste, à l'état brut, venant des pays hors d'Europe, 20 francs les 100 kilogrammes ; d'Europe, 25 francs. Epurées, des pays hors d'Europe, 32 francs ; d'Europe, 37 francs. Essence de pétrole, des pays hors d'Europe, 40 francs; d'Europe, 45 francs.

Loi du 11-13 *juillet* 1871. — Les matières ci-dessus désignées, en cours de voyage avant la promulgation de la loi du 8 juillet, seront passibles seulement des droits qui existaient avant la promulgation de ladite loi.

Douanes du Sénégal modifiées (*Décret du* 20-23 *juin* 1872). — *Droits à l'importation à Saint-Louis.* Armes et munitions de guerre, 15 0|0 de la valeur; Tabacs en feuilles, 10 0|0 de la valeur; autres marchandises, 5 0|0 de la valeur. — *Droits à l'exportation des dépendances de Gorée.* Produits coloniaux de toute provenance et de toute nature, 5 0|0 de la valeur.

EAUX-DE-VIE en bouteilles (Droits d'entrée) (*Loi du* 26 *mars-7 avril* 1872). — Voyez *Liqueurs.* Voyez *Douanes,* art. 14.

EFFETS PUBLICS ETRANGERS. — Voyez *Timbre.*

Effets de Commerce. — Voyez *Prorogation.* Voyez *Enregistrement.*

ELECTEURS et ÉLIGIBLES. — Voyez *Alsaciens-Lorrains.* — (*Loi du* 19-21 *juin* 1871). — Cette loi rend électeurs et éligibles tous les citoyens Alsaciens et Lorrains qui optent pour la nationalité française.

ELECTIONS DES CONSEILS MUNICIPAUX et de l'ASSEMBLÉE NATIONALE (*Décret du* 16-18 *septembre* 1870). — 1. Le premier tour de scrutin aura lieu le dimanche 25 septembre, le second tour le mercredi 28. 2. Les conseils nommeront les maires et adjoints le jeudi 29. 3. Les élections pour l'Assemblée constituante sont avancées au dimanche 2 octobre. — *Décret du* 17-18 *septembre* 1870. Le second tour de scrutin pour l'Assemblée nationale est fixé au dimanche 9 octobre. Voyez *Assemblée nationale.*

Elections du Conseil municipal de Paris (*Décret du* 18-20 *septembre* 1871). — 1. Ces élections auront lieu le mercredi 28 septembre, le second tour aura lieu le 29. 2. Le conseil se compose de quatre-vingts membres. *Décret du* 24 *septembre-5 octobre* 1870. Les élections ci-dessus sont suspendues et ajournées. *Décret du* 1-2 *novembre* 1870. Il sera procédé, le samedi 5 novembre, à l'élection d'un maire et de trois adjoints pour chacun des 20 arrondissements municipaux de la ville de Paris. Voyez *Conseils municipaux.*

Elections de Paris retardées (*Décret du* 4 *novembre* 1870). — 1. Le décret ci-dessus est modifié. Le scrutin du 5 novembre sera exclusivement consacré à l'élection des maires. 2. Il sera procédé le 7 novembre à l'élection des adjoints.

Elections des chambres consultatives des arts et manufactures. — Voyez *Chambres consultatives.*

Elections aux tribunaux de commerce. — Voyez *Tribunaux de commerce.*

Elections des Rabbins. — Voyez *Rabbins.*

EMISSION de billets. — Voyez *Banque.*

EMPRUNT DE 250 MILLIONS (*Décret du* 25 *octobre-7 novembre* 1870). — 1-2. Cet emprunt, qui sera émis par voie de souscription publique en France et en Angleterre, sera réalisé en obligations au porteur d'une valeur nominale de 500 francs, 2,500 francs, 12,500 francs, de 25,000 francs, rapportant 6 0|0 d'intérêts annuels, payables par semestre, les 1ᵉʳ avril et 1ᵉʳ octobre de chaque année. 3-4. Les obligations seront remboursables en 34 ans, par voie de tirage au sort, à partir du 1ᵉʳ avril 1873. 5-6-7. La souscription sera ouverte le jeudi 27 octobre 1870, au matin, et sera close le samedi 29 octobre, à 4 heures du soir. 8. Les versements par anticipation jouiront d'un escompte de 4 0|0 par an. En cas de retard, il sera dû au trésor un intérêt de 6 0|0 par an, sans préjudice du droit que le trésor aura de faire effectuer la vente de l'obligation,

Emprunt de 2 milliards (*Loi du 20-22 juin 1871*). — Cet emprunt par souscription publique est autorisé.

(*Arrêté du* 24 *juin* 1871. 1. Le ministre des finances est autorisé à procéder à l'aliénation de la somme de rentes cinq pour cent nécessaire pour produire un capital de deux milliards de francs, ainsi que le supplément destiné à couvrir les dépenses matérielles de l'opération et tous frais quelconques d'escompte, de change et de négociation. 2. Lesdites rentes cinq pour cent seront émises au taux de quatre-vingt-deux francs cinquante centimes, avec jouissance à compter du 1er juillet 1871. 3. Les arrérages des rentes cinq pour cent à créer en vertu de l'article 1er, seront payables par trimestre, aux époques des 16 février, 16 mai, 16 août et 16 novembre de chaque année. 4. Les inscriptions de rentes cinq pour cent seront, au choix des parties, nominatives, mixtes ou au porteur. 5. Le ministre des finances est chargé de l'exécution du présent arrêté.

Emprunt de 3 milliards (*Loi du* 15-21 *juillet* 1872). — 1. Le ministre des finances est autorisé à aliéner la somme de rentes cinq pour cent nécessaire pour produire un capital de 3 milliards de francs, par souscription publique. 2. Le ministre des finances ajoutera à ces rentes celles qui sont nécessaires pour produire un capital capable de faire face au payement des arrérages, frais d'escompte, de change, etc. 3. Le ministre des finances pourra passer avec la Banque de France et autres associations financières des conventions destinées à réaliser promptement les produits de l'emprunt, et à faciliter les anticipations de versements aux Prussiens. 4. La Banque de France est autorisée à émettre pour 3,200,000,000 de francs de billets.

ENFANTS DE MILITAIRES. — Voyez *Familles.*

ENGAGEMENTS VOLONTAIRES (*Loi du* 17 *juillet* 1870). — Ils sont reçus pour la durée de la guerre. Voyez *Loi militaire.*

ENREGISTREMENT et TIMBRE (*Loi du* 23 *août* 1871), — 1. Il est établi un second décime sur les droits et produits dont le recouvrement est confié à l'administration de l'enregistrement. 2. Plus 2 décimes au principal des droits de timbre de toute nature; excepté pour les *Effets de commerce,* le droit en est doublé ; *récépissés de chemins de fer, quittances* délivrées par les comptables de l'état; *quittances* de sommes envoyées par la poste ; reconnaissances des valeurs cotées. Ces *récépissés, quittances et reconnaissances* seront, à l'avenir, assujettis à un droit de 0 fr. 25 ; les *permis* de chasse paieront un droit de 15 à 30 francs, sans augmentation de décimes. 3-4. Sont assujetties aux droits de mutation par décès, toutes les valeurs mobilières étrangères dépendant de la succession d'un étranger domicilié en France. De même pour les transmissions entre vifs de ces mêmes valeurs. 5. Les actes d'ouverture de crédit sont soumis à un droit proportionnel de 0 fr. 50 par 100 francs. 6. Les contrats d'assurances maritimes ou contre l'incendie, ou les conventions postérieures contenant, soit une prolongation d'assurances, soit un change de sommes, sont soumis à une taxe obligatoire, moyennant laquelle l'enregistrement sera gratuit chaque fois qu'il sera requis. *Taxe obligatoire :* 0 fr. 50 par 100 francs, des primes et accessoires, par assurance maritime et contrat (décimes compris). La perception suivra les sommes de 20 en 20 francs, sans fraction, et la moindre taxe sera de 25 centimes. 8 0|0 des primes, cotisations ou contributions, pour les assurances contre les incendies. Cette taxe est annuelle. Les contrats de réassurance ne sont pas sujets à la taxe, à moins qu'ils n'aient pas déjà subi de droits. 7. Ce sont les assureurs qui perçoivent la taxe; toute contravention est passible d'une amende de 10 francs. Les compagnies étrangères agissant en France sont soumises aux mêmes droits. 8. Les assurances passées à l'étranger pour immeubles français ou pour des valeurs appartenant à des Français, doivent être enregistrées sous peine d'un droit en sus de 50 francs au moins. Le droit est fixé comme suit : 8 0|0 des primes, multiplié par le nombre d'années de l'assurance, pour assurances contre l'incendie. Pour les assurances maritimes, voyez l'article 6 ci-dessus. 9. Les contrats passés en France pour immeubles ou objets étrangers ne payent la taxe qu'autant que l'on veut en faire usage en France. Le droit à percevoir est le même que celui qui est fixé ci-dessus (art. 8). Il ne sera perçu que pour les années restant à courir au moment de l'enregistrement. 10. Un règlement déterminera la perception de la taxe. Les contraventions à ce règlement seront passibles d'une amende de 50 francs.

11. Pour les mutations de jouissance de biens immeubles, le preneur ou, à son défaut, le bailleur, doit fournir une déclaration détaillée, et estimation dans les trois mois de l'entrée en jouissance. Les droits d'enregistrement deviennent exigibles dans les vingt jours qui suivent l'échéance de chaque terme, et la perception en sera continuée jusqu'à ce qu'il ait été déclaré que le bail a cessé ou a été résilié. Ne sont pas assujettis à la déclaration, les locations verbales de moins de trois ans et, en même temps, de moins de 100 francs par an. Cependant, un bailleur qui consentirait plusieurs locations de cette catégorie, dont le prix cumulé excéderait 100 francs, devrait en faire la déclaration et acquitter, personnellement et sans recours, le droit d'enregistrement. Pour les locations verbales de 100 à 300 francs, le bailleur fait la déclaration et acquitte les droits, avec recours contre le preneur. Le droit est payable lors de la déclaration ou de l'enregistrement. Pour les baux de plus de trois ans, on peut fractionner les payements en autant de périodes triennales qu'il y en a dans la durée du bail. Les droits de la première période sont acquittés le jour de l'enregistrement ou de la déclaration; les autres dans le premier mois de l'année qui commence chaque période. 12-13. Toute dissimulation dans les prix de vente, d'échange ou de partage, sera punie d'une amende égale au quart de la somme dissimulée et payée par parties égales et solidairement par les parties. 14, 15, 16, 17. A défaut d'enregistrement ou de déclaration dans les délais, chaque partie est passible d'un droit de 50 francs au moins. 18. A partir du 1er décembre 1871, les *quittances, factures acquittées,* les *reçus,* les *décharges* de sommes, de titres, de valeurs ou d'objets quelconques, enfin toutes les libérations et les chèques sont soumis à un droit de *timbre* de 10 centimes, qui pourra être acquitté par l'apposition d'un timbre mobile, à l'exception des chèques qui devront être timbrés à l'extraordinaire. 19. Une remise de 2 0|0 sur le timbre est accordée, à titre de déchet, à ceux qui feront timbrer préalable-

ment leurs formules de quittances, reçus ou décharges. 20. Sont exemptés du droit de timbre ci-dessus : 1° les acquits inscrits sur chèques, lettres de change et effets de commerce assujettis au droit proportionnel; 2° les quittances de 10 francs et au-dessous, quand il ne s'agit pas d'un à-compte ou d'une quittance finale sur une plus forte somme; 3° les quittances délivrées par les comptables des deniers publics, celles des douanes, des contributions indirectes et des postes; 4° les quittances, à l'exception de celles qui sont relatives aux traitements et émoluments des fonctionnaires, militaires ou employés du gouvernement, des communes ou des établissements publics. 21. A l'avenir, les avertissements pour citations, seront rédigés par le greffier du juge de paix, sur papier au timbre de 50 centimes. 22, 23. Toute contravention à l'article 18 sera punie de 50 francs d'amende. Le droit de timbre est à la charge du débiteur ; mais l'amende est payable par le créancier, sans recours contre le débiteur. 24. Un règlement déterminera l'emploi des timbres mobiles. Toute infraction à ce règlement sera punie d'une amende de 20 francs.

Décret du 12 décembre 1871. — La loi ci-dessus est exécutoire en Algérie.

Décret du 25-26 novembre 1871. Ce décret règlemente la perception de la taxe établie par la loi du 23 août 1871 : 1° *assurances maritimes.* La taxe est perçue au moment de la signature des polices définitives appelées polices d'aliments avenants; applications. 2° *Assurances contre l'incendie.* Le payement est effectué pour chaque trimestre, avant le dixième jour du troisième mois du trimestre. Voyez notre mot *Timbre.*

ENREGISTREMENT (nouveaux droits d'). (*Loi du 28-29 février 1872*). Art. 1er. La quotité du droit fixe d'enregistrement est déterminée ainsi qu'il suit. 1° Actes de société: par le montant des apports, moins le passif. 2° Actes tranlatifs de propriété, d'usufruit ou de jouissance d'immeubles à l'étranger ou dans les colonies: par le prix exprimé, plus les charges en capital. 3° Actes et procès-verbaux de vente d'épaves et de marchandises avariées par suite d'événements de mer: par le prix exprimé, plus les charges en capital. 4° Contrats de mariage, par le montant net des apports personnels des conjoints. 5° Partages; par le montant de l'actif net partagé. 6° Délivrance de legs ; par la valeur des legs. 7° Main-levées ; par le montant des sommes faisant l'objet de la main-levée ; cependant, sur les réductions d'inscription, le droit sera de 5 fr. par chaque acte. 8° Prorogation de délais ; par le montant de la créance dont le terme est prorogé. 9° Adjudications dont le prix doit être payé par le trésor public, et les cautionnements relatifs à ces adjudications ; par le prix exprimé. 10° Titres et reconnaissances de rentes; par le capital. 2. Le taux de ces droits est établi comme suit : 5 fr. pour valeurs de 5,000 fr. et au-dessous, ou pour actes ne contenant aucune énonciation de sommes ou valeurs, ni dispositions susceptibles d'évaluation. 10 fr. pour valeurs de 5,000 à 10,000 fr.; 20 fr. pour valeurs de 10,000 à 20,000 fr., et ensuite 20 fr. par 20,000 fr. ou fraction de 20,000 fr. 3. Pendant deux années, à partir de l'enregistrement des actes spécifiés ci-dessus, on peut poursuivre les parties pour dissimulation de valeurs. Si cette dissimulation est établie, il sera perçu, outre les droits simples supplémentaires, un droit en sus de 50 fr au moins 4. Les actes non spécifiés ci-dessus, paieront les droits anciens augmentés de moitié. Les actes de prestations de serment de tous gardes et agents n'ayant pas plus de 1,500 fr. de traitement, seront soumis à un droit de 3 fr. 5. 6. A l'avenir, le bailleur sera tenu du paiement des droits, sauf son recours contre le preneur; les parties sont solidaires pour le paiement du droit simple. 7. Les mutations à titre onéreux de fonds ou de clientèle, sont soumis à un droit de 2 fr. par 100 fr.; les marchandises neuves garnissant le fonds, ne sont assujetties qu'à un droit de 50 cent. par 100 fr., à condition qu'elles seront estimées article par article. 8. 9. Les actes de mutation sous signatures privées, seront enregistrés dans le délai de trois mois ; on peut même suppléer à ces actes par une simple déclaration estimative faite au bureau de l'enregistrement, dans les trois mois de l'entrée en possession, sous peine d'application des dispositions du § 1er de l'art. 14 de la loi du 23 août 1871. Les fausses estimations peuvent être constatées par expertise dans les trois mois de l'enregistrement ; si l'insuffisance d'estimation excède une huitaine, il sera perçu, outre les frais d'expertise, un droit en sus sur le montant de l'insuffisance. 10. Les effets négociables (lettres de change, etc.) sont soumis au droit proportionnel de 50 cent. par 100 fr. Ils pourront n'être présentés à l'enregistrement qu'avec les protêts qui en auraient été faits. 11. Le droit de décharge est de 10 cent.; pour les récépissés et lettres de voiture, il sera réuni à la taxe. Le récépissé des chemins de fer (décharge comprise), 35 cent. ; lettres de voiture (décharge comprise), 70 cent.

Décret du 23 mars-5 juin 1872. — Les articles 5 et 6 de la loi ci-dessus seront applicables en Algérie, à partir du 1er avril prochain.

Décret du 22 juin-11 juillet 1872. — La loi entière devient applicable en Algérie, à partir du 1er août prochain.

Pour toutes les lois et décrets ayant diment trait aux *Timbres.* Voyez *Timbres.*

ESSENCE DE SCHISTE. — Voyez *Schiste.*

ETAT CIVIL du département de la Seine. depuis le 18 mars 1871 (*Loi du 19-23 juillet* 1871). — Art. 1er. Les actes de l'état civil et les mentions en marges des registres pendant l'insurrection seront bâtonnés ; il n'en pourra être délivré aucune expédition. 2. Ces actes devront être renouvelés dans le délai d'un mois.

ETAT CIVIL du département de la Seine détruit pendant la dernière insurrection (*Loi du 10-12 juillet* 1871). — Jusqu'à ce que les actes de naissance aient été reconstitués, ces actes pourront être suppléés par l'attestation des pères et mère, aïeuls et aïeules ; ou par un acte de notoriété, dressé par le juge de paix, sur l'attestation de quatre témoins. Cet acte de notoriété sera délivré en minute, visé pour timbre, enregistré gratis et affranchi de toute homologation.

Loi du 23-26 août 1871. — Le délai de 30 jours établi par la loi du 19 juillet 1871, est prolongé jusqu'au 30 septembre inclusivement.

Loi du 12-25 février 1872. — Art. 1er. Les actes de l'état civil seront reconstitués. 2. 3. 4. 5. Une commission, nommée par le ministre de la justice, sera chargée de ce travail. 6. Tout détenteur de pièce ou de titre dressé dans l'enceinte de Paris, doit en effectuer la remise dans le délai d'un an, au dépôt central établi à Paris. Cette remise sera faite contre un récépissé, qui sera lui-même remplacé, après un mois, par une expédition gratuite et sur papier libre qui fera la même foi que la pièce déposée. 7. 8. Les doubles, ainsi que les registres des colléges, écoles et administrations, devront être remis au dépôt. 9. 10. Les fonctionnaires, juges, notaires, syndics, doivent remettre au dépôt les pièces que le hasard fait tomber entre leurs mains et qui n'ont pas déjà passé par le dépôt. 11. 12. 13. Un recensement sera fait à Paris. Dans les départements, toutes les personnes majeures, nées ou ayant contracté mariage à Paris, doivent, sous trois mois, se présenter et faire une déclaration à l'officier de l'état civil du lieu qu'ils habitent. Les père et mère d'enfants naturels feront semblable déclaration pour les mineurs. Les tuteurs peuvent remplacer les père et mère. 14. Hors de France, les déclarations seront reçues aux ambassades, légations ou consulats. 15. L'envoi des pièces ou déclarations sera fait par la poste, sans frais..... 19. Toute négligence à remplir les prescriptions ci-dessus sera punie d'une amende de 16 fr. à 300 fr. 20. Le recel, la soustraction, la destruction des pièces, seront punis de la réclusion ; s'ils ont pour but une combinaison frauduleuse quelconque, sans qu'il en résulte une modification ni une suppression d'état civil, la peine sera d'un an à cinq ans de prison et de 50 à 3,000 fr. d'amende. Mêmes peines pour les fausses déclarations. 21. Les père, mère ou tuteurs déclareront à la mairie de leur commune, la date de la naissance des enfants soumis au recrutement, dans le délai d'une année. Pour la classe de 1871, la déclaration sera faite dans le délai de quinze jours après promulgation de la présente loi.

Loi du 25-27 mai 1872. — Le délai de trois mois, fixé par l'art. 13 de la loi ci-dessus, est prolongé jusqu'au 1er janvier 1873.

ETAT CIVIL réorganisé dans les départements (*Loi du 6-11 janvier 1871*). — Excepté les actes de l'état civil du département de la Seine, pendant la période insurrectionnelle, tous les actes inscrits sur les registres sont bons et valables. Les registres destinés à remplacer les registres perdus sont exemptés de timbre. De même, la reconstitution, le rétablissement ou le complément des actes se feront sans droit de timbre ni d'enregistrement.

ETAT CIVIL de l'Alsace-Lorraine. — Voyez *Traités avec l'Allemagne* (Déclaration de Paris).

ÉTABLISSEMENTS INSALUBRES OU INCOMMODES. (*Décret du 31 janvier-24 février 1872.*)

Nomenclature supplémentaire des établissements insalubres, dangereux ou incommodes

(Addition à la nomenclature annexée au décret du 31 décembre 1866.)

DÉSIGNATION DES INDUSTRIES.	INCONVÉNIENTS.	CLASSE.
Amorces fulminantes pour pistolets d'enfants (Fabrication d')...........	Danger d'explosion.......	2e
Bocards à minerais ou à crasses..................	Bruit...........	3e
Ciment (Fours à) : 1° Permanents.................	Fumée, poussière.......	2e
2° Ne travaillant pas plus d'un mois par an...........	Idem.	3°
Déchets des filatures de lin, de chanvre et de jute (Lavage et séchage en grand des).................	Odeur, altération des eaux	2e
Ether (Dépôts d') : 1° Si la quantité emmagasinée est, même temporairement, de 1,000 litres au plus.......	Danger d'incendie et d'explosion...........	1re
2° Si la quantité, supérieure à 100 litres, n'atteint pas 1,000 litres.............	Idem.	2e
Graisses de cuisine (Traitement des)...............	Odeur.	1re
Graisses et suifs (Refonte des)..................	Idem.	3e
Huiles de ressence (Fabrication des)...............	Odeur, altération des eaux	2e
Huiles lourdes créosotées (Injection des bois à l'aide des): Ateliers opérant en grand et d'une manière permanente.................	Odeur, danger d'incendie.	2e
Lavoirs à minerais en communication avec des cours d'eau.................	Altération des eaux......	3e
Os secs en grand (Dépôts d')..................	Odeur................	3e
Peaux (Pelage et séchage des)...............	Idem..	2e
Superphosphate de chaux et de potasse (Fabrication du).	Emanations nuisibles....	2e

ETAT DE SIEGE *(Loi du 28 avril-6 mai 1871).* — Art. 1er. L'Assemblée nationale délègue au chef du pouvoir exécutif le droit de déclarer l'*état de siége* dans les départements autres que celui où elle ré-ide. Cette délégation est limitée à un délai de trois mois. Le chef du pouvoir exécutif devra rendre compte immédiatement à l'Assemblée de la mise en *état de siége* qu'il aura déclarée et lui en demander le maintien. 2. Les déclarations de l'état de siége faites dans les départements de la Haute-Vienne et des Bouches-du-Rhône, par les généraux commandant les divisions, sont ratifiées et auront tout leur effet à partir de leur date.

ETATS ET REGISTRES de significacation d'oppositions et de transports à la *Caisse municipale de Paris* et aux *Caisses des travaux de Paris et de la Boulangerie* *(Loi du 8-15 mai 1872).* — Art. 1er. Dans le délai de trois mois, à partir de la promulgation de la présente loi, tous prétendants droit sur les sommes dues par les caisses ci-dessus désignées, remettront auxdites caisses, et contre reçu, leur demande et les originaux ou les copies certifiées et légalisées de tous récépissés et actes relatifs aux sommes réclamées par eux. Les frais de production ou de remplacement de pièces seront remboursés par les caisses après taxe. 2. Les caisses tiendront registres des oppositions, cessions et payements partiels effectués : elles délivreront aux parties des certificats de réinscription, ou feront, en cas de refus, connaître le motif de ce refus, sauf recours des parties intéressées devant les tribunaux. 3. Les oppositions et significations antérieures à la présente loi doivent être effectuées de nouveau pour être valables. 4. Toutes les pièces fournies en exécution de cette loi seront dispensées des droits de timbre et d'enregistrement, ainsi que les actes de main-levée donnés avant le 24 mai.

ETRANGERS expulsés *(Arrêté du 16 septembre-5 ocobre 1870.* — Art. 1er. Les étrangers appartenant aux pays en guerre avec la France et qui n'ont pas été autorisés à établir leur domicile en France, seront expulsés sous trois jours.

ETRANGERS NATURALISÉS. — Voyez *Naturalisation.*

ETRANGERS RESIDANT EN ALGERIE (Naturalisation des).—Voyez *Algérie.*

FACULTE DE DROIT établie à Bordeaux *(Décret du 15-16 décembre 1870).* — Art. 1er. Cette faculté comprend sept chaires : trois chaires de droit civil ; une de droit romain ; une de procédure civile et de législation commerciale comparée ; une de droit constitutionnel et administratif. 2. Cette faculté est établie et sera entretenue aux frais de la ville de Bordeaux. 3. Elle sera définitivement organisée lorsque bâtiments, mobilier et bibliothèque indispensables seront en état.

FAILLIS, FAILLITES. — Voy. *Code de commerce modifié.*

FAILLIS CONCORDATAIRES.—Voy. *Concordats.*

FAMILLES des citoyens morts pour la défense de la France *(Decret du 30 octobre 1870-18 janvier 1871.* — Le gouvernement de la défense nationale décrète : La France adopte les enfants des citoyens morts pour sa défense ; elle pourvoira aux besoins de leurs veuves et de leurs familles qui réclameront le secours de l'Etat.

Voyez Assassinat des généraux Clément Thomas et Lecomte.

Loi du 1er-15 mars 1872. — Art. 1er. Une pension nationale viagère de 4,000 francs, renversible par portions égales, entre les enfants qui lui survivront, est accordée à la veuve du général Lecomte. Cette pension se cumulera avec celle de 2,600 fr., à laquelle madame Lecomte a droit comme veuve d'un général de brigade tué à l'ennemi. 2. La veuve du colonel Billet, assassiné à Limoges, recevra une pension de 2,000 fr., laquelle se cumulera avec la pension réglementaire à laquelle elle aurait droit en vertu de la législation antérieure. 3. Des pensions nationales de 600 fr., reversibles par portions égales, sur les enfants, jusqu'à leur majorité, sont accordées aux veuves des gendarmes, sergents de ville, gardiens de la paix, gardes de Paris, employés des bureaux de la préfecture de police en fonctions ou ayant cessé leurs fonctions, tués comme otages ou massacrés en dehors d'une action militaire pendant l'insurrecion. Cette pension se cumulera avec la pension réglementaire ordonnées par les lois du 26 avril 1855 et 25 juin 1861. 4. Les enfants mineurs des militaires et employés, dont il est question ci-dessus, s'ils sont orphelins de père et de mère, recevront jusqu'à leur majorité une pension annuelle de 250 fr.

FAMILLES DES MILITAIRES peu-

dant la guerre (*Loi du* 24-26 *juillet* 1870).
— Il est ouvert au ministère de la guerre et de la marine, un crédit de 4,000,000 de francs, destiné à créer un fonds de secours pour venir en aide aux femmes, aux enfants, aux ascendants âgés et infirmes des militaires, marins et gardes mobiles appelés sous les drapeaux.

Loi du 10-11 *août* 1870 — Le crédit ci-dessus est porté à 25,000,000 de francs.

Loi du 29-31 *août* 1870. — Le crédit ci-dessus est porté à 50,000,000 de francs.

Décret du 14-15 *novembre* 1870. — Pendant la durée de la guerre, la mère veuve qui a son ou ses fils sous les drapeaux, la mère veuve dont un fils est mort au service, la veuve d'un soldat mort pour la patrie, ne peuvent être poursuivies ni pour les dettes de leurs maris ou de leurs enfants ni pour leurs dettes personnelles; le mobilier dont elles jouissent ou qui leur appartient ne peut être saisi. Voyez *garde nationale.*

FAVRE (Jules), membre du Gouvernement de la *Défense nationale.* — (*Voy.* Gouvernement de la Défense nationale).

Décret du 4-8 *octobre* 1870. FAVRE (Jules), est chargé de l'intérim du ministère de l'intérieur, à Paris.

FOLLE ENCHÈRE (procédures de saisie de, *Voy.* Procédures. Voyez *Saisie immobilière.*

FONCTIONNAIRES nommés députés. (*Loi du* 16 *février*-9 *mars* 1872) — Art. 1er. Ils touchent l'indemnité législative, sans cumul. 2. Si cette indemnité est supérieure au traitement, ce dernier est retenu au profit du Trésor. 3. Si le *traitement* est supérieur, le fonctionnaire-député, outre l'indemnité, touche la portion de son *traitement* excédant ladite indemnité. 4. Le droit à la retraite continu à courir comme si le fonctionnaire jouissait de son traitement. 5. La loi appelle *traitement* tout émolument soumis à la retenue au profit du Trésor. 6. Excepté : pensions de retraite, traitement d'officiers généraux en réserve et d'officiers en réforme, rentes viagères pour médailles et décorations, et pensions allouées à titre de récompenses nationales.

FONCTIONNAIRES (traitement des). — (*Loi du* 16 *septembre*-2 *octobre* 1871.) Traitement des ministres. (*Voy.* Ministres). Les fonctionnaires et employés des ministères ne seront plus, à l'avenir, logés par l'État. Ils ne toucheront plus aucune indemnités pour mobiliers, domestiques, chauffage, etc., à leur service personnel.

FONCTIONNAIRES qui ont perdu leur rang par suite du coup d'État. (*Voy.* Militaires.)

FONCTIONNAIRES (serment des). *Voy.* Serment.

FONCTIONNAIRES (Poursuites dirigées contre les) *Décret du* 10-21 *septembre* 1871. Sont abrogées toutes dispositions ou lois ayant pour objet d'entraver les poursuites dirigées contre les fonctionnaires publics de tout ordre.

FONCTIONNAIRES ADMINISTRATIFS des départements. Leurs traitements. (*Décret du* 4 *avril*-15 *juin* 1872.) Art. 1er. Les traitements des fonctionnaires administratifs des départements sont fixés ainsi qu'il suit, à partir du 1er avril 1872 :

Préfectures de première classe. — Traitement du préfet, 35,000 fr. ; traitement du secrétaire général, 7,000 fr. ; traitement des conseillers de préfecture, 4,000 fr.

Préfectures de deuxième classe. — Traitement du préfet, 25,000 fr. ; traitement du secrétaire général, 6,000 fr. ; traitement des conseillers de préfecture, 3,000 fr.

Préfectures de troisième classe. — Traitement du préfet, 20,000 fr. ; traitement du secrétaire général 4,500 fr. ; traitement des conseillers de préfecture, 2,000 fr. ; traitement des sous-préfets de première classe, 7,000 fr. ; traitement des sous-préfets de deuxième classe, 6,000 fr. ; traitement des sous-préfets de troisième classe, 4,500 fr.

Département de la Seine. — Traitement du préfet de la Seine, 50,000 fr. ; traitement du préfet de police, 40,000 fr. ; traitement du secrétaire général de la préfecture de la Seine, 18,000 fr. ; traitement du secrétaire général de la préfecture de police, 15,000 fr. ; traitement du président du conseil de préfecture de la Seine, 15,000 fr. ; traitement des conseillers de préfecture, 8,000 fr. ; traitement des commissaires du Gouvernement près le conseil de préfecture, 6,000 fr.

FORCES MILITAIRES pendant la guerre. (*Loi du* 11 *août* 1870.) Art. 1er. L'armée a bien mérité de la patrie. 2. Tous les célibataires ou les veufs sans enfants, de vingt-cinq à trente-cinq ans qui ne font pas partie de la garde mobile sont appelés sous les drapeaux. 3. Les crédits alloués, aux *familles de militaires,* (*voy.* Familles) est porté à 25,000,000 de francs. 4. 5. Tout citoyen valide peut contracter un engagement pour la durée de la guerre. 6. Le contingent de 1870 est appelé sous les drapeaux. Voyez *Levée*, voyez *Contingent*.

FORMULE EXÉCUTOIRE des arrêts, jugements, mandats de justice, contrats et autres actes. (*Décret du 6 septembre* 1870.) Les tribunaux rendront la justice au nom du Peuple français. Les expéditions des arrêts, jugements, mandats de justice, ainsi que les grosses et expéditions des contrats et de tous autres actes susceptibles d'exécution forcée, seront intitulées ainsi qu'il suit : « RÉPUBLIQUE FRANÇAISE. « Au nom du peuple français. » Pour arrêts et jugements : « La cour d'appel ou « le tribunal de. . . . . a rendu. . . » (*Copier l'arrêt ou le jugement.*) Pour les actes notariés et autres, transcrire la teneur de l'acte. Lesdits arrêts, jugements, mandats de justice et autres actes seront terminés ainsi : « En conséquence, la Ré- « publique mande et ordonne à tous huis- « siers sur ce requis de mettre ledit « jugement ou arrêt à exécution, aux pro- « cureurs généraux et aux procureurs de la « République près les tribunaux de pre- « mière instance, d'y tenir la main, à tous « commandants et officiers de la force pu- « blique de prêter main-forte lorsqu'ils en « seront légalement requis. En foi de quoi « le présent jugement ou arrêt a été si- « gné par... etc. » Les porteurs des expé- ditions des jugements et arrêts et des grosses et expéditions des actes délivrées avant l'ère républicaine, qui voudraient les faire mettre à exécution, devront préalable- ment les présenter aux greffiers des cours et tribunaux pour les arrêts et jugements, ou à un notaire pour les actes, afin d'a- jouter la formule ci-dessus indiquée à celle dont elles étaient précédemment revêtues. Ces additions seront faites sans frais.

FORMULE de la promulgation des lois et *formule* exécutoire des arrêts, juge- ment, etc. (*Décret du 2-8 septembre* 1871.) Les lois seront promulguées à l'avenir dans la forme suivante : « L'Assemblée na- tionale a adopté. « Le Président de la Ré- publique française promulgue la loi dont la teneur suit : » 2. Les expéditions des arrêts, jugements, mandats de justice, ainsi que les grosses et expéditions des contrats et de tous autres actes suscepti- bles d'exécution forcée, seront intitulés ainsi qu'il suit : « RÉPUBLIQUE FRANÇAISE. « Au nom du peuple français, » et termi- nés par la formule suivante : « En consé- « quence, le président de la République

« française mande et ordonne à tous huis- « siers sur ce requis de mettre ledit arrêt « (ou ledit jugement, etc.) à exécution, « aux procureurs généraux et aux procu- « reurs de la République près les tribu- « naux de première instance d'y tenir la « main, à tous commandants et officiers « de la force publique de prêter main-forte « lorsqu'ils en seront requis. En foi de « quoi le présent arrêt (ou ledit juge- « ment, etc.) a été signé par.. » 3. Les porteurs des grosses et expéditions d'ac- tes revêtus de la formule prescrite par le décret du 6 septembre 1870 pourront les faire mettre à exécution sans faire ajouter la formule ci-dessus indiquée. Les grosses ou expéditions délivrées avant le 6 sep- tembre 1870 devront, avant toute exécu- tion, être préalablement présentées aux greffiers des cours et tribunaux pour les arrêts et jugements et aux notaires pour les autres actes, afin d'ajouter la formule prescrite par le présent décret.

FRAUDE SUR LES SPIRITUEUX. (*Loi du* 28-29 *février* 1872.) Art. 1er. Les déclarations avant l'enlèvement des bois- sons devront contenir, outre les énoncia- tions prescrites par l'art. 10 de la loi du 28 avril 1816, l'indication des princi- paux lieux de passage et les modes de transport, sous peine de confiscation et d'une amende de 500 à 5,000 francs. 2. Le destinataire, au reçu de boissons ayant parcouru plus de deux myriamètres, de- vra représenter : expédition de la régie, bulletin de transport, lettres de voiture et connaissement, sous peine de *contraven- tion* et de doubles droits. 3. Les certifi- cats de décharge ne seront délivrés que lorsque les boissons auront été représen- tées aux employés. Les marchands en gros ne peuvent transvaser, mélanger et couper leurs boissons hors de la présence des employés que lorsqu'elles ont été vé- rifiées par la régie.

FRUITS A L'EAU-DE-VIE (Voy. *Li- queurs.*)

GAMBETTA, adjoint à la délégation de Tours. — Voy. *Délégation du Gouverne- ment* en province. (*Décret du* 4-8 *octobre* 1870.)

GARDE NATIONALE. (*Loi du* 12- 13 *août* 1870.) Art. 1er. 2. 3. La garde nationale est rétablie; elle sera réorgani- sée. 4. Les gardes nationaux blessés, leurs veuves, leurs enfants auront droit aux secours et récompenses déterminés en faveur des autres militaires.

Décret impérial du 7-13 *août* 1870.) Tous les ci oyens valides de trente à quarante ans seront incorporés dans la garde nationale sédentaire.

Loi du 2-3 *septembre* 1870. Les bataillons déjà organisés dans le département de la Se ne procéderont à l'élection de tous les chefs, depuis le grade de caporal. Les nouveaux élus devront avoir été militaires. Cependant, les chefs actuellement en fonctions sont éligibles

GARDES NATIONALES dissoutes. (*Loi du* 25-30 *août* 1871.) Art 1er. Les gardes nationales seront dissoutes dans toutes les communes de France, au fur et à mesure que les progrès de la réorganisation de l'armée, sur les bases de la loi de 1868, le permettront. Sont exceptées de cette mesure les compagnies de sapeurs-pompiers, à l'organisation et à l'effectif desquelles il ne sera apporté aucun changement par les autorités locales, jusqu'à ce qu'un règlement d'administration publique ait pourvu à l'organisation générale de ces corps. 2. Les armes des gardes nationales seront déposées dans les arsenaux de l'État, sauf indemnités pour celles qui sont la propriété des communes ou des départements. 3. Sont et demeurent abrogées les lois du 22 mars 1831, des 8 avril, 22 mai et 13 juin 1851 et du 12 août 1870. Toutefois elles ne cesseront d'être en vigueur, dans les communes où la garde nationale existe encore, qu'après la dissolution effective de cette garde nationale.

GARDE NATIONALE MOBILE. (*Loi du* 17 *juillet* 1870.) Elle est appelée à l'activité.

Loi du 20-21 *juillet* 1870. Les députés au Corps législatif pourront exercer des commandements dans la garde nationale mobile.

Loi du 18-19 *août* 1870. Art. 1er. Les jeunes gens des classes de 1865 et 1866, célibataires et veufs sans enfants, qui ne font pas encore partie de la garde nationale mobile, y seront incorporés. 2. Ils pourront se faire remplacer par les anciens militaires âgés de moins de quarante-cinq ans, même mariés ou veufs avec enfants. Voy. Mobilisés.

Loi du 29-31 *août* 1870. Les bataillons de la garde nationale mobile peuvent être appelés à faire partie de l'armée active.

GARDE NATIONALE MOBILISÉE. (*Loi du* 11-16 *septembre* 1871.) Les décrets sur la *garde nationale mobilisée* sont et demeurent abrogés. (Voy. Mobilisés.)

GIROFLE. — Voyez *Douanes.*

GLUCOSES. — Voyez *Douanes*, voyez *Sucre.*

GORÉE (Voy. Douanes du Sénégal modifiées.)

GOUVERNEMENT EN PROVINCE, (Voy. *Délégation.*)

GOUVERNEMENT de la défense nationale (proclamation du 4 septembre 1870 aux habitants de Paris.) Le gouvernement se compose des citoyens : Emmanuel Arago, Crémieux, Jules Favre, Jules Ferry, Gambetta, Garnier-Pagès, Glais-Bizoin, Pelletan, Picard, Rochefort, Jules Simon, représentants de Paris. Le général Trochu est chargé des pleins-pouvoirs militaires pour la défense nationale ; il est appelé à la présidence du gouvernement de la *Défense nationale.* (Voy. Promulgation des actes du gouvernement ; voy. Délégation du gouvernement.

GRACE. (droit de) voy. Droit de grâce.

GRADES. Voy. Avancement dans l'armée. (*Décret du* 3-18 *novembre* 1870.) Les grades ne seront plus conférés qu'à titre *provisoire* toutes les fois que le titulaire ne se trouvera pas dans les conditions requises pour l'avancement. Ils deviendront définitifs après services rendus. (Voy. Militaires ayant perdu leur grade par suite du coup d'État.)

GRAND PRIX DE ROME. Voy. Concours au grand prix de Rome.

GREFFIERS. Voyez *Officiers ministériels.*

GREFFIERS et HUISSIERS (tarif augmenté.) (*Décret du* 24 *novembre*-16 *décembre* 1871). — Art. 1er. Il est alloué aux greffiers des cours d'appel et aux greffiers des tribunaux civils de première instance, comme remboursement du papier timbré : 1° Pour chaque arrêt ou jugement rendu à la requête des parties, ceux de simple remise exceptés, 1 fr. 25 c. 2° Pour chaque acte porté sur un registre timbré, 60 c. 3° Pour chaque mention portée sur un registre timbré, 25 c. 2. Les dispositions de l'article précédent sont applicables aux greffiers des tribunaux spéciaux de commerce et aux greffiers des tribunaux civils qui exercent la juridiction commerciale ; mais l'allocation à titre de remboursement du timbre employé aux feuilles d'audience est fixée, pour chaque jugement ceux de simple remise exceptés, à 80 c.

3. Il est alloué aux greffiers de justice de paix, à titre de remboursement du papier timbré : 1° Pour chaque jugement

porté sur la feuille d'audience, ceux de simple remise exceptés, 80 c. 2º Pour chaque jugement de remise, 25 c. 3º Pour procès-verbal de conciliation inscrit sur un registre timbré, 60 c. 4º Pour le procès-verbal sommaire constatant que les parties n'ont pu être conciliées, 30 c. 5º Pour chaque mention sur un registre timbré. 25 c. 4. Il est alloué aux huissiers, comme remboursement du papier timbré du registre tenu en exécution de l'article 176 du Code de commerce : 1º Pour protêt simple et intervention, 40 c. 2º Pour protêt de perquisition, 60 c. 5. La rétribution due au greffier de la justice de paix, pour tout droit, par chaque bil et d'avertissement avant citation, est fixé à 30 c., y compris l'affranchissement, qui sera, dans tous les cas de 15 centimes, et sans préjudice du remboursement du coût de la feuille de papier timbré exigée par l'article 11 de la loi du 23 août dernier.

HAUTE-COUR DE JUSTICE abolie. (*Décret du 4-13 novembre 1870.*) — La haute-cour de justice est abolie.

HAUTE POLICE.—Voyez *Surveillance.*

HERBORISTES. Voyez *officiers de santé.*

HUILES DE SCHISTE. Voyez *schiste.*

HUILES DE PÉTROLE Voyez *Pétrole.*

HUISSIERS. Voyez *greffiers,* voyez *syndics.* Voyez *Officiers ministériels.*

HYDROMELS. — Voyez *Contributions indirectes* (*Loi du* 1ᵉʳ *septembre* 1871).

IMPÉRATRICE. Voyez *Régence.*

IMPOTS NOUVEAUX. Nous n'avons rien à dire ici de la nécessité de la création de nouveaux impôts ; on la trouvera naturellement dans le traité onéreux conclu avec la Prusse. Avant la guerre, en parcourant le tableau de nos *contributions directes* et *indirectes* on aurait été porté à croire que le fisc avait atteint toute matière imposable ; depuis un an, on doit se livrer à la recherche de nouvelles sources de revenus publics, et la liste serait bien longue de tous les nouveaux impôts que l'on prétendit découvrir et que l'on propose à l'Assemblée nationale. Mais nous nous contenterons de donner ici succinctement les nouveaux impôts adoptés. La liste en est longue encore. On commença naturellement par augmenter les impôts anciens que l'on crut d'un poids relativement moins lourd. Tout d'abord on songea au *papier* que l'on frappa d'un impôt de 10 º/₀ avec droits de *postes* que l'on éleva à un taux que l'on eût cru autrefois préjudi-

ciable au Trésor. Les droits *d'enregistrement* furent également augmentés, mais avec ménagements. Un *timbre* de 10 c. fut imposé aux *quittances* et *reçus.* Les *allumettes* elles-mêmes furent atteintes. Mais ces différentes ressources étaient insuffisantes et le gouvernement n'avait recours à elles que pour avoir le temps d'étudier et de saisir des matières imposables d'une importance plus grande et d'un revenu plus certain. De ces études, après bien des propositions diverses, sont sorties trois lois fiscales vraiment fécondes: la loi sur les *tabacs* ; la loi sur les *valeurs mobilières,* et enfin la loi sur les *matières premières.*

IMPOTS INDIRECTS et **REVENUS PUBLICS.** (*Loi du* 27-28 *mars* 1872). — Leur perception continuera d'être opérée jusqu'à la fin de l'année courante, conformément aux lois en vigueur.

IMPOT sur le revenu des valeurs mobilières. Voyez *Valeurs mobilières.*

IMPOTS RELATIFS à l'Enregistrement. Voyez *Enregistrement.*

IMPOTS relatifs au Timbre. Voyez *Timbre.*

INCOMMODES. — Voyez *Etablissemens.*

IMPRIMERIE et **LIBRAIRIE** rendus libres. (*Décret du* 10-14 *septembre* 1870). — 1. Les professions d'imprimeurs et de libraires sont libres. 2. Toute personne qui veut exercer l'une ou l'autre de ces professions est tenue à une simple déclaration au ministère de l'intérieur. 3. Toute publication portera le nom de l'imprimeur. Voyez *Librairie.*

INÉLIGIBILITÉ. (*Décret du* 29-30 *janvier* 1871. — Les préfets et sous préfets ne seront pas éligibles dans les départements où ils exercent leurs fonctions.

(*Décret du* 31 *janvier* 2 *février* 1871).— Les membres du Gouvernement de la Défense nationale décrètent : Art. 1ᵉʳ. Ne pourront être élus représentants du peuple à l'Assemblée nationale les individus qui, depuis le 2 décembre 1851 jusqu'au 4 septembre 1870, ont accepté les fonctions de ministre, sénateur, conseiller d'Etat et préfet. 2. Sont également exclus de l'éligibilité à l'Assemblée nationale les individus qui, aux élections législatives qui ont eu lieu depuis le 2 décembre 1851 jusqu'au 4 septembre 1870, ont accepté la candidature officielle, et dont les noms figurent dans les listes des candidatures recommandées par les préfets aux suffrages des électeurs et ont été publiés au *Moniteur officiel* avec les mentions: candidat du gouvernement, candidat de l'administration ou candidat officiel. 3. Sont nuls de nullité absolue les bulletins de vote portant les noms des individus compris dans les catégories ci-dessus désignées. Ces bulletins ne seront pas comptés dans la supputation des voix.

Décret du 3 janvier-2 février 1871. — Sont exclus de l'éligibilité les membres des familles qui ont régné sur la France depuis 1789. Sont nuls de nullité absolue les bulletins de vote portant le nom des personnes désignées dans le présent article. Ces bulletins ne seront pas comptés dans la supputation des voix. Ne peuvent être élus représentants du peuple les individus compris dans l'une des neuf premières catégories de l'article 79 de la loi des 15-18 mars 1849 et dans les dispositions de l'article 81 de la même loi.

Décret du 4-5 février 1871. — Le gouvernement de la Défense nationale décrète: Le décret rendu par la délégation du gouvernement à Bordeaux est annulé. Le décret du 29 janvier 1871 est maintenu dans son intégrité.

Loi du 2-11 mai 1871. — Les préfets et sous-préfets ne peuvent être élus représentants à l'Assemblée nationale, dans les départements administrés par eux, et cette prohibition subsiste pendant les 6 mois qui suivent la cessation de leur fonction. Cette disposition ne s'applique pas à ceux de ces fonctionnaires qui, ayant cessé leurs fonctions avant le 29 janvier 1871, se présenteront aux élections partielles auxquelles il devra être procédé par suite d'option, d'annulation, de missions, de décès, ou pour toute autre cause.

INSALUBRES. — Voyez *Établissements*.

INSIGNES. Voyez *Légion d'honneur*, voyez *Médaille militaire*.

INSPECTION DE LA LIBRAIRIE. Voyez *Librairie*.

INSURRECTION. Voyez *Conseils de guerre*.

INTERNATIONALE (loi sur l') — Toute association internationale qui, sous quelque dénomination que ce soit et notamment sous celle d'association internationale des travailleurs aura pour but de provoquer à la suspension du travail, à l'abolition du droit de propriété, de la famille, de la patrie ou du libre exercice des cultes, constituera, par le seul fait de son existence et de ses ramifications sur le territoire français un attentat contre la paix publique. Tout Français qui, après la promulgation de la présente loi, s'affiliera ou aura fait acte d'affiliation à *l'Internationale des travailleurs*, ou à toute autre association professant les mêmes doctrines ou ayant le même but, sera puni d'un emprisonnement de trois mois à deux ans et d'une amende de 50 à 1.000 fr. Il sera, en outre privé de ses droits civiques, civils, et de familles énumérés en l'article 42 du code pénal pour une durée de 5 ans au moins et de 10 ans au plus. L'étranger, qui s'affiliera en France ou fera acte d'affilié à l'Internationale, sera puni des peines édictées par la présente loi. La peine de l'emprisonnement pourra être élevée à 5 ans et celle de l'amende à 2,000 fr. à l'égard des Français ou étrangers qui auront accepté une fonction dans l'une de ces associations, ou qui auront sciemment concouru à son développement, soit en recevant ou en provoquant à son profit des souscriptions, soit en lui procurant des adhésions collectives ou individuelles, soit enfin en propageant ses doctrines ses manifestes et ses circulaires. Ils pourront en outre être renvoyés à l'expiration de la peine sous la surveillance de la haute police pour 5 ans au moins et 10 ans au plus. Seront punis de 1 à 6 mois de prison et d'une amende de 50 à 500 fr., ceux qui auront prêté ou loué sciemment un local pour une ou plusieurs réunions d'une partie ou d'une section quelconque des associations susmentionnées, le tout sans préjudice des peines plus graves, applicables, en conformité du Code pénal, aux crimes et délits de toute nature dont aurait pu se rendre coupables, soit comme auteurs principaux, soit comme complices les prévenus dont il est fait mention dans la présente loi. L'article 463 du Code pénal pourra être appliqué quant aux peines de la prison et de l'amende prononcées par les articles qui précèdent. Les dispositions du Code pénal et celles des lois antérieures auxquelles il n'a pas été dérogé par la présente loi continueront de recevoir leur exécution.

JOURNAUX. Voyez *Délits de Presse, Comptes-rendus, Cautionnements, Timbres sur les journaux*.

JUGEMENTS. Voyez *Formules*.

JURYS (*Décret du 14-17 septembre* 1870). — 1. Le décret du 7 août 1848 est provisoirement remis en vigueur (1). 2. La transmission, par le maire au préfet, de la liste des jurés de la commune, pourra être retardée jusqu'au 1er décembre prochain. 3. Dans les communes privées de conseils municipaux, la transmission se fera par une commission composée du maire, de ses adjoints, du juge de paix et de l'un de ces suppléants.

JUSTICE (Haute-cour de). Voyez *Haute-cour de justice.*

LANGUES VIVANTES ORIENTALES (conseil de perfectionnement de l'Ecole spéciale des). — (*Décret du 31 décembre-8 mars 1872*). — Dans le conseil, un délégué du ministère de l'intérieur sera substitué au délégué du ministère de la guerre.

LÉGION D'HONNEUR abolie en tant qu'ordre civil — (*Décret du 28-31 octobre 1870*). — A l'avenir, la décoration de la Légion d'honneur sera exclusivement réservée à la récompense des services militaires et des actes de bravoure et de dévouement accomplis en présence de l'ennemi.

Légion d'honneur (insignes de la. — (*Décret du 8-9 novembre 1870*). — La décoration de la *Légion d'honneur* sera modifiée ainsi qu'il suit : La couronne qui surmonte l'étoile sera supprimée et remplacée par une couronne de chêne et laurier. Le centre de l'étoile présentera, d'un côté, la tête de la République avec cet exergue : *République française,* 1870 ; et de l'autre, les deux drapeaux tricolores. avec cet exergue : *Honneur et Patrie.* La plaque de grand officier et de grand-croix portera au centre la tête de la République, et en exergue : *République française,* 1870 : *Honneur et Patrie.*

Légion d'honneur et Médaille militaire. Voyez *Médaille militaire.*

Décret du 16 21 *décembre* 1871). — Art. 1er. Le traitement afférent aux divers grades dans l'ordre national de la Légion d'honneur et à la médaille militaire conférés pendant la dernière guerre, sera accordé à ceux-là seuls qui auront été nommés pour faits militaires accomplis lorsqu'ils faisaient partie active d'un corps de garde natio-

nale mobile ou sédentaire, ou qu'ils y étaient assimilés par l'accomplissement des conditions énoncées dans l'article 2 de la loi du 29 août 1870. Cette condition est limitée au 31 décembre 1871. Les ministres de la justice, de la guerre et de la marine, et le grand chancelier de l'ordre national de la Légion d'Honneur, sont chargés, chacun en ce qui le concerne, de l'exécution du présent décret.

LETTRES à destination des militaires faisant partie des corps d'armée de terre et de mer en campagne. (*Loi du 30 mai-16 juin 1871*). Elles leur parviendront en franchise. Celles qui sont envoyées de ces corps d'armée jouiront du même avantage. La franchise sera maintenue, après la fin de la campagne, pour les blessés et les malades, pendant le temps qu'ils resteront dans les hôpitaux et les ambulances. Les mandats de poste seront exemptés de frais de timbre et de poste jusqu'à la somme de 50 fr.

Lettres de Change. — Voyez *Enregistrement* (*Loi du 28 février* 1872).

Lettres de Voiture. — Voyez *Enregistrement* (*Loi du 28 février* 1872).

LEVÉE EN MASSE (*Décret du* 2-18 *novembre* 1870). — 1.-2. Tous les hommes valides de 21 à 40 ans, mariés ou veufs avec enfants, sont mobilisés. 3-4. L'organisation des mobilisés devra être terminée le 19 novembre. Ils seront habillés et équipés. 5. Toute exemption est abolie. 6. La République pourvoira aux besoins des familles nécessiteuses. 7. Elle adoptera les enfants des citoyens morts pour la patrie. Voyez *Garde nationale,* voyez *Mobilisés.*

Décret du 22-28 *novembre* 1870. — Toutes les exemptions antérieurement accordées sont annulées. De nouveaux conseils de révision statueront.

Levée militaire de la classe de 1871. — (*Décret du* 5-10 *janvier* 1871). — Art. 1-2-3. L'appel pourra avoir lieu sans délai, suivant les tableaux de recensement qui seront publiés du 15 au 22 janvier. Les jeunes gens appartenant aux départements envahis pourront se faire inscrire sur les tableaux dans les départements non envahis, sans être tenus à aucune justification de domicile. Art. 4. Il n'y aura pas de tirage au sort. Art. 5. Les cas d'exemption prévus par la loi sont seuls maintenus. Art. 6. Le remplacement n'est autorisé qu'entre parents jusqu'au sixième degré.

(1) Cette loi du 7 août 1848, abrogée en 1853 et remise en vigueur en 1870, augmente le nombre des personnes susceptibles d'être jurés. La liste annuelle comprend un juré par 20 habitants sans qu'elle puisse dépasser pour chaque département, celui de la Seine excepté, le chiffre de 1,500. Les mêmes noms ne peuvent être portés sur cette liste que tous les trois ans.

LIBRAIRIE rendue libre (*Décret du* 10-14 *septembre* 1870 . Voyez *Imprimerie.* — (*Arrêté du* 1er-7 *décembre* 1870). Le service de l'inspection de la librairie venant de l'étranger près les bureaux de douanes à la frontière est supprimé.

LIQUEURS ET SPIRITUEUX (droit d'entrée). — (*Loi du* 26 *mars*-7 *avril* 1872). — 1. Les liqueurs, les fruits à l'eau-de-vie et les eaux-de-vie en bouteilles, seront taxés proportionnellement à la richesse alcoolique. 2. Le droit de consommation, par hectolitre d'alcool pur contenu dans les liqueurs, les fruits à l'eau-de-vie et les eaux-de-vie en bouteilles est fixé, en principal, à 175 fr., avec addition de 2 centimes. 3. L'absinthe, soit en bouteilles, soit en cercles, continuera d'être considérée comme alcool pur et sera passible du droit de cent soixante-quinze francs (175 fr.) en principal, et, à Paris, d'une taxe de remplacement de cent quatre-vingt-dix-neuf francs (199 fr. également en principal. 4 La préparation concentrée connue sous le nom d'*essence d'absinthe* ne sera plus fabriquée et vendue qu'à titre de substance médicamenteuse. 5. Le droit d'entrée par hectolitre d'alcool pur que contiennent ou que représentent les spiritueux quelconques, les préparations alcooliques quelconques. est fixé, en principal, ainsi qu'il suit : Dans les communes ayant une population agglomérée de : 4,000 âmes à 6,000, 6 fr.; 6 à 10,000, 9 fr.; 10 à 15,000, 12 fr.; 15 à 20,000. 15 fr.; 20 à 30,000, 18 fr.; 30 à 50,000. 21 fr.; 50,000 et au-dessus. 24 fr. 6. Le droit de remplacement aux entrées de Paris est fixé, en principal, par hectolitre d'alcool pur : Pour les eaux-de-vie et esprits en cercles, droit de consommation et droit d'entrée, à 149 fr. Pour les liqueurs, les fruits à l'eau-de-vie et les eaux de-vie en bouteilles, droit de consommation et droit d'entrée, avec addition de deux décimes, à 199 fr. 7. Dans les magasins des fabricants et marchands en gros, les liqueurs, les fruits à l'eau-de-vie et les eaux de-vie en bouteilles devront être rangés distinctement par degré de richesse alcoolique. Des étiquettes indiqueront d'une manière apparente le degré alcoolique. Quels que soient l'expéditeur et le destinataire, les déclarations d'enlèvement relatives aux liqueu s, aux fruits à l'eau-de-vie et aux eaux-de-vie en bouteilles énonceront leur degré alcoolique, lequel sera mentionné dans les acquits à-caution, congés et passavants délivrés par la régie. 8. Relativement aux eaux-de-vie et esprits en nature qu'ils voudront expédier en cercles, les marchands en gros liquoristes ne pourront faire d'expéditions qu'en futailles contenant au moins 25 litres. Ces expéditions, qui auront lieu en présence des employés, devront être déclarées 4 heures d'avance dans les villes et 12 heures dans les campagnes. 9. Les liquoristes marchands en gros seront tenus de payer immédiatement les droits spéciaux à l'alcool contenu dans les liqueurs et fruits à l'eau-de-vie pour toutes les quantités d'alcool reconnues manquantes dans leurs ateliers de fabrication au-delà des déductions allouées pour mouillage et coulage (1).

10. Toute fausse indication, toute fausse déclaration relativement à la richesse alcoolique des liqueurs. des fruits à l'eau-de-vie et des eaux-de-vie en bouteilles, ainsi que toute autre contravention à la présente loi, sera punie d'une amende de 500 à 5,000 fr., indépendamment de la confiscation des boissons. Toute introduction clandestine d'eau-de-vie ou d'esprits chez les liquoristes donnera lieu à l'application de ces pénalités, non-seulement contre les liquoristes eux-mêmes, mais encore contre les individus qui auront sciemment fourni les eaux-de-vie ou esprits. L'administration pourra appliquer à ceux qui auront subi des condamnations ci-dessus énoncées le régime suivant : Les eaux-de vie et esprits destinés à la fabrication des liqueurs et fruits à l'eau-de-vie devront être emmagasinés dans des locaux distincts, n'ayant aucune communication intérieure avec les autres magasins affectés au commerce des eaux-de-vie et esprits en nature. 11. Les liquoristes débitants restent assujettis aux dispositions du chapitre III du titre Ier de la loi du 28 avril 1816 (2), sous la modification prononcée par la présente loi, quant au droit de consommation porté à 175 fr. en principal par hectolitre d'alcool employé à la fabrication des liqueurs.

(1) Art. 7 de la loi du 20 juillet 1837. Tout manquant en sus du déchet légal sera immédiatement soumis au droit.

(2) Chap. 3 du titre Ier de la loi du 28 avril 1816. « Il sera perçu, lors de la vente en détail des vins, cidres, poires, eaux-de-vie, esprits ou liqueurs composées d'eau-de-vie ou esprit, un droit de 15 % de ladite vente. Les vendants au détail devront déclarer le prix de vente de leur boisson chaque fois qu'ils en seront requis par le commis. En cas de contestation, il en sera référé au maire : le droit sera

LIQUEURS (Augmentation des droits). Voyez *Douanes*, art. 15.

LOCATIONS. — Voyez *Enregistrement et Timbre Loi du 23 août 1871, art. 11).

LOCAUX DE PARIS abandonnés pendant le siége. Voyez *Taxe sur les locaux*.

LOIS (promulgation des). Voyez *Promulgation*.

LOI DE SURETÉ GENERALE.—Voyez *Surveillance*.

Lois ÉLECTORALES. — voyez *conseils généraux, conseils d'arrondissement, élections, inéligibilité, jurys, tribunaux de commerce, assemblée nationale*, etc., etc

Loi ÉLECTORALE modifiée. — (*Loi du 19 avril* 1871). — 1. Le vote est rétabli au chef-lieu de chaque commune. 2. Chaque commune peut être divisée, par arrêté du préfet en autant de sections que l'exigent les circonstances et le nombre des électeurs. 3. Les colléges électoraux sont présidés par les maires, adjoints et conseillers municipaux, suivant l'ordre du tableau, à leur défaut les présidents sont pris parmi les électeurs les plus âgés sachant lire et écrire.

Loi ÉLECTORALE, relative aux élections municipales. — 1-2-3-4. Sont électeurs, tous les citoyens français âgés de 21 ans accomplis, jouissant de leurs droits civils et politiques, n'étant dans aucun cas d'incapacité prévu par la loi, et, de plus, ayant depuis une année au moins, leur domicile réel dans la commune. Sont éligibles au conseil municipal d'une commune, tous les électeurs âgés de 25 ans, réunissant les conditions prévues par le paragraphe précédent, sauf les cas d'incapacité et d'incompatibilité prévus par les lois en vigueur et l'article 5 de la présente loi. Toutefois, il pourra être nommé au conseil municipal d'une commune, sous la condition de domicile, un quart des membres qui le composeront, à la condition de payer à ladite commune une des quatre contributions directes. 5. Ne peuvent être nommés membres des conseils municipaux : 1° les juges de paix titulaires, dans les cantons où ils exercent leurs fonctions; 2° les membres amovibles des tri-

bunaux de première instance dans les communes de leur arrondissement. 6-7-8 Nous passons sous silence les articles relatifs aux conditions dans lesquelles les élections doivent être faites et nous venons à l'article 9. 9. Le conseil municipal élira le maire et les adjoints parmi ses membres, au scrutin secret et à la majorité absolue. En cas d'égalité de suffrages, le plus âgé sera nommé. Les maires et les adjoints ainsi nommés sont révocables par décret. Les maires et les adjoints destitués ne seront pas rééligibles pendant une année. La nomination des maires et adjoints aura lieu provisoirement par décret du gouvernement, dans les villes de plus de 20,000 âmes et dans les chefs-lieux de département et d'arrondissement, quelle qu'en soit la population. Les maires seront pris dans le conseil municipal. Les articles suivants sont relatifs à la ville de Paris. 10. Les vingt arrondissements de la ville de Paris nomment chacun quatre membres du conseil munipal. Ces quatre membres seront élus par scrutin individuel à la majorité absolue, à raison d'un membre par quartier. 11. Le conseil municipal de Paris tiendra, comme les conseils des autres communes, quatre sessions ordinaires, dont la durée ne pourra pas excéder dix jours, sauf la session ordinaire où le budget ordinaire sera discuté et qui pourra durer six semaines. 12. Au commencement de chaque session ordinaire, le conseil nommera, au scrutin secret et à la majorité, son président, ses vice-présidents et ses secrétaires. Pour les sessions extraordinaires qui seront tenues dans l'intervalle, on maintiendra le bureau de la dernière session ordinaire. 13 Le préfet de la Seine et le préfet de police ont entrée au conseil. Ils sont entendus toutes les fois qu'ils le demandent. 14-15. Le conseil municipal de Paris ne pourra s'occuper, à peine de nullité de ses délibérations, que des matières d'administration communale, telles quelles sont déterminées par les lois en vigueur sur les attributions municipales. En cas d'infraction, l annulation en sera prononcée par décret du chef du pouvoir exécutif. 16. Il y a un maire et trois adjoints pour chacun des vingt arrondissements de Paris. Ils sont choisis par le chef du pouvoir exécutif de la République. Les maires d'arrondissement n'auront d'autres attributions que celles qui leur sont expressément conférées par des lois

provisoirement perçu d'après la décision du maire, sauf rappel ou restitution. Il est facultatif aux débitants de se soumettre a un abonnement, si la régie y consent; cet abonnement les affranchit des déclarations de prix de vente. Les propriétaires qui vendront en détail les boissons de leur crû jouiront d'une remise de 25 % sur les droits qu'ils auraient à payer.

spéciales. 17. Il y a incompatibilité entre les fonctions de maire ou d'adjoint d'arrondissement et celle de conseiller municipal de la ville de Paris. 18. Provisoirement, et en attendant que l'Assemblée nationale ait statué sur ces matières, continueront à être observées les lois actuellement en vigueur sur l'organisation et les attributions municipales dans celles de leurs dispositions qui ne sont pas contraires à la présente loi 19. Les fonctions de maire, d'adjoints et conseillers municipaux sont entièrement gratuites. 20. Les décrets du 27 décembre 1866 et 16 janvier 1867 restent en vigueur pour l'Algérie.

LONDRÈS (cigares), voyez *tabacs* (*Loi du 17-18 février* 1872.)

LOI MILITAIRE (*Votée le 27 juillet* 1872 :

INTRODUCTION.

La nécessité de nouvelles institutions militaires s'explique naturellement par nos récents désastres.

Jusqu'en 1870, notre armée, toujours victorieuse en Afrique, en Crimée et en Italie, semblait être un modèle inimitable d'organisation ; en vain, les hommes les plus clairvoyants, effrayés par les préparatifs de la Prusse, essayèrent-ils, en 1868, d'armer la nation, afin qu'elle pût, au moment du danger, tenir tête à l'Allemagne ; le pays, aveuglé par nos nombreux succès, ne crut point au péril, et la loi de 1868 demeura sans application. Et pourtant les défauts de nos institutions militaires n'étaient que trop apparents.

Depuis la Restauration, qui avait aboli le système de la conscription, aucune loi n'avait imposé le service personnel ; si bien que, depuis plus d'un demi-siècle, l'abus du remplacement s'était enraciné, laissant aux indigents et aux mercenaires le soin de combattre pour la patrie.

L'armée, loin d'être nationale, comme on le disait, comme on l'imprimait chaque jour, tendait, au contraire, à former un corps à part dans la nation...

La loi de 1872 est appelée à créer une armée vraiment nationale, en imposant l'obligation du service personnel et en abolissant le remplacement. Tous les Français valides feront partie de l'armée, depuis l'âge de 20 ans jusqu'à l'âge de 40; le tirage au sort ne dispensera personne du service, mais désignera seulement les jeunes gens que l'on doit renvoyer les premiers dans leurs foyers, après qu'ils auront reçu leur instruction militaire.

La durée du service actif est de cinq années, après lesquelles les soldats resteront pendant quatre ans dans la réserve, puis cinq ans dans l'armée territoriale et, enfin, six ans dans la réserve de l'armée territoriale.

Avec une pareille organisation, la *garde nationale* ne peut exister.

Les dispenses anciennes sont élargies en faveur des associations religieuses et laïques, et en faveur des jeunes gens qui se destinent à la carrière de l'enseignement.

Quant aux soutiens de famille, ils ne seront dispensés que du service dans l'armée active et seront appelés sous les drapeaux en temps de guerre.

Il pourra, en outre, être accordé en temps de paix des sursis d'appel, jusqu'à concurrence de 4 0/0 du contingent cantonal aux jeunes gens qui justifieront en avoir besoin pour leur apprentissage ou pour une exploitation qu'ils dirigent. Ces sursis, accordés seulement pour un an, peuvent être renouvelés.

Les jeunes gens qui possèdent un diplôme ou qui font partie d'une école professionnelle peuvent contracter un engagement conditionnel d'un an, pour venir sous les drapeaux étudier l'art militaire ; ils ne seront renvoyés dans leurs foyers, au bout de l'année, qu'après un examen satisfaisant.

Enfin, il est facultatif aux jeunes gens de devancer l'appel et de prendre un engagement de 5 ans ; les rengagements sont renouvelables jusqu'à 29 ans pour les soldats et caporaux, et jusqu'à 35 pour les sous-officiers.

Peut-être, en appliquant cette loi, y découvrira-t-on quelque détail à modifier, mais dans son ensemble, elle est de nature à réveiller la nation française de l'engourdissement où l'avaient plongée de longues années de prospérité.

TITRE PREMIER

DISPOSITIONS GÉNÉRALES

Art. 1er. Tout Français doit le service militaire personnel.

Ce principe que : « Tout Français est soldat et se doit à la défense de la patrie, » n'avait pas été proclamé depuis la première République.

2. Il n'y a dans les troupes françaises ni primes en argent, ni prix quelconque d'engagement.

3. Tout Français qui n'est pas déclaré *impropre à tout service militaire* peut être

appelé depuis, l'âge de vingt ans jusqu'à celui de quarante ans, à faire partie de l'armée active et des réserves, selon le mode déterminé par la loi.

Pour le *mode déterminé par la loi*, voyez les articles 36 et suivants.

4. Le remplacement est supprimé.

Les dispenses de service, dans les conditions spécifiées par la loi, ne sont pas accordées à titre de *libération* définitive.

Pour les *dispenses de service*, voyez les art. 17 et suivants.

5. Les hommes sous les drapeaux ne prennent part à aucun vote.

Dans l'intérêt de la discipline, il ne faut pas que les soldats puissent être, un seul instant, les égaux de leurs chefs. D'ailleurs, chacun sait combien les votes des soldats sont généralement peu indépendants. Mais l'exercice du droit de voter n'est suspendu que pendant la présence au corps, le soldat en congé peut voter. De même, il n'est pas dérogé au droit d'éligibilité, question qui sera résolue par la loi électorale.

6. Tout corps organisé en armes est soumis aux lois militaires, fait partie de l'armée et relève, soit du ministre de la guerre, soit du ministre de la marine.

Cette disposition supprime, sans les nommer, les gardes nationales et les corps francs.

7. Nul n'est admis dans les troupes françaises s'il n'est Français.

Ce qui signifie que les étrangers ne pourront entrer au service de la France qu'en s'incorporant dans la LEGION ÉTRANGÈRE.

Sont exclus du service militaire, et ne peuvent, à aucun titre, servir dans l'armée :

1º Les individus qui ont été condamnés à une peine afflictive ou infamante ;

2º Ceux qui ayant été condamnés à une peine correctionnelle de deux ans d'emprisonnement et au-dessus, ont, en outre, été placés, par le jugement de condamnation, sous la surveillance de la haute police et interdits en tout ou partie des droits civiques, civils et de famille.

Les peines afflictives et infamantes sont : la mort, les travaux forcés, la déportation, la détention, la réclusion.

Les peines infamantes sont : le bannissement, la dégradation civique.

La dégradation civique consiste en : 1º destitution et exclusion des condamnés de toutes fonctions, emplois ou offices publics ; 2º privation de tout droit d'électeur et du droit de porter toute décoration; 3º incapacité d'être juré, expert, témoin, tuteur, curateur, subrogé tuteur, conseil judiciaire et membre d'un conseil judiciaire ; 4º privation du droit de port d'armes, du droit de tenir école ou d'enseigner.

TITRE II. — DES APPELS.

PREMIÈRE SECTION

Du recensement et du tirage au sort

8. Chaque année, les tableaux de recensement des jeunes gens ayant atteint l'âge de vingt ans révolus dans l'année précédente et domiciliés dans le canton, sont dressés par les maires :

1º Sur la déclaration à laquelle sont tenus les jeunes gens, leurs parents ou leurs tuteurs :

2º D'office, d'après les registres de l'état civil et tous autres documents et renseignements.

Ces tableaux mentionnent, dans une colonne d'observations, la profession de chacun des jeunes gens inscrits

Ces tableaux sont publiés et affichés dans chaque commune et dans les formes prescrites par les articles 63 et 64 du Code civil. La dernière publication doit avoir lieu au plus tard le 15 janvier.

Un avis publié dans les mêmes formes indique le lieu et le jour où il sera procédé à l'examen desdits tableaux et à la désignation, par le sort, du numéro assigné à chaque jeune homme inscrit.

Rien n'est donc changé dans la manière de procéder au recensement et à l'établissement des listes. Pour les infractions à cet article, voyez art. 60.

Art. 63 du Code civil. — Avant la célébration du mariage, l'officier de l'état civil fera deux publications, à huit jours d'intervalle, un jour de dimanche, devant la porte de la maison commune. Ces publications, et l'acte qui en sera dressé, énonceront les prénoms, noms, professions et domiciles des futurs époux, leur qualité de majeurs ou de mineurs, et les noms, prénoms, professions et domiciles de leurs pères et mères. Cet acte énoncera, en outre, les jours, lieux et heures où les publications auront été faites : il sera inscrit sur un seul registre, qui sera coté et paraphé comme il est dit en l'article 41, et déposé, à la fin de chaque année, au greffe du tribunal de l'arrondissement.

Art 64 du Code civil. — Un extrait de l'acte de publication sera et restera affiché à la porte de la maison commune, pendant les huit jours d'intervalle de l'une à l'autre publication. Le mariage ne pourra être célébré avant le troisième jour, depuis et non compris celui de la seconde publication.

9. Les individus nés en France de parents étrangers et les individus nés à l'étranger de parents étrangers naturalisés français, et mineurs au moment de la naturalisation de leurs parents, concourent, dans les cantons où ils sont domiciliés, au tirage qui suit la déclaration faite par eux en vertu de l'article 9 du Code civil et de l'article 2 de la loi du 7 février 1851.

Les individus déclarés Français en vertu de l'article 1er de la loi du 7 février 1851 concourent également, dans le canton où ils sont domiciliés, au tirage qui suit l'année de leur majorité, s'ils n'ont pas réclamé leur qualité d'étranger, conformément à ladite loi.

Les uns et les autres ne sont assujettis qu'aux obligations de service de la classe à laquelle ils appartiennent par leur âge.

L'article 9 du Code civil est ainsi conçu : Tout individu né en France d'un étranger pourra, dans l'année qui suit l'époque de sa majorité, réclamer la qualité de Français, pourvu que, dans le cas où il résiderait en France, il déclare que son intention est d'y fixer son domicile; et qu , dans le cas où il résiderait en pays étranger, il fasse sa soumission de fixer en France son domicile, et qu'il s'y établisse dans l'année à compter de l'acte de soumission.

Cet article 9 du Code civil a été modifié comme suit par la loi du 22 mars 1849 : Article unique. L'individu né en France d'un étranger sera admis, même après l'année qui suivra l'époque de sa majorité, à faire la déclaration prescrite par l'art. 9 du Code civil, s'il se trouve dans l'une des conditions suivantes : 1° s'il sert ou s'il a servi dans les armées françaises de terre ou de terre; 2° s il a satisfait à la loi du recrutement sans exciper de son extranéité.

Loi du 7 février 1851. — *Art* 1er. Est Français tout individu né en France d'un étranger, qui lui-même y est né, à moins que, dans l'année qui suivra l'époque de sa majorité, telle qu'elle est fixée par la loi française, il ne réclame la qualité d'étranger par une déclaration faite soit devant l'autorité municipale du lieu de sa résidence, soit devant les agents diplomatiques ou consulaires accrédités en France par le gouvernement étranger.

Art. 2. — L'article 9 du Code civil est applicable aux enfants de l'étranger naturalisé, quoique nés en pays étrangers, s'ils étaient mineurs lors de la naturalisation. A l'égard des enfants nés en France ou à l'étranger, qui étaient majeurs à cette même époque, l'article 9 du Code civil leur est applicable dans l'année qui suivra celle de ladite naturalisation.

10. Sont considérés comme légalement domiciliés dans le canton :

1° Les jeunes gens même émancipés, engagés, établis au dehors, expatriés, absents ou en état d'emprisonnement, si d'ailleurs leur père, mère et tuteur ont leur domicile dans une des communes du canton, ou si leur père expatrié avait son domicile dans une desdites communes;

2° Les jeunes gens mariés dont le père, ou la mère à défaut de père, sont domiciliés dans le canton, à moins qu'ils ne justifient de leur domicile réel dans un autre canton;

3° Les jeunes gens mariés et domiciliés dans le canton, alors même que leur père ou leur mère n'y seraient pas domiciliés;

4° Les jeunes gens nés et résidant dans le canton qui n'auraient ni leur père, ni leur mère, ni tuteur;

5° Les jeunes gens résidant dans le canton; qui ne seraient dans aucun des cas précédents, et qui ne justifieraient pas de leur inscription dans un autre canton.

11. Sont, d'après la notoriété publique, considérés comme ayant l'âge requis pour le tirage, les jeunes gens qui ne peuvent produire ou n'ont pas produit avant le tirage un extrait des registres de l'état civil constatant un âge différent, ou qui, à défaut des registres, ne peuvent prouver, ou n'ont pas prouvé leur âge conformément à l'article 46 du Code civil.

Art. 46 du Code civil. — Lorsqu'il n'aura pas existé de registres ou qu'ils seront perdus, la preuve ne sera reçue tant par titres que par témoins; et, dans ces cas, les mariages, naissances et décès pourront être prouvés tant par les registres et papiers émanés des pères et mères décédés, que par témoins.

L'article 11 de la loi militaire et l'article 46 du Code civil trouveront à être fréquemment appliqués, par suite de la destruction de l'état civil dans beaucoup de communes.

12. Si dans les tableaux de recensement, ou dans les tirages des années précédentes, des jeunes gens ont été omis, ils sont inscrits sur les tableaux de recensement de la classe qui est appelée après la découverte de l'omission, à moins qu'ils n'aient trente ans accomplis à l'époque de la clôture des tableaux.

Après cet âge, ils sont soumis aux obligations de la classe à laquelle ils appartiennent.

13. Dans les cantons composés de plusieurs communes, l'examen des tableaux de recensement et le tirage au sort ont lieu au chef-lieu de canton, en séance publique, devant le sous-préfet assisté des maires du canton.

Dans les communes qui forment un ou plusieurs cantons, le sous-préfet est assisté du maire et de ses adjoints.

Dans les villes divisées en plusieurs arrondissements, le préfet ou son délégué est assisté d'un officier municipal de l'arrondissement

Le tableau est lu à haute voix. Les jeunes gens, leurs parents ou ayants cause sont entendus dans leurs observations. Le sous-préfet statue après avoir pris l'avis des maires. Le tableau rectifié, s'il y a lieu, et définitivement arrêté, est revêtu de leurs signatures.

Dans les cantons composés de plusieurs communes, l'ordre dans lequel elles sont appelées pour le tirage est, chaque fois indiqué par le sort.

14. Le sous-préfet inscrit, en tête de la liste de tirage, le nom des jeunes gens

qui se trouvent dans les cas prévus par l'art. 60 de la présente loi.

Les premiers numéros leur sont attribués de droit.

Ces numéros sont, en conséquence, extraits de l'urne avant l'opération du tirage.

15. Avant de commencer l'opération du tirage, le sous-préfet compte publiquement les numéros et les dépose dans l'urne, après s'être assuré que leur nombre est égal à celui des jeunes gens appelés à y concourir; il en est fait la déclaration à haute voix.

Aussitôt, chacun des jeunes gens appelés dans l'ordre du tableau prend dans l'urne un numéro qui est immédiatement proclamé et inscrit. Les parents des absents ou, à leur défaut, le maire de leur commune, tirent à leur place.

L'opération du tirage achevée est définitive.

Elle ne peut, sous aucun prétexte, être recommencée, et chacun garde le numéro qu'il a tiré ou qu'on a tiré pour lui.

Les jeunes gens qui ne se trouveraient pas pourvu de numéros seront inscrits à la suite avec des numéros supplémentaires et tireront entre eux pour déterminer l'ordre suivant lequel ils seront inscrits.

La liste par ordre de numéros est dressée à mesure que les numéros seront tirés de l'urne. Il y est fait mention des cas et des motifs d'exemption et de dispenses que les jeunes gens ou leurs parents, ou les maires des communes se proposent de faire valoir devant le conseil de révision, mentionné en l'art. 27. Le sous-préfet y ajoute ses observations.

La liste du tirage est ensuite lue, arrêtée et signée de la même manière que le tableau du recensement, et annexée avec ledit tableau au procès-verbal des opérations. Elle est publiée et affichée dans chaque commune du canton.

DEUXIÈME SECTION
Des exemptions. — Des dispenses
et des sursis d'appel.

16. Sont exemptés du service militaire, les jeunes gens que leurs infirmités rendent impropres à tout service actif ou auxiliaire dans l'armée.

Le *service actif* comprend tout ce qui entre dans la composition d'une armée combattante : infanterie, cavalerie, artillerie, etc. On appelle *service auxiliaire*, tout ce qui dépend de l'armée, sans prendre directement part aux opérations de guerre. Ainsi, les infirmiers, les comptables, les employés des administrations militaires, appartiennent au service auxiliaire. Il deviendra donc plus difficile qu'autrefois de se faire exempter, c'est-à-dire libérer complétement du service, parce qu'un homme trop faible pour porter une arme peut faire un excellent comptable; tandis qu'un boiteux peut être assez fort pour porter un malade ou un blessé et pourra rendre, par conséquent, de grands services comme infirmier.

17. Sont dispensés du service d'activité en temps de paix :

1° L'aîné d'orphelins de père et de mère ;

2° Le fils ou l'aîné des fils, ou à défaut de fils ou de gendre. le petit-fils unique ou l'aîné des petits-fils d'une femme actuellement veuve ou d'une femme dont le mari a été légalement déclaré absent, ou d'un père aveugle ou entré dans sa soixante-dixième année ;

Dans les cas prévus par les deux paragraphes précédents, le frère puîné jouira de la dispense si le frère aîné est aveugle ou atteint de toute autre infirmité incurable qui le rendent impotent ;

3° Le plus âgé des deux frères appelés à faire partie du même tirage, si le plus jeune est reconnu propre au service ;

4° Celui dont un frère sera dans l'armée active ;

5° Celui dont un frère sera mort en activité de service ou aura été réformé ou admis à la retraite pour blessures reçues dans un service commandé ou pour infirmités contractées dans les armées de terre et de mer.

La dispense accordée, conformément aux §§ 4 et 5 ci dessus, ne sera appliquée qu'à un seul frère pour un même cas, mais elle se répétera dans la même famille autant de fois que les mêmes droits s'y reproduiront.

Le jeune homme omis, qui ne s'est pas présenté par lui ou ses ayants cause au tirage de la classe à laquelle il appartient, ne peut réclamer le bénéfice des dispenses indiquées par le présent article, si les causes de ses dispenses ne sont survenues que postérieurement à la clôture des listes.

Ces causes de dispenses doivent, pour produire leur effet, exister au jour où le conseil de révision est appelé à statuer.

Néanmoins, l'appelé ou l'engagé qui, postérieurement, soit à la décision du conseil de révision, soit au 1er juillet, soit à son incorporation, devient l'aîné d'orphelins de père et de mère, le fils unique ou l'aîné des fils, ou, à défaut du fils et du gendre, le petit-fils unique ou l'aîné des petits-fils d'une femme veuve, d'une femme dont le mari a été légalement déclaré absent, ou d'un père aveugle, est, sur sa demande, et pour le temps qu'il a encore à servir, renvoyé dans ses foyers en disponibilité, à moins qu'en raison de sa présence sous les drapeaux, il n'ait procuré la dispense de service à un frère puîné actuellement vivant.

Le bénéfice de la disposition du paragraphe précédent s'étend au militaire devenu fils aîné ou petit-fils aîné de septuagénaire, par suite du décès d'un frère.

Les dispenses énoncées au présent article ne sont applicables qu'aux enfants légitimes.

18. — Peuvent être ajournés deux années de suite à un nouvel examen, les jeunes gens qui, au moment de la réunion du conseil de révision, n'ont pas la taille de 1 mètre 54 centimètres ou sont reconnus d'une complexion trop faible pour un service armé.

Les jeunes gens ajournés à un nouvel examen du conseil de révision sont tenus, à moins d'une autorisation spéciale, de se représenter au conseil de révision du canton devant lequel ils ont comparu.

Après l'examen définitif, ils sont classés, et ceux de ces jeunes gens reconnus propres soit au service armé, soit à un service auxiliaire, sont soumis, selon la catégorie dans laquelle ils sont placés, à toutes les obligations de la classe à laquelle ils appartiennent.

19. — Les élèves de l'École polytechnique et les élèves de l'École forestière sont considérés comme présents sous les drapeaux dans l'armée active pendant tout le temps par eux passé dans lesdites écoles.

Les lois d'organisation prévues par l'art. 45 de la présente loi déterminent pour ceux de ces jeunes gens qui ont satisfait aux examens de sortie, et ne sont pas placés dans les armées de terre ou de mer, les emplois auxquels ils peuvent être appelés soit dans la disponibilité, soit dans la réserve de l'armée active, soit dans l'armée territoriale ou dans les services auxiliaires.

Les élèves de l'École polytechnique et de l'École forestière qui ne satisfont pas aux examens de sortie de ces écoles, suivent les conditions de la classe de recrutement à laquelle ils appartiennent par leur âge ; le temps passé par eux à l'École polytechnique ou à l'École forestière est déduit des années de service déterminées par l'art. 36 de la présente loi.

20. — Sont, à titre conditionnel, dispensés du service militaire :

1o Les membres de l'instruction publique, les élèves de l'École normale supérieure de Paris, dont l'engagement de se vouer pendant dix ans à la carrière de l'enseignement aura été accepté par le recteur de l'Académie, avant le tirage au sort, et s'ils réalisent cet engagement ;

2o Les professeurs des institutions nationales des sourds-muets et des institutions nationales des jeunes aveugles, aux mêmes conditions que les membres de l'instruction publique ;

3o Les artistes qui ont remporté les grands prix de l'Institut, à condition qu'ils passeront à l'école de Rome les années réglementaires et rempliront toutes leurs obligations envers l'État ;

4o Les élèves pensionnaires de l'École des langues orientales vivantes et les élèves de l'École des chartes, nommés après examen, à condition de passer dix ans, tant dans lesdites écoles que dans un service public ;

5o Les membres et novices des associations religieuses vouées à l'enseignement et reconnues comme établissements d'utilité publique, et les directeurs, maîtres-adjoints, élèves maîtres des écoles fondées ou entretenues par les associations laïques, lorsqu'elles remplissent les mêmes conditions, pourvu toutefois que les uns et les autres, avant le tirage au sort, aient pris, devant le recteur de l'Académie, l'engagement de se consacrer pendant dix ans à l'enseignement, et s'ils réalisent cet engagement dans un des établissements de l'association religieuse ou laïque, à condition que cet établissement existe depuis plus de deux ans ou renferme trente élèves au moins ;

6o Les jeunes gens qui, sans être compris dans les paragraphes précédents, se trouvent dans les cas prévus par l'art. 79 de la loi du 15 mars 1850, et par l'art. 18 de la loi du 10 avril 1867, et ont, avant l'époque fixée pour le tirage, contracté devant le recteur le même engagement et aux mêmes conditions ;

L'engagement de se vouer pendant dix ans à l'enseignement peut être réalisé par les instituteurs et par les instituteurs-adjoints, mentionnés au présent § 6, tant dans les écoles publiques que dans les écoles libres désignées à cet effet par le ministre de l'instruction publique, après avis du conseil départemental ;

7° Les élèves ecclésiastiques désignés à cet effet par les archevêques et par les évêques, et les jeunes gens autorisés à continuer leurs études pour se vouer au ministère dans les cultes salariés par l'État, sous la condition qu'ils seront assujettis au service militaire, s'ils cessent les études en vue desquelles ils auront été dispensés, ou si, à vingt-six ans, les premiers ne sont pas entrés dans les ordres majeurs, et les seconds n'ont pas reçu la consécration.

Art. 79 de la loi du 15 mars 1850. — Les instituteurs-adjoints des écoles publiques, les jeunes gens qui se préparent à l'enseignement primaire public dans les écoles désignées à cet effet, les membres ou novices des associations religieuses vouées à l'enseignement et autorisées par la loi ou reconnues comme établissements d'utilité publique, les élèves de l'école normale supérieure, les maîtres d'étude, régents et professeurs des collèges et lycées, sont dispensés du service militaire, s'ils ont, avant l'époque fixée pour le tirage, contracté, devant le recteur, l'engagement de se vouer pendant dix ans à l'enseignement public, et s'ils réalisent cet engagement.

Art. 18 de la loi du 10 avril 1867. — L'engagement de se vouer pendant dix ans à l'enseignement public, prévu par l'art. 79 de la loi du 15 mars 1850, peut être réalisé, tant par les instituteurs que par leurs adjoints, dans celles des écoles mentionnées à l'article précédent (écoles libres, tenant lieu d'écoles publiques ou qui reçoivent une subvention de la commune, du département ou de l'État) qui sont désignées à cet effet par le ministre de l'instruction publique, après avis du conseil départemental.

L'engagement décennal peut être contracté, avant le tirage, par les instituteurs-adjoints des écoles désignées ainsi qu'il vient d'être dit. Sont applicables à ces mêmes écoles les dispositions de l'article 34 de la loi de 1850, concernant la fixation du montant des adjoints, ainsi que le mode de leur nomination et de leur révocation.

21. — Les jeunes gens liés au service dans les armées de terre ou de mer en vertu d'un brevet ou d'une commission, et qui cessent leur service ;

Les jeunes marins portés sur les registres matricules de l'inscription maritime, conformément aux règles prescrites par les art. 1, 2, 3, 4 et 5 de la loi du 25 octobre 1795 (3 brumaire an IV), qui se font rayer de l'inscription maritime ;

Les jeunes gens désignés en l'art. 20 ci-dessus, qui cessent d'être dans une des positions indiquées audit article avant d'avoir accompli les conditions qu'il leur impose, sont tenus :

1° D'en faire la déclaration au maire de la commune, *dans les deux mois*, et de retirer expédition de leur déclaration ;

2° D'accomplir dans l'armée active le service prescrit par la présente loi, et de faire ensuite partie des réserves, selon la classe à laquelle ils appartiennent.

Faute par eux de faire la déclaration ci-dessus et la soumettre au visa du préfet du département dans le délai d'un mois, ils seront passibles des peines portées par l'art. 60 de la présente loi.

Ils sont rétablis dans la première classe appelée après la cessation de leurs services, fonctions ou études. Mais le temps écoulé depuis la cessation de leurs services, fonctions ou études, jusqu'au moment de la déclaration, ne compte pas dans les années de service exigées par la présente loi.

Toutefois, est déduit du nombre d'années, pendant lesquelles tout Français fait partie de l'armée active, le temps déjà passé au service de l'État par les marins inscrits et par les jeunes gens liés au service dans les armées de terre et de mer, en vertu d'un brevet ou d'une commission.

Loi du 3 brumaire an IV (25 octobre 1795).

Art. 1er. — Il y aura une inscription particulière des citoyens français qui se destinent à la navigation.

Art. 2. — Sont compris dans l'inscription maritime : 1° les marins de tout grade et de toute profession, naviguant dans l'armée navale ou sur les bâtiments de commerce ; 2° ceux qui font la navigation ou la pêche de mer sur les côtes ou dans les rivières jusqu'où remonte la marée, et pour celles où il n'y a pas de marée, jusqu'à l'endroit où les bâtiments peuvent remonter ; 3° ceux qui naviguent sur les pataches, allèges, bateaux et chaloupes dans les rades et dans les rivières jusqu'aux limites ci-dessus indiquées.

Art. 3. — Tout citoyen qui commence à naviguer, ne pourra s'embarquer ni être employé sur les rôles d'équipage d'un bâtiment de l'État ou de commerce, que sous la dénomination de *mousse*, depuis l'âge de 10 ans jusqu'à 15 ans accomplis, et sous celle de *novice* au-dessus de ce dernier âge. Néanmoins, tout *mousse* ou *novice* qui, ayant navigué pendant six mois dans l'une de ces deux qualités aura, en outre, satisfait à l'examen prescrit, sera employé sous la dénomination d'*aspirant de la dernière classe*.

Art. 4. — Il sera donné connaissance des diverses dispositions de la présente loi à tout citoyen commençant à naviguer, et il sera inscrit sur un rôle particulier.

Art. 5. — Sera compris dans l'inscription maritime tout citoyen âgé de 18 ans révolus, qui, ayant rempli une des conditions suivantes, voudra continuer la navigation ou la pêche : 1° d'avoir fait deux voyages de long cours ; 2° d'avoir fait la navigation pendant dix-huit mois ; 3° d'avoir fait la petite pêche pendant deux ans ; 4° d'avoir servi pendant deux ans en qualité d'apprenti marin.

À cet effet, il se présentera, en compagnie de son père ou de ses deux plus proches parents ou voisins, au bureau de l'inscription de son quartier, où il lui sera donné connaissance des lois et règlements qui déterminent les obligations et les droits des marins inscrits,

22. Peuvent être dispensés à titre provisoire, comme soutiens indispensables de famille, et, s'ils en remplissent effectivement les devoirs, les jeunes gens désignés par le conseil municipal de la commune où ils sont domiciliés. La liste est présentée au conseil de révision par le maire.

Ces dispenses peuvent être accordées par département jusqu'à concurrence de 4 0/0 du nombre des jeunes gens reconnus propres au commerce et compris dans la première partie des listes de recrutement cantonal.

Tous les ans, le maire de chaque commune fait connaître au conseil de révision la situation des jeunes gens qui ont obtenu des dispenses à titre de soutiens de famille pendant les années précédentes.

23. En temps de paix, il peut être accordé des sursis d'appel aux jeunes gens qui, avant le tirage au sort, en auront fait la demande.

A cet effet, ils doivent établir que, soit pour leur apprentissage, soit pour les besoins de l'exploitation agricole, industrielle ou commerciale à laquelle ils se livrent pour leur compte ou pour celui de leurs parents. Il est indispensable qu'ils ne soient pas enlevés immédiatement à leurs travaux.

Ce sursis d'appel ne confère ni exemption ni dispense. Il n'est accordé que pour un an, et peut être néanmoins renouvelé pour une seconde année.

Le jeune homme qui a obtenu un sursis d'appel, conserve le numéro qui lui était échu au tirage au sort, et, à l'expiration de son sursis, il est tenu de satisfaire à toutes les obligations que lui impose la loi en vertu de son numéro.

24. Les demandes de sursis adressées au maire sont instruites par lui; le conseil municipal donne son avis. Elles sont remises au conseil de révision et envoyées par duplicata au sous-préfet qui le transmet au préfet avec ses observations, et y joint tous les documents nécessaires.

Il peut être accordé pour tout le département et par chaque classe, des sursis d'appel jusqu'à concurrence de 4 pour 100 du nombre des jeunes gens reconnus propres au service militaire dans ladite classe et compris dans la 1re partie des listes du recrutement cantonal.

25. Les jeunes gens dispensés du service dans l'armée active, au terme de l'article 17 de la présente loi, les jeunes gens dispensés à titre de soutiens de famille, ainsi que les jeunes gens auxquels il est accordé des sursis d'appel, sont astreints, par un règlement du ministre de la guerre à certains exercices.

Quand les clauses de dispenses viennent à cesser, ils sont soumis à toutes les obligations de la classe à laquelle ils appartiennent.

26. Les jeunes gens dispensés du service de l'armée active, au terme de l'article 17 ci-dessus, les jeunes gens dispensés à titre de soutiens de famille, ainsi que ceux qui ont obtenu des sursis d'appel, sont appelés en cas de guerre, comme les hommes de leur classe.

L'autorité militaire en dispose alors selon les besoins des différents services.

Observations sur la DEUXIÈME SECTION.

Il est utile d'établir la différence entre les *exemptions*, les *dispenses*, les *ajournements* et les *sursis* d'appel.

L'*exemption* libère à tout jamais du service militaire.

La *dispense* permet, sans libérer, de ne pas faire temporairement de service actif.

L'*ajournement* ne fait que retarder, jusqu'à nouvel ordre, l'appel sous les drapeaux des jeunes gens qui, a l'âge de la conscription, semblent n'être pas propres au service.

Le *sursis* n'est qu'un retard de 1 ou 2 ans apporté à l'exécution de la loi. »

En cas de guerre, il n'y a plus ni dispense ni sursis. D'ailleurs, les bénéfices des dispenses se perdront dans les cas suivants : 1° pour le fils aîné d'une veuve, si sa mère se remarie; 2° pour le frère puîné dont le frère aîné passe de l'armée active dans la réserve; 3° pour le fils aîné d'un frère aveugle qui recouvre la vue.

TROISIÈME SECTION
Des conseils de révision et des listes du recrutement cantonal.

25. Les opérations du recrutement sont revues; les réclamations auxquelles ces opérations peuvent donner lieu sont entendues, les causes d'exemption et de dispenses prévues par les articles 16, 17 et 20 de la présente loi, sont jugées en séance publique par un conseil de révision composé :

Du préfet, président, ou à son défaut, du secrétaire général ou du conseiller de préfecture délégué par le préfet;

D'un conseiller de préfecture désigné par le préfet;

D'un membre du conseil général du département autre que le représentant élu dans le canton où la révision a lieu;

D'un membre du conseil d'arrondissement également autre que le représentant élu dans le canton où la révision a lieu;

Tous deux délégués par la commission permanente du conseil général, conformément à l'article 82 de la loi du 10 août 1871;

D'un officier général ou supérieur désigné par l'autorité militaire.

Un membre de l'intendance, le commandant du recrutement, un médecin militaire ou, à défaut, un médecin civil désigné par l'autorité militaire, assistent aux opérations du conseil de révision. Le membre de l'intendance est entendu dans l'intérêt de la loi toutes les fois qu'il le demande et peut faire consigner ses observations au registre des délibérations.

Le conseil de révision se transporte dans les divers cantons. Toutefois, suivant les localités, le préfet peut exceptionnellement réunir, dans le même lieu, plusieurs cantons pour les opérations du conseil.

Le sous-préfet ou le fonctionnaire par lequel il aura été suppléé pour les opérations du tirage, assiste aux séances que le conseil de révision tient dans son arrondissement.

Il a voix consultative.

Les maires des communes auxquelles appartiennent les jeunes gens appelés devant le conseil de révision assistent aux séances et peuvent être entendus.

Si par suite d'une absence le conseil de révision ne se compose que de quatre membres, il peut délibérer, mais la voix du président n'est pas prépondérante. La décision ne peut être prise qu'à la majorité de trois voix; en cas de partage, elle est ajournée.

Art. 82 de la loi du 10 août 1871. La commission départementale assigne à chaque membre du conseil général et aux membres des autres conseils électifs le canton pour lequel ils devront siéger dans le conseil de révision.

28. Les jeunes gens portés sur le tableau de recensement, ainsi que ceux des classes précédentes, qui ont été ajournés conformément à l'article 18 ci-dessus, sont convoqués, examinés et entendus par le conseil de révision. Ils peuvent alors faire connaître l'arme dans laquelle ils désirent être placés.

S'ils ne se rendent pas à la convocation, ou s'ils ne se font pas représenter, ou s'ils n'obtiennent pas un délai, il est procédé comme s'ils étaient présents.

Dans le cas d'exemption pour infirmités, le conseil de révision ne prononce qu'a-près avoir entendu le médecin qui assiste le conseil.

Les cas de dispenses sont jugés sur la production de documents authentiques et sur les certificats de trois pères de famille domiciliés dans le même canton, dont les fils sont soumis à l'appel ou ont été appelés. Ces certificats doivent, en outre, être signés et approuvés par le maire de la commune du réclamant.

La substitution de numéros peut avoir lieu entre frères, si celui qui se présente comme substituant est reconnu propre au service par le conseil de révision.

29. Lorsque les jeunes gens portés sur les tableaux de recensement ont fait des réclamations dont l'admission ou le rejet dépend de la décision à intervenir sur des questions judiciaires relatives à leur état ou à leurs droits civils, le conseil de révision ajourne sa décision ou ne prend qu'une décision conditionnelle.

Les questions sont jugées contradictoirement avec le préfet, à la requête de la partie la plus diligente. Les tribunaux statuent sans délai, le ministère public entendu.

30. Hors les cas prévus par l'article précédent, les décisions du conseil de révision sont définitives. Elles peuvent néanmoins être attaquées devant le conseil d'État pour incompétence et excès de pouvoir. Elles peuvent aussi être attaquées pour violation de la loi, mais par le ministre de la guerre seulement, et dans l'intérêt de la loi. Toutefois l'annulation profite aux parties lésées.

31 Après que le conseil de révision a statué sur les cas d'exemption et sur ceux de dispenses, ainsi que sur toutes les réclamations auxquelles les opérations peuvent donner lieu, la liste du recrutement cantonal est définitivement arrêtée et signée par le conseil de révision.

Cette liste, divisée en cinq parties, comprend :

1° Par ordre de numéros de tirage, tous les jeunes gens déclarés propres au service militaire et qui ne doivent pas être classés dans les catégories suivantes,

2° Tous les jeunes gens dispensés en exécution de l'article 17 de la présente loi;

3° Tous les jeunes gens conditionnellement dispensés en vertu de l'article 20, ainsi que les jeunes gens liés au service en vertu d'un engagement volontaire, d'un brevet ou d'une commission, et les jeunes marins inscrits;

4

4º Les jeunes gens qui, pour défaut de taille ou pour toute autre cause, ont été dispensés du service dans l'armée active, mais ont été reconnus aptes à faire partie d'un des services auxiliaires de l'armée ;

5º Enfin, les jeunes gens qui ont été ajournés à un nouvel examen du conseil de révision.

Voyez les articles 18 et 33.

32. Quand les listes de recrutement de tous les cantons du département ont été arrêtées conformément aux prescriptions de l'article précédent, le conseil de révision, auquel sont adjoints deux autres membres du conseil général, également désignés par la commission permanente et réuni au chef-lieu du département, prononce sur les demandes de dispenses pour soutiens de famille, et sur les demandes de sursis d'appel.

QUATRIÈME SECTION
Du registre matricule

33. Il est tenu, par département, ou par circonscriptions déterminées dans chaque département, en vertu d'un règlement d'administration publique, un registre matricule dressé au moyen des listes mentionnées en l'article 31 ci-dessus, et sur lequel sont portés tous les jeunes gens qui n'ont pas été déclarés impropres à tout service militaire ou qui n'ont pas été ajournés à un nouvel examen au conseil de révision.

Ce registre mentionne l'incorporation de chaque homme inscrit, ou la position dans laquelle il est laissé, et successivement tous les changements qui peuvent survenir dans sa situation, jusqu'à ce qu'il passe dans l'armée territoriale.

34. Tout homme inscrit sur le registre matricule, qui change de domicile, est tenu d'en faire la déclaration à la mairie de la commune qu'il quitte et à la mairie du lieu où il vient s'établir.

Le maire de chacune des communes transmet, dans les huit jours, copie de ladite déclaration au bureau du registre matricule de la conscription dans laquelle se trouve la commune.

35. Tout homme inscrit sur le registre matricule, qui entend se fixer en pays étranger, est tenu, dans sa déclaration à la mairie de la commune où il réside, de faire connaître le lieu où il va établir son domicile, et dès qu'il y est arrivé, d'en prévenir l'agent consulaire de France. Le maire de la commune transmet dans les huit jours copie de ladite déclaration au bureau du registre matricule de la circonscription dans laquelle se trouve sa commune. L'agent consulaire, dans les huit jours de la déclaration, envoie copie au ministre de la guerre.

Pour les peines édictées par la loi contre les contraventions aux prescriptions des articles ci-dessus, voyez article 61 de la présente loi.

TITRE III
DU SERVICE MILITAIRE

36. Tout Français qui n'est pas déclaré impropre à tout service militaire fait partie :

De l'armée active pendant cinq ans ;
De la réserve de l'armée active pendant quatre ans ;
De l'armée territoriale pendant cinq ans ;
De la réserve de l'armée territoriale pendant six ans.

1º L'armée active est composée, indépendamment des hommes qui ne se recrutent pas par les appels, de tous les jeunes gens déclarés propres à un des services de l'armée et compris dans les cinq dernières classes appelées.

2º La réserve de l'armée active est composée de tous les hommes également propres à un des services de l'armée et compris dans les quatre classes appelées immédiatement avant celles qui forment l'armée active.

3º L'armée territoriale est composée de tous les hommes qui ont accompli le temps de service prescrit pour l'armée et la réserve.

4º La réserve de l'armée territoriale est composée des hommes qui ont accompli le temps de service pour cette armée.

L'armée territoriale et la deuxième réserve sont formées par régions déterminées par un règlement d'administration publique ; elles comprennent pour chaque région les hommes ci-dessus désignés aux paragraphes 3º et 4º, et qui sont domiciliés dans la région.

Cet article, l'un des plus importants de notre loi, dont il contient les principales dispositions, mérite quelques observations.

A l'avenir, tout Français, sauf celui qui a quelque cas d'*exemption*, restera donc au service de la patrie pendant 20 ans ; mais il ne demeurera sous les drapeaux que pendant 5 ans au plus, et encore le temps de ce service est-il abrégé par les art. 40 et suivants de la présente loi. On peut calculer que la moyenne du service sous les drapeaux ne sera que de trois années.

En passant dans la *réserve de l'armée active* où il doit rester 4 ans, le soldat est passible d'être rappelé et réincorporé dans l'armée active en temps de guerre. Cela fait donc, en réalité, neuf années de service.

Après quoi, les hommes âgés de 29 à 40 ans feront partie de l'*armée territoriale* qui, dans notre organisation nouvelle, représente assez bien la *landwer* prussienne. Cette sorte de landwer, organisée par *régions*, sera tenue à des exercices n'occasionnant que peu de déplacement aux hommes qui en feront partie. En cas de danger, l'armée territoriale peut être mobilisée.

D'après le rapport de la commission, voici quel serait l'effectif de l'armée si l'on conservait les soldats sous les drapeaux pendant les cinq premières années de service actif.

L'effectif produit par chaque année étant en nombre rond de 150,000 hommes, les cinq contingents produiront . . . . . . 750.000 h.

Chiffre auquel il faut ajouter l'effectif permanent qui ne se recrute pas par les appels (officiers, engagés volontaires, rengagés, corps étrangers, troupes indigènes d'Afrique, gardes, etc., etc. . . . . . 100.000 h.

Total . . . . 850.000 h.

Ajoutons à ces chiffres les 550,000 hommes appartenant à la *réserve de l'armée active*, et qui seront réincorporés en temps de guerre, l'armée française pourra donc, en cas de danger, présenter un effectif de UN MILLION QUATRE CENT MILLE HOMMES, sans compter l'armée territoriale.

37. L'armée de mer est composée, indépendamment des hommes fournis par l'inscription maritime :

1° Des hommes qui auront été admis à s'engager volontairement ou à se rengager dans les conditions déterminées par un règlement d'administration publique ;

2° Des jeunes gens qui, au moment de la révision, auront demandé à entrer dans un corps de la marine et auront été reconnus propres à ce service ;

3° Enfin, et à défaut d'un nombre suffisant d'hommes compris dans les deux catégories précédentes, du contingent du recrutement affecté par décision du ministre de la guerre à l'armée de mer.

Ce contingent, fourni par chaque canton, dans la proportion fixée par ladite décision, est composée des jeunes gens compris dans la première partie de la liste de recrutement cantonal, et auxquels seront échus les premiers numéros sortis au tirage au sort.

Un règlement d'administration publique déterminera les conditions dans lesquelles pourront avoir lieu les permutations entre les jeunes gens affectés à l'armée de mer et à ceux de la même classe affectés à l'armée de terre.

Pour les hommes qui ne proviennent pas de l'inscription maritime, le temps de service actif est de cinq ans, et de deux ans dans la réserve.

Ces hommes passent ensuite dans l'armée territoriale.

38. La durée du service compte du 1er juillet de l'année du tirage au sort.

Chaque année, au 30 juin, en temps de paix, les militaires qui ont achevé le temps de service prescrit dans l'armée active, ceux qui ont accompli le temps de service prescrit dans la réserve de l'armée active, ceux qui ont terminé le temps de service prescrit pour l'armée territoriale, enfin, ceux qui ont terminé le temps de service pour la réserve de cette armée, reçoivent un certificat constatant :

Pour les premiers, leur envoi dans la première réserve ;

Pour les seconds, leur envoi dans l'armée territoriale ;

Pour les troisièmes, leur envoi dans la deuxième réserve ;

Et, à l'expiration du temps de service dans cette réserve, les hommes reçoivent un congé définitif.

En temps de guerre, ils reçoivent ces certificats immédiatement après l'arrivée au corps des hommes de la classe destinée à remplacer celle à laquelle ils appartiennent.

Cette dernière disposition est applicable, en tout temps, aux hommes appartenant aux équipages de la flotte en cours de campagne.

39. Tous les jeunes gens de la classe appelée qui ne sont pas exemptés pour cause d'infirmités, ou ne sont pas dispensés en application des dispositions de la présente loi, ou n'ont pas obtenu de sursis d'appel, ou ne sont pas affectés à l'armée de mer, font partie de l'armée active, et sont mis à la disposition du ministre de la guerre.

Ces jeunes soldats sont tous immatriculés dans les divers corps de l'armée et envoyés, soit dans lesdits corps, soit dans les bataillons et écoles d'instruction.

40. Après une année de service des jeunes soldats dans les conditions indiquées en l'article précédent, ne sont plus maintenus sous les drapeaux que les hommes dont le chiffre est fixé, chaque année, par le ministre de la guerre.

Ils sont pris, par ordre de numéro, sur la première partie de la liste de recrutement de chaque canton et dans la proportion déterminée par la décision du ministre : cette décision est rendue aussitôt après que toutes les opérations du recrutement sont terminées.

41. Nonobstant les dispositions de l'article précédent, le militaire compris dans la catégorie de ceux ne devant pas rester sous les drapeaux, mais qui après l'année de service mentionnée audit article, ne sait pas lire et écrire et ne satisfait pas aux examens déterminés par le ministre de la guerre, peut être maintenu au corps pendant une seconde année.

Le militaire placé dans la même catégorie qui, par l'instruction acquise antérieurement à son entrée au service, et par celle reçue sous les drapeaux, remplit toutes les conditions exigées, peut, après six mois, à des époques fixées par le ministre de la guerre, et avant l'expiration de l'année, être envoyé en disponibilité dans ses foyers, conformément à l'article suivant.

42. Les jeunes gens qui, après le temps de service prescrit par les articles 40 et 41, ne sont pas maintenus sous les drapeaux, restent en disponibilité de l'armée active, dans leurs foyers et à la disposition du ministre de la guerre.

Ils sont, par un règlement du ministre, soumis à des revues et à des exercices.

43. Les hommes envoyés dans la réserve de l'armée active restent immatriculés d'après le mode prescrit par la loi d'organisation.

Le rappel de la réserve de l'armée active peut être fait d'une manière distincte et indépendante pour l'armée de terre et pour l'armée de mer ; il peut également être fait par classe, en commençant par la moins ancienne.

Les hommes de la réserve de l'armée active sont assujettis, pendant le temps de service de ladite réserve, à prendre part à deux manœuvres.

La durée de chacune de ces manœuvres ne peut dépasser quatre semaines.

44. Les hommes en disponibilité de l'armée active et les hommes de la réserve peuvent se marier sans autorisation.

Les hommes mariés restent soumis aux obligations de service imposées aux classes auxquelles ils appartiennent.

Toutefois, les hommes en disponibilité ou en réserve, qui sont père de quatre enfants vivants, passent de droit dans l'armée territoriale.

45. Des lois spéciales détermineront les bases de l'organisation de l'armée active et de l'armée territoriale ainsi que des réserves.

D'après l'article 37, le mode de recrutement de l'armée de mer n'est pas changé ; mais l'incorporation dans la marine apporte un certain adoucissement au régime des jeunes gens qui seront ainsi forcément marins pendant cinq années ; ils n'auront à passer ensuite que deux années dans la réserve.

Comme on le voit par l'article 40, le *tirage au sort* désigne quels sont les jeunes soldats que l'on renverra les premiers sous les drapeaux ; mais les dispositions de cet article sont aussitôt modifiées par l'art. 41, qui veut que l'avantage d'un *bon numéro* ne suffise pas pour rester une année seulement sous les drapeaux ; le jeune soldat devra satisfaire à certains examens et savoir lire et écrire pour profiter de cet avantage.

TITRE IV

Des engagements. — Des rengagements et des engagements conditionnels d'un an.

PREMIÈRE SECTION
Des engagements.

46. Tout Français peut être autorisé à contracter un engagement volontaire aux conditions suivantes.

L'engagé volontaire doit :

1° S'il entre dans l'armée de mer, avoir seize ans accomplis, sans être tenu d'avoir la taille prescrite par la loi, mais sous la condition qu'à l'âge de dix-huit ans, il ne pourra être reçu s'il n'a pas cette taille.

2° S'il entre dans l'armée de terre, avoir dix-huit ans accomplis et au moins la taille de 1 mètre 54 centimètres ;

3° Savoir lire et écrire ;

4° Jouir de ses droits civils ;

5° N'être ni marié, ni veuf avec enfants ;

6° Être porteur d'un certificat de bonnes vie et mœurs délivré par le maire de la commune de son dernier domicile ; et, s'il ne compte pas au moins une année de séjour dans cette commune, il doit également produire un autre certificat du maire des communes où il a été domicilié dans le cours de cette année.

Le certificat doit contenir le signalement du jeune homme qui veut s'engager, mentionner la durée du temps pendant lequel il a été domicilié dans la commune et attester :

Qu'il jouit de ses droits civils ;

Qu'il n'a jamais été condamné à une peine correctionnelle pour vol, escroquerie, abus de confiance ou attentats aux mœurs.

Si l'engagé a moins de vingt ans, il doit justifier du consentement de ses pères, mères ou tuteur.

Ce dernier doit être autorisé par une délibération du conseil de famille.

Les conditions relatives soit à l'aptitude militaire, soit à l'admissibilité dans les différents corps de l'armée, sont déterminées par un décret inséré au *Bulletin des lois*.

47. La durée de l'engagement volontaire est de cinq ans.

Les années de l'engagement volontaire comptent dans la durée du service militaire fixé par l'article 36 ci-dessus.

En cas de guerre, tout Français qui a accompli le temps de service prescrit pour l'armée active et la réserve de ladite armée, est admis à contracter dans l'armée active un engagement pour la durée de la guerre.

Cet engagement ne donne pas lieu aux dispenses prévues par le paragraphe 4 de l'article 17 de la présente loi.

48. Les hommes qui, après avoir satisfait aux conditions des articles 40 et 41 de la présente loi, vont être renvoyés en disponibilité, peuvent être admis à rester dans ladite armée de manière à compléter cinq années de service.

Les hommes renvoyés en disponibilité peuvent être autorisés à compléter cinq années de service sous les drapeaux.

49. Les engagés volontaires, les hommes admis à rester dans l'armée active, ainsi que ceux qui, en disponibilité, ont été autorisés à compléter cinq années de service dans ladite armée, ne peuvent être envoyés en congé sans leur consentement.

50. Les engagements volontaires sont contractés dans les formes prescrites par les articles 34, 35, 36, 37, 38, 39, 40, 42, et 44 du Code civil, devant les maires des chefs-lieux de canton.

Les conditions relatives à la durée des engagements sont insérées dans l'acte même.

Les autres conditions sont lues aux contractants avant la signature et mention en est faite à la fin de l'acte, le tout sous peine de nullité.

Code civil, art. 34. — Les actes de l'état civil énonceront l'année, le jour et l'heure où ils seront reçus, les prénoms, noms, âges, profession et domicile de tous ceux qui y seront dénommés.

Art. 35. — Les officiers de l'état civil ne pourront rien insérer dans les actes qu'ils recevront, soit par note, soit par énonciation quelconque, que ce qui doit être déclaré par les comparants

Art. 36. — Dans les cas où les parties intéressées ne seront point obligées de comparaître en personne, elles pourront se faire représenter par un fondé de procuration spéciale et authentique.

Art. 37. — Les témoins produits aux actes de l'état civil ne pourront être que du sexe masculin, âgés de 21 ans au moins, parents ou autres, et ils seront choisis par les personnes intéressées.

Art. 38. — L'officier de l'état civil donnera lecture des actes aux parties comparantes ou à leur fondé de procuration et à leurs témoins. Il y sera fait mention de l'accomplissement de cette formalité

Art. 39. — Ces actes seront signés par l'officier de l'état civil, par les comparants et les témoins ; ou mention sera faite de la cause qui empêchera les comparants et les témoins de signer.

Art. 40. — Les actes de l'état civil seront inscrits, dans chaque commune, sur un ou plusieurs registres tenus doubles.

Art. 42. — Les actes seront inscrits sur les registres, de suite, sans aucun blanc ; les ratures et les renvois seront approuvés et signés de la même manière que le corps de l'acte. Il n'y sera rien écrit par abréviation, et aucune date ne sera mise en chiffres.

Art. 44. — Les procurations et les autres pièces qui doivent demeurer annexées aux actes de l'état civil, seront déposées, après qu'elles auront été paraphées par la personne qui les aura produites et par l'officier de l'état civil, au greffe du tribunal avec le double des registres, dont le dépôt doit avoir lieu audit greffe.

DEUXIÈME SECTION
Des rengagements

51. Des rengagements peuvent être reçus pour un an au moins et cinq ans au plus.

Ces rengagements ne peuvent être reçus que pendant le cours de la dernière année de service sous les drapeaux.

Ils sont renouvelables jusqu'à l'âge de vingt-neuf ans accomplis pour les caporaux et soldats, et jusqu'à l'âge de trente-deux ans accomplis pour les sous-officiers.

Les autres conditions sont déterminées par un règlement inséré au *Bulletin des lois*.

Les rengagements, après cinq ans de service sous les drapeaux, donnent droit à une haute paye.

52. Les engagements prévus à l'article 48 de la présente loi et les rengagements sont contractés devant les intendants et sous-intendants militaires dans la forme prescrite dans l'article 50 ci-dessus, sur la preuve que le contractant peut rester ou être admis dans le corps pour lequel il se présente.

TROISIÈME SECTION
Des engagements conditionnels d'un an

53. Les jeunes gens qui ont obtenu les diplômes de bacheliers ès-lettres, de bacheliers ès-sciences, des diplômes de fin d'étude ou des brevets de capacité institués par les articles 4 et 6 de la loi du 21 juin 1865 ;

Ceux qui font partie de l'école centrale des arts-et-manufactures, des écoles nationales des arts-et-métiers, des écoles nationales des beaux-arts, du conservatoire de musique, les élèves des écoles nationales vétérinaires et des écoles nationales d'agriculture, les élèves externes de l'école des mines, de l'école des ponts et chaussées, de l'école du génie maritime, et les élèves de l'école des mineurs de Saint-Etienne sont admis, avant le tirage au sort, lorsqu'ils présentent les certificats d'étude émanés des autorités désignés par un règlement inséré au *Bulletin des lois*, à contracter dans l'armée de terre des engagements conditionnels d'un an, selon le mode déterminé par ledit règlement.

Loi du 21 juin 1865.

Art. 4. — A la fin des cours, les élèves seront admis à subir, devant un jury dont les membres sont nommés par le ministre de l'instruction publique, un examen, a la suite duquel ils obtiennent, s'il y a lieu, un diplôme. Les élèves de l'enseignement libre peuvent se présenter devant le jury et obtenir le même diplôme.

Art. 6. — Le diplôme de bachelier peut être suppléé pour l'ouverture d'un établissement libre d'enseignement secondaire spécial, par un brevet de capacité, a la suite d'un examen dont les programmes sont réglés par des arrêtés délibérés en conseil de l'instruction publique. Nul n'est admis à subir cet examen avant l'âge de 18 ans. La condition de stage prescrite par l'article 60 de la loi du 15 mars 1850 n'est pas exigible.

54. Indépendamment des jeunes gens indiqués en l'article précédent, sont admis, avant le tirage au sort, à contracter un engagement d'un an, ceux qui satisfont à un des examens exigés par les différents programmes préparés par le ministre de la guerre et approuvés par décrets rendus dans la forme des règlements d'administration publique.

Ces décrets seront insérés au *Bulletin des lois*.

Le ministre de la guerre fixe chaque année le nombre des engagements conditionnels d'un an spécifiés au présent article. Ce nombre est réparti par régions déterminées conformément à l'article 36 ci-dessus, et proportionnellement au nombre des jeunes gens inscrits sur les tableaux de recrutement.

Si, au moment où les jeunes gens mentionnés au présent article et à l'article précédent, se présentent pour contracter un engagement d'un an, ils ne sont pas reconnus propres au service, ils sont ajournés et ne peuvent être incorporés que lorsqu'ils remplissent toutes les conditions voulues.

Ainsi, il existe deux catégories des jeunes gens pouvant être admis à contracter un engagement d'un an : la première catégorie (art. 53) se compose des jeunes gens *qui ont droit* à cette faveur, en présentant les preuves de leur instruction; la seconde catégorie (art. 54) comprend les jeunes gens qui, sans posséder un diplôme et sans être attachés à une école spéciale, peuvent satisfaire à un examen.

Dans l'un comme dans l'autre cas, l'engagement devra être contracté avant le tirage au sort.

55. L'engagé volontaire d'un an est habillé, monté, équipé et entretenu à ses frais.

Toutefois, le ministre de la guerre peut exempter de tout ou partie des obligations déterminées au paragraphe précédent les jeunes gens qui ont donné dans leur examen des preuves de capacité et justifient, dans les formes prescrites par le règlement, être dans l'impossibilité de subvenir aux frais résultant de ces obligations.

56. L'engagé volontaire d'un an est incorporé et soumis à toutes les obligations de service imposées aux hommes présents sous les drapeaux.

Il est astreint aux examens prescrits par le ministre de la guerre.

Si, après un an de service, l'engagé volontaire d'un an ne satisfait pas à ces examens, il est obligé de rester une seconde année au service, aux conditions déterminées dans le règlement prévu par l'article 53.

Si, après cette seconde année, l'engagé volontaire ne satisfait pas à ces examens, il est, par décision du ministre de la guerre, déclaré déchu des avantages réservés aux volontaires d'un an, et il reste soumis aux mêmes obligations que celles imposées aux hommes de la première partie de la classe à laquelle il appartient par son engagement.

Il en est de même pour le volontaire qui, pendant la première ou la seconde année, a commis des fautes graves et répétées contre la discipline.

Dans tous les cas, le temps passé dans le volontariat compte en déduction de la durée du service prescrite par l'article 36 de la présente loi.

En temps de guerre, l'engagé volontaire d'un an est maintenu au service.

En cas de mobilisation, l'engagé volontaire d'un an marche avec la première partie de la classe à laquelle il appartient par son engagement.

57. Dans l'année qui précède l'appel de leur classe, les jeunes gens, mentionnés dans l'article 53, qui n'auraient pas terminé les études de la Faculté ou des

Ecoles auxquelles ils appartiennent, mais qui voudraient les achever dans un laps de temps déterminé, peuvent, tout en contractant l'engagement d'un an, obtenir de l'autorité militaire un sursis avant de se rendre au corps pour lequel ils se sont engagés. Le sursis pourra leur être accordé jusqu'à l'âge de 24 ans accomplis.

58. Après que les engagés volontaires d'un an ont satisfait à tous les examens exigés par l'art. 56, ils peuvent obtenir des brevets de sous-officiers ou des commissions au moins équivalente.

Les lois spéciales prévues par l'art. 45 déterminent l'emploi de ces jeunes gens, soit dans l'armée active, soit dans la disponibilité, soit dans la réserve de l'armée active, soit dans l'armée territoriale, ou dans les différents services auxquels leurs études les ont plus spécialement destinés.

L'un des principaux avantages attachés à l'engagement sera de permettre aux jeunes gens compris dans l'art. 53 d'obtenir un sursis jusqu'à l'âge de 24 ans, pour se présenter sous les drapeaux; enfin, pour les uns comme pour les autres, la loi facilite l'avancement.

Décret du 31 octobre-3 novembre 1872.

Art. 1er. Les jeunes gens qui demandent à contracter un engagement conditionnel d'un an en vertu de l'art. 54 de la loi du 27 juillet 1872, subissent deux épreuves successives devant des examinateurs nommés par le ministre de la guerre et choisis parmi des agriculteurs, industriels et commerçants, ou des citoyens ayant exercé l'une de ces professions.

2. La première épreuve consiste en une dictée écrite en français.

3. La seconde épreuve est un examen oral public.

Les candidats sont rangés à l'avance en trois séries correspondant respectivement à l'agriculture, au commerce, à l'industrie. Chacune de ces séries passe devant un examinateur différent.

Cet examen se compose de deux parties :

La première roule sur les matières composant l'enseignement que le candidat a dû recevoir à l'école primaire.

La seconde partie porte spécialement sur les notions élémentaires et pratiques relatives à l'exercice même de ladite profession, suivant les indications du programme ci-annexé.

4. Après l'achèvement des examens oraux, les examinateurs des trois séries se réuniront sous la présidence du général commandant le département ou d'un officier supérieur délégué par lui, auquel est adjoint un membre du conseil général désigné par ce conseil ou, à son défaut, par la commission permanente, et constituent ainsi une commission qui arrête la liste générale des candidats admissibles.

Programmes des examens professionnels auxquels sont astreints les jeunes gens qui demandent à contracter un engagement conditionnel d'un an, en vertu de l'art. 54 de la loi du 27 juillet 1872.
(Annexe du décret du 31 octobre 1872.)

Chaque candidat sera interrogé sommairement, selon sa profession et sa spécialité, d'après les indications générales qui suivent :

Agriculture.

Natures diverses des terrains au point de vue de la culture, — Engrais et amendements. — Climats, saisons, leurs rapports avec la culture. — Moyens d'utiliser les eaux ou de s'en préserver. — Instruments et machines agricoles. — Méthodes et procédés de culture. — Conservation des récoltes. — Bestiaux et animaux domestiques. — Comptabilité agricole. — Débouchés des principaux produits agricoles de la région.

Commerce

Marchandises qui font l'objet de la spécialité du candidat, leur provenance, leur emploi et leur prix de revient. — Comptabilité et tenue des livres. — Dénomination des livres de commerce. — Principales opérations de commerce ou de banque. — Formule usuelle du billet à ordre, de la lettre de change, du mandat, du chèque, etc. — Signification des principaux termes de commerce ou de banque.

Industrie.

Caractères et propriétés des matières premières ou matériaux, leur extraction, leur préparation, leur transformation ou leur emploi. — Moteurs, machines, instruments et outils dont le candidat ait habituellement usage. — Procédés au moyen desquels il obtient les produits de son industrie spéciale. — Nature de ces produits.

TITRE V.
DISPOSITIONS PÉNALES.

59. Tout homme inscrit sur le registre matricule, qui n'a pas fait les déclarations de changement de domicile prescrites par les articles 34 et 35 de la présente loi, est déféré aux tribunaux ordinaires et puni d'une amende de 10 à 200 fr. ; il peut en

outre être condamné à un emprisonnement de quinze jours à trois mois.

En temps de guerre, la peine est double.

60. Toutes fraudes ou manœuvres, par suite desquelles un jeune homme a été omis sur les tableaux de recensement ou sur les listes du tirage, sont déférées aux tribunaux ordinaires et punies d'un emprisonnement d'un mois à un an.

Sont déférés aux mêmes tribunaux et punis de la même peine :

1º Les jeunes gens appelés qui, par suite d'un concert frauduleux, se sont abstenus de comparaître devant le conseil de révision ;

2º Les jeunes gens qui, à l'aide de fraudes ou manœuvres, se sont fait exempter par un conseil de révision, sans préjudice des peines plus graves en cas de faux.

Les auteurs ou complices sont punis des mêmes peines.

Si le jeune homme omis a été condamné comme auteur ou complice de fraudes ou manœuvres, les dispositions de l'article 14 lui seront appliquées lors du premier tirage qui aura lieu après l'expiration de sa peine.

Le jeune homme indûment exempté ou indûment dispensé, est rétabli en tête de la première partie de la classe appelée, après qu'il a été reconnu que l'exemption ou la dispense en ait été indûment accordée.

61. Tout homme inscrit sur le registre matricule au domicile duquel un ordre de route a été régulièrement notifié, et qui n'est pas arrivé à sa destination au jour fixé par cet ordre, est, après un mois de délai et hors le cas de force majeure, puni, comme insoumis, d'un emprisonnement d'un mois à un an en temps de paix, et de deux à cinq ans en temps de guerre. Dans ce dernier cas, à l'expiration de sa peine, il est envoyé dans une compagnie de discipline.

En temps de guerre, les noms des insoumis sont affichés dans toutes les communes du canton de leur domicile. Ils restent affichés pendant toute la durée de la guerre.

Ces dispositions sont applicables à tout engagé volontaire qui, sans motifs légitimes, n'est pas arrivé à sa destination dans le délai fixé par sa feuille de route.

En cas d'absence du domicile, et lorsque le lieu de la résidence est inconnu, l'ordre de route est notifié au maire de la commune dans laquelle l'appelé a concouru au tirage.

A l'égard des appelés, le délai d'un mois sera porté :

1º A deux mois, s'ils demeurent en Algérie, dans les îles voisines des contrées limitrophes de la France ou en Europe ;

2º A six mois, s'ils demeurent dans tout autre pays. L'insoumis est jugé par le conseil de guerre de la division militaire dans laquelle il est arrêté.

Le temps pendant lequel l'engagé volontaire ou l'homme inscrit sur le registre matricule aura été insoumis, ne compte pas dans les années de service exigées.

Tout homme qui a reçu une feuille de route et qui ne s'est pas rendu à l'appel, est donc déclaré insoumis. L'article ci-dessus édicte les peines dont sont passibles les complices des insoumis.

62. Quiconque est reconnu coupable d'avoir recélé ou d'avoir pris à son service un insoumis, est puni d'un emprisonnement qui ne peut excéder six mois. Selon les circonstances, la peine peut être réduite à une amende de 20 à 200 francs.

Quiconque est convaincu d'avoir favorisé l'évasion d'un insoumis est puni d'un emprisonnement d'un mois à un an.

La même peine est prononcée contre ceux qui, par des manœuvres coupables, ont empêché ou retardé le départ de jeunes soldats.

Si le délit a été commis à l'aide d'un attroupement, la peine sera double.

Si le délinquant est fonctionnaire public, employé du gouvernement ou ministre salarié par l'État, la peine peut être portée jusqu'à deux années d'emprisonnement, et il est, en outre, condamné à une amende qui ne pourra excéder 2,000 fr.

63. Tout homme qui est prévenu de s'être rendu impropre au service militaire, soit temporairement, soit d'une manière permanente, dans le but de se soustraire aux obligations imposées par la présente loi, est déféré aux tribunaux, soit sur la demande des conseils de révision, soit d'office, et, s'il est reconnu coupable, il est puni d'un emprisonnement d'un mois à un an.

Sont également déférés aux tribunaux et punis de la même peine, les jeunes gens qui, dans l'intervalle de la clôture de la liste cantonale à leur mise en activité, se sont rendus coupables du même délit.

A l'expiration de leur peine. les uns et les autres sont mis à la disposition du ministre de la guerre, pour le temps du service militaire qu'ils doivent à l'État et peuvent être envoyés dans une compagnie de discipline.

La peine portée au présent article est prononcée contre les complices.

Si les complices sont des médecins, chirurgiens, officiers de santé ou pharmaciens, la durée de l'emprisonnement est de deux mois à deux ans, indépendamment d'une amende de 200 fr. à 1,000 fr. qui peut aussi être prononcée, et sans préjudice des peines plus graves dans les cas prévus par le Code pénal.

64. Ne compte pas pour les années de service exigées par la présente loi, le temps pendant lequel un militaire a subi la peine de l'emprisonnement en vertu d'un jugement.

65. Tout fonctionnaire ou officier public, civil ou militaire, qui, sous quelque prétexte que ce soit, aura autorisé ou admis des exemptions, dispenses ou exclusions autres que celles déterminées par la présente loi. ou qui aura donné arbitrairement une extension quelconque, soit à la durée, soit aux règles et conditions des appels, des engagements ou des réengagements, sera coupable d'abus d'autorité, et puni des peines portées dans l'article 185 du Code pénal, sans préjudice des peines plus graves prononcées par ce Code dans les autres cas qu'il a prévus.

Art. 185 *du Code pénal.* — Tout juge ou tribunal, tout administrateur ou autorité administrative, qui, sous quelque prétexte que ce soit, même du silence ou de l'obscurité de la loi, aura dénié de rendre la justice qu'il doit aux parties. après en avoir été requis, et qui aura persévéré dans son déni après avertissement ou injonction de ses supérieurs, pourra être poursuivi, et sera puni d'une amende de 200 francs au moins et de 500 francs au plus. et de l'interdiction de l'exercice des fonctions publiques depuis cinq ans jusqu'à vingt.

Nota. — Ces peines sont applicables aux maires, préfets, sous-préfets, conseillers, etc., qui auront sciemment facilité à des jeunes gens l'obtention de dispenses ou d'exemption, ou qui les auront frappés d'exclusions non justifiées. En cas de corruption, vénalité, etc., la peine peut être aggravée d'un emprisonnement de plusieurs mois.

66. Les médecins, chirurgiens ou officiers de santé qui, appelés au conseil de révision à l'effet de donner leur avis conformément aux articles 16, 18, 28, ont reçu des dons ou agréé des promesses pour être favorables aux jeunes gens qu'ils doivent examiner, seront punis d'un emprisonnement de deux mois à deux ans.

Cette peine leur est appliquée, soit qu'au moment des dons ou promesses, ils aient déjà été désignés pour assister au conseil, soit que les dons ou promesses aient été agréés dans la prévoyance des fonctions qu'ils auraient à y remplir.

Il leur est défendu, sous la même peine, de rien recevoir, même pour une exemption ou réforme justement prononcée.

Art. 67. Les peines prononcées par les articles 60, 62 et 63 sont applicables aux tentatives des délits prévus par ces articles.

Dans le cas prévu par l'article 66, ceux qui ont fait des dons et promesses sont punis des peines portées par ledit article contre les médecins, chirurgiens ou officiers de santé

68. Dans tous les cas non prévus par les dispositions précédentes, les tribunaux civils et militaires, dans les limites de leur compétence, appliqueront les lois pénales ordinaires aux délits auxquels pourra donner lieu l'exécution du mode de recrutement déterminé par la présente loi.

Dans tous les cas où la peine d'emprisonnement est prononcée par la présente loi, les juges peuvent, suivant les circonstances. user de la faculté exprimée par l'article 463 du Code pénal.

Art. 463 *du Code pénal* — Les peines prononcées par la loi contre celui ou ceux des accusés reconnus coupables, en faveur de qui le jury aura déclaré les circonstances atténuantes, seront modifiées ainsi qu'il suit : Si la peine prononcée par la loi est la mort, la Cour appliquera la peine des travaux forcés à perpétuité ou celle des travaux forcés à temps. — Si la peine est celle des travaux forcés à perpétuité, la Cour appliquera la peine des travaux forcés a temps ou celle de la réclusion. — Si la peine est celle de la déportation dans une enceinte fortifiée, la Cour appliquera celle de la déportation simple ou celle de la détention ; mais dans les cas prevus par les art. 96 et 97, la peine de la déportation simple sera seule appliquée. — Si la peine est celle de la déportation, la Cour appliquera la peine de la détention ou celle du bannissement. — Si la peine est celle des travaux forcés a temps, la Cour appliquera la peine de la réclusion ou les dispositions de l'art. 401, sans toutefois pouvoir réduire la durée de l'emprisonnement au-dessous de deux ans. — Si la peine est celle de la réclusion, de la détention, du bannissement ou de la dégradation civique, la Cour appliquera les dispositions de l'article 401, sans toutefois pouvoir réduire la durée de l'emprisonnement au-dessous d'un an. — Dans le cas où le Code prononce le *maximum* d'une peine afflictive, s'il existe des circonstances atténuantes. la Cour appliquera le *minimum* de la peine ou même la peine inférieure.

Dans tous les cas où la peine de l'emprisonnement et celle de l'amende sont prononcées par le Code pénal, si les circonstances paraissent atténuantes, les tribunaux correctionnels sont autorisés, même en cas de récidive, à réduire l'emprisonnement même au-dessous de six jours et l'amende même au-dessous de 16 francs; ils pourront aussi prononcer séparément l'une ou l'autre de ces peines et même substituer l'amende à l'emprisonnement, sans qu'en aucun cas elle puisse être au-dessous des peines de simple police.

Dispositions particulières.

69. Les jeunes gens appelés à faire partie de l'armée, en exécution de la présente loi, outre l'instruction nécessaire à leur service, reçoivent dans leur corps, et suivant leur grade, l'instruction prescrite par un règlement du ministre de la guerre.

Au sujet de l'instruction dans l'armée, nous ne pouvons nous dispenser de reproduire un remarquable fragment du discours si éloquent prononcé à l'Assemblée nationale par le général Guillemaut :

« Si vous voulez régénérer l'armée, si vous voulez relever son moral, faites qu'elle ait autant d'instruction que de courage.

« Aujourd'hui, nos armes sont très-perfectionnées; mais pour s'en servir avantageusement, il faut aussi que l'intelligence du soldat soit très-développée. Nos chassepots portent à 1,500 mètres, nos pièces d'artillerie porteront bientôt, comme celles des Prussiens, à 4 et 5 kilomètres, du moins je l'espère, car il y va du salut de tous...

« Eh bien, messieurs, je vous le demande, comment voulez-vous que nous puissions apprendre à nos jeunes soldats à apprécier, à comparer, à mesurer les distances, a donner à leur arme une hausse convenable, si un quart ne sait ni lire ni écrire, et si les trois autres quarts savent a peine ce que c'est qu'un kilomètre ?

« Comment voulez-vous que nous puissions apprendre à nos cavaliers à faire des reconnaissances sérieuses, utiles, si la plupart d'entre eux sont incapables de lire sur une carte, de noter les routes, les ponts, les chemins de fer, les vallées, les montagnes ?

« Si vous voulez que cela devienne possible, aidez-nous, messieurs, faites rentrer dans nos rangs ceux qui ont l'instruction que la richesse et l'aisance donnent seuls encore aujourd'hui... Ils développeront l'intelligence de leurs jeunes camarades, ils leur serviront de moniteurs pendant la paix, de guides pendant la guerre, ils leur inculqueront l'esprit du devoir que l'éducation impose à tous.... Attachons-nous non-seulement à être des hommes, mais des soldats faits, expérimentés, capables de tenir tête à l'ennemi. Comme moi, vous aimez la France ; comme moi, vous voulez qu'elle redevienne grande et prospère : aujourd'hui donc le service personnel obligatoire, et demain aussi l'instruction obligatoire pour tous. »

Appliqué d'une façon équitable, cet article établira une corrélation entre le grade et l'instruction nécessaire pour remplir le grade. L'ancienneté ne créera de droits qu'autant qu'elle s'appuiera sur l'intelligence.

70. Les ministres de la guerre et de la marine assureront, par des règlements, aux militaires de toutes armes, le temps et la liberté nécessaires à l'accomplissement de leurs devoirs religieux, les dimanches et autres jours de fête consacrés par leur culte respectifs. Ces règlements seront insérés au *Bulletin des lois*.

71. Tout homme ayant passé sous les drapeaux douze ans, dont quatre au moins avec le grade de sous-officier, reçoit, des chefs de corps, un certificat en vertu duquel il obtient, au fur et à mesure des vacances, un emploi civil ou militaire en rapport avec ses aptitudes ou son instruction.

Une loi spéciale désignera, dans chaque service public, la catégorie des emplois qui seront réservés, en totalité ou dans une proportion déterminée, aux candidats munis du certificat ci-dessus.

72. Nul n'est admis, avant l'âge de 30 ans accomplis, à un emploi civil ou militaire, s'il ne justifie avoir satisfait aux obligations imposées par la présente loi.

73. Chaque année, avant le 31 mars, il sera rendu compte à l'Assemblée nationale, par le ministre de la guerre, de l'exécution de la présente loi pendant l'année précédente.

Dispositions transitoires.

74. Les dispositions de la présente loi ne seront appliquées qu'à partir du 1er janvier 1873.

Toutefois, la totalité de la classe de 1871 sera mise à la disposition du ministre de la guerre ; les jeunes gens de cette classe, qui ne feront pas partie du contingent fixé par le ministre, seront placés dans la réserve de l'armée active, au lieu de l'être dans la garde nationale mobile, conformément à la loi du 1er février 1868 et y resteront un temps égal à la durée du service accompli dans l'armée active et dans la réserve par les hommes de la même classe compris dans le contingent. Après quoi, les uns et les autres seront placés dans l'armée territoriale, conformément à l'article 36 de la présente loi.

La durée du service pour la classe 1871 comptera du 1er juillet 1872, conformément aux prescriptions de la loi du 1er février 1868 ; toutefois, pour les jeunes gens de cette classe qui ont devancé l'appel à l'activité, elle comptera du 1er janvier 1871 conformément au décret du 5 janvier 1871.

Cet article est de la plus haute importance pour les jeunes gens de la classe de 1871. Bien que ces jeunes gens restent soumis à la loi de 1868 pour le tirage au sort, la révision et le remplacement, au lieu d'entrer dans la *garde nationale mobile*, ils passeront dans la réserve où ils resteront pendant quatre ans, après avoir accompli leurs cinq années d'armée active.

Art. 5 de la loi du 1er février 1868. — La durée du service pour les jeunes soldats faisant partie des deux portions du contingent est de 5 ans. à l'expiration desquels ils passent dans la réserve, où ils seront 4 ans, en demeurant affectés, suivant leur service antérieur, soit à l'armée de terre, soit à l'armée de mer.

La durée du service compte du 1er juillet de l'année du tirage au sort.

Décret du 5 janvier 1871. Art. 1er. — L'appel de la classe de 1871 pourra avoir lieu immédiatement après la promulgation du présent décret.

Art. 8. — La durée du service des jeunes gens de la classe de 1871 comptera du 1er janvier de la présente année.

75. Les jeunes gens ne faisant pas partie de la classe de 1871, qui voudraient, avant le 1er janvier 1873, profiter des dispositions des articles 53 et 54 ci-dessus, feront, au ministre de la guerre, la demande de contracter un engagement d'un an.

Le règlement prévu par les articles 53 et suivants et les programmes mentionnés en l'article 54 seront publiés avant le 1er novembre prochain ; à partir de cette époque les jeunes gens désignés au § 1er du présent article seront admis, soit à contracter leur engagement, soit à passer les examens exigés.

Les jeunes gens des classes de 1872 et suivantes, actuellement sous les drapeaux par suite d'engagements volontaires, pourront, à partir du 1er janvier 1873, profiter des dispositions des articles 53 et 54.

Le temps passé au service par ces jeunes gens sera, lorsqu'ils auront rempli les obligations déterminées par l'article 56, déduit du temps de service prescrit par l'article 36.

Le temps passé au service par les jeunes gens qui se sont engagés volontairement, pour la durée de la guerre sera également déduit du temps de service prescrit par l'article 36.

76. Les jeunes gens des classes de 1867, 1868, 1869 et 1870, appelés en vertu de la loi du 1er février 1868, qui ont été compris dans le contingent de l'armée, seront, à l'expiration de leur service dans la réserve, placés dans l'armée territoriale, conformément aux dispositions de l'art. 36 de la présente loi. Les jeunes gens de ces mêmes classes qui n'ont pas été compris dans le contingent de l'armée, et qui font

actuellement partie de la garde nationale mobile, seront, à partir du 1er janvier 1873, placés dans la réserve de l'armée, où ils compteront jusqu'à la libération du service dans la réserve des jeunes gens de la même classe qui ont été compris dans le contingent de l'armée. Ils seront ensuite placés dans l'armée territoriale, conformément aux dispositions de l'art. 36 de la présente loi.

L'art. 75 et l'art. 76 sont importants pour les jeunes gens qui se trouveront sous les drapeaux au 31 décembre 1873. ou qui feront partie de la réserve, ou partie de la garde nationale mobile. Ces articles, dont l'effet est rétroactif, ont pour but de concilier les dispositions de la loi actuelle avec les dispositions de la loi de 1868. La garde nationale mobile et la réserve sont remplacées par la nouvelle réserve et par l'armée territoriale.

77. Les hommes des classes antérieures appelées en vertu de la loi du 21 mars 1832 qu'ils aient été ou non compris dans les contingents fournis par lesdites classes, feront partie de l'armée territoriale, et de la réserve de l'armée territoriale, conformément aux dispositions de l'art. 36 de la présente loi, jusqu'à ce qu'ils aient atteint l'âge prescrit par ladite loi pour la libération du service dans l'armée territoriale et dans la réserve de l'armée territoriale.

L'état de recensement des hommes compris dans cette catégorie sera établi conformément aux dispositions de l'art. 15 de la loi du 1er février 1868. Ils pourront être appelés par classe, en commençant par les moins anciennes.

Un conseil de révision par arrondissement, composé ainsi qu'il est dit à l'art. 16 de la loi précitée, prononcera sur les cas d'exemption pour infirmité et défaut de taille qui lui seront soumis.

Art. 30 de la loi du 21 mars 1832. — La durée du service des jeunes soldats appelés sera de *sept ans*, qui compteront du 1er janvier de l'année où ils auront été inscrits sur les registres matricules des corps de l'armée. Le 31 décembre de chaque année, en temps de paix, les soldats qui auront achevé leur temps de service recevront leur congé définitif. Ils le recevront, en temps de guerre, immédiatement après l'arrivée au corps du contingent destiné à les remplacer.

Art. 15 de la loi du 1er février 1868. — Les opérations du recrutement sont revues, les réclamations auxquelles les opérations auraient pu donner lieu seront entendues, et les causes d'exemption et de déduction seront jugées, en séances publiques, par un conseil de révision composé :

Du préfet, président, ou, à son défaut, du secrétaire général ou du conseiller de préfecture délégué par le préfet, d'un conseiller de préfecture, d'un membre du conseil général du département, d'un membre du conseil d'arrondissement, tous trois à la désignation du préfet, d'un officier général ou supérieur désigné par l'Empereur (le président de la République).

Un membre de l'intendance militaire assistera aux opérations du conseil de révision, il sera entendu toutes les fois qu'il le demandera, et pourra faire consigner leurs observations aux registres des délibérations.

Le conseil de révision se transportera dans les divers cantons ; toutefois, suivant les localités, le préfet pourra réunir dans le même lieu plusieurs cantons pour les opérations du conseil. Le sous-préfet ou le fonctionnaire par lequel il aurait été suppléé pour les opérations du tirage, assistera aux séances que le conseil de révision tiendra dans l'étendue de son arrondissement. Il y aura voix consultative.

Art. 16 de la loi du 1er février 1868.— Les jeunes gens qui, d'après leurs numéros, pourront être appelés a faire partie du contingent, seront convoqués, examinés et entendus par le conseil de révision — S'ils ne se rendent point à la convocation, ou s'ils ne se font pas représenter, ou s'ils n'obtiennent pas un délai, il sera procédé comme s'ils étaient présents. — Dans les cas d'exemption pour infirmités, les gens de l'art sont consultés. — Les autres cas d'exemption ou de réduction seront jugés sur la production de documents authentiques, ou a défaut de documents, sur les certificats signés de trois pères de famille domiciliés dans le même canton, dont les fils sont soumis à l'appel ou ont été appelés. Ces certificats devront, en outre, être signes et approuvés par le maire de la commune du réclamant.

78. Les jeunes gens qui, au lieu d'être placés ou maintenus dans la garde nationale mobile, feront partie de la réserve, conformément aux dispositions précédentes, seront soumis à des exercices et revues déterminés par un règlement du ministre de la guerre.

79. L'obligation de savoir lire ou écrire pour contracter un engagement volontaire ou pour être envoyé en disponibilité après une année de service, ne sera imposée qu'à partir du 1er janvier 1875.

80. Toutes les dispositions des lois et décrets antérieures à la présente loi relatif au recrutement de l'armée, sont et demeurent abrogés.

LORRAINS. — Voyez *Alsaciens.*

LOYERS (*Décret du 7-14 septembre* 1870). — L'article 1244 du Code civil. § 2 (1, est applicable pendant la durée de la guerre à toute contestation entre locataires et propriétaires, relatives au paiement des loyers et aux poursuites ou exécutions en toute matière. Les tribunaux peuvent accorder délai et suspendre exécution ou poursuites.

LOYERS (*Loi du 21 avril-9 mai* 1871).

(1) § 2 *de l'article 1244 du code civil.*—Les juges peuvent, en considération de la position du débiteur, accorder des délais modérés pour le payement, et surseoir l'exécution des poursuites, toutes choses demeurant en état.

—Art. 1er. Il sera institué dans chaque quartier de Paris et dans chaque canton du département de la Seine, un ou plusieurs jurys, présidés par le juge de paix ou l'un de ses suppléants, et composés de deux propriétaires et de deux locataires.

2. Les noms des propriétaires et des locataires seront tirés au sort, et ces membres seront désignés pour une session de trois jours au plus. Tout juré non comparant sera passible d'une amende de 500 fr. 3. Les séances seront publiques. 4. Les jurys statueront chacun dans sa circonscription, sans appel, sur toutes les contestations entre propriétaires et locataires, relatives aux loyers, depuis le 1er octobre 1870 jusqu'au 1er avril 1871. 5. Les jurys auront la faculté d'accorder sur le prix de ces trois termes, des réductions proportionnelles, et de faire différer les paiements en les fractionnant, si besoin est, par des billets à ordre. 6. 7. 8. Pour les loyers, dont le prix annuel est de 600 fr. ou moins, l'état paiera un des trois termes, le département de la Seine, un autre, et les propriétaires donneront quittance à leurs locataires pour les trois termes, et maintiendront leurs locataires en jouissance pour le terme d'avril à juillet. Mais à cette échéance, si le locataire ne paie pas, le propriétaire pourra l'expulser sans congé et sur simple ordre du juge de paix. En cas de fausse déclaration, propriétaire et locataire seront poursuivis devant les tribunaux correctionnels et passibles des peines portées aux art. 405 1) et 463 (2) du Code pénal. 9. 10. Les réclamations en vue de bénéfices de la présente loi, doivent être déposées, à la justice de paix, avant le 1er juillet 1871.

LOYERS (*Loi du 6-11 janvier* 1872. — Toute action engagée devant les jurys sera éteinte s'il n'y est pas donné suite, dans le délai d'un mois, à partir du 11 janvier. Les jurys cesseront de se réunir après le 31 mars 1872. A partir de cette époque, les juges de paix remplaceront les jurys.

MACIS. — Voyez *Douanes*. art. 11.

MAGISTRATURE (Roulement de la) (*Décret du 21-23 octobre* 1870). — Art. 1er. Dans les cours d'appel et dans les cours où il existe plusieurs chambres,

(1) *Art. 405 du code pénal.* — Cet article punit quiconque fait usage de fausses déclarations, d'un emprisonnement d'un an à cinq ans et d'une amende de 50 à 3,000 francs.

(2) *Art. 463 du code pénal.* — Voyez l'annotation de l'art. 68 de notre *Loi militaire.*

il sera, dans la semaine qui précédera la rentrée, procédé, par la voie du tirage au sort, à un roulement général entre les présidents et conseillers, ou les vice-présidents et juges pour la composition des diverses chambres. 2. Ne seront pas compris dans le roulement : le premier président de la cour ou le président du tribunal ; le doyen des présidents de chambre à la cour de Paris, le doyen des conseillers dans toutes les cours, le doyen des tribunaux, le doyen des juges dans tous les tribunaux, deux conseillers ou un juge par chambre.

MAGISTRATURE (Roulement de la) (*Arrêté du 12-13 juillet 1871*). — Le roulement se fera comme il se faisait sous le gouvernement impérial.

MAGISTRATURE (Inamovibilité de la). — Voyez *Déchéance* (*Loi du 25 mars-1er avril 1871*).

MAINLEVÉE. — Voyez *Enregistrement* (*Loi du 28 février 1872*).

MAIRES ET ADJOINTS (*Loi du 22-23 juillet 1870*). — Cette loi, abrogée par les nouvelles lois électorales, donnait le choix du maire et des adjoints au préfet ou à l'empereur dans le Conseil municipal. Voyez *Loi électorale. Élections*, etc.

MAISONS DE SIX ÉTAGES A PARIS (Hauteur et distribution des) (*Décret du 18 juin-11 juillet 1872*. — Art. 1er. Façades sur rues ou boulevards, hauteur maxima : 20 mètres pour 20 mètres de largeur et au-dessus ; six étages carrés, rez-de-chaussée et entresol compris ; cour intérieure, de 40 mètres de surface et dont le plus petit côté aura au moins 4 mètres. La cour n'est pas obligatoire pour les terrains prenant façade sur deux rues, et d'une dimension telle qu'on ne peut y élever qu'un seul corps de bâtiment. En dehors de ce cas, si la configuration et la dimension ne permettent pas d'établir la cour, il faut une autorisation de l'administration municipale pour élever une maison haute de 20 mètres. 2. Quelle que soit la hauteur des maisons, la surface de la cour ne peut être inférieure à 4 mètres ; le plus petit côté aura au moins 1 m. 60. Ces petites cours ne peuvent éclairer ni aérer aucune pièce à usage de chambre à coucher, si ce n'est au dernier étage. 3. Le décret du 1er août 1864 est rapporté.

MAISON DE BOURBON. — Voyez *Princes*.

MAISON de M. Thiers (*Loi du 26 mai-13 juin 1871*). — Article unique. La maison de M. Thiers, chef du Pouvoir exécutif de la République française, sera relevée aux frais de l'État.

Loi du 13-16 juin 1871. — Article unique. — Pour l'exécution de la loi du 26 mai dernier, portant reconstruction de la maison de M. Thiers, Chef du Pouvoir exécutif de la République française, une somme de un million cinquante-trois mille francs (1,053.000 fr.) est mise à la disposition personnelle de M. Thiers.

MARINE MARCHANDE (*Loi du 30 janvier-3 février 1872*). — Art. 1er. Les marchandises importées par navires étrangers, autres que celles provenant des colonies françaises, seront passibles de surtaxes de pavillon fixées par cent kilogrammes comme ci-après : Des pays d'Europe et du bassin de la Méditerranée, soixante-quinze centimes ; des pays hors d'Europe, en deçà des caps Horn et de Bonne-Espérance, un franc cinquante centimes ; des pays au delà des caps, deux francs. 2. Toutefois, les surtaxes édictées par l'article précédent ne seront pas applicables au guano. 3. Les marchandises des pays hors d'Europe seront passibles, à leur importation des entrepôts d'Europe, d'une surtaxe de trois francs (3 fr.) par cent kilogrammes. Cette disposition n'est pas applicable aux marchandises que les lois actuellement en vigueur assujettissent à des surcharges plus élevées. 4. Les dispositions des articles 1 et 3 sont applicables aux relations de l'Algérie avec l'étranger. 5. Les droits à l'importation des bâtiments de mer sont fixés comme suit :

Bâtiments gréés et armés. — A voiles, en bois, 40 fr. par tonneau de jauge ; à voiles, en bois et fer, 50 fr. ; à voiles, en fer, 60 fr.

A vapeur, droits ci-dessus augmentés du droit afférent à la machine.

Coques de bâtiments de mer. — En bois, 30 fr. par tonneau de jauge ; en bois et fer, 40 fr. ; en fer, 50 fr.

Ces droits ne seront pas applicables aux navires étrangers dont l'achat antérieur à la promulgation de la présente loi sera justifié par des actes authentiques ou sous seing privé ayant date certaine. 6. Les navires de tout pavillon, venant de l'étranger ou des colonies et possessions françaises, chargés en totalité ou en partie, acquitteront, pour frais de quai, une taxe fixée par tonneau de jauge, savoir :

pour les provenances des pays d'Europe ou du bassin de la Méditerranée, cinquante centimes ; pour les arrivages de tous autres pays, un franc. En cas d'escales successives dans plusieurs ports pour le même voyage, le droit ne sera payé qu'à la douane de prime abord. 7. Les articles 1, 3 et 5 de la loi du 19 mai 1866 sont et demeurent rapportés.

MATIÈRES PREMIÈRES (Impôt sur les) (*Loi du 16 juillet - 19 août 1872.*)

Dès que l'Assemblée avait été appelée à voter les premiers impôts, M. Th ers avait proposé un impôt sur les matières premières ; comme il pouvait s'y attendre, cet impôt devait rencontrer une vive et persistante opposition ; on lui opposa l'impôt sur le revenu, l'impôt sur le chiffre d'affaires ; mais ces derniers furent tour à tour abandonnés, et au bout d'une année, alors que sonnait l'heure de la rançon de nos provinces occupées, en d'autres termes de l'emprunt de trois milliards à contracter, les ressources de notre budget n'étaient pas encore assurées et le gouvernement attendait toujours l'impôt qui lui donnerait les millions indispensables. Ce fut alors que M. le président de la République revint à la tribune pour demander, une dernière fois, le seul impôt suffisamment productif, selon lui, l'impôt sur les matières premières.

La loi fiscale nouvelle renverse le système économique réclamé pendant si longtemps et qui avait triomphé sous l'empire, le système de libre-échange, et, par conséquent, cette loi force à la dénonciation du traité de commerce conclu selon les principes de ce système. Mais une année s'était écoulée à la recherche d'une loi meilleure et l'heure de l'emprunt avait sonné.

L'Assemblée nationale, dans sa séance du 26 juillet 1872, a adopté dans son ensemble l'impôt sur les matières premières.

Art. 1er. Le tarif des douanes à l'importation est modifié ainsi qu'il suit, décimes compris :

	fr.	c.	
Peaux brutes, grandes fraîches	5	»	les 100 k.
— — sèches à l'alun	7	50	
— — — en poil	10	»	
— petites, fraîches	7	50	
— — sèches, autres que de chevreau	10	»	
— — — de chevreau	20	»	

Les peaux de chevreau et d'agneau salées ne payeront que la moitié du droit des peaux sèches de même espèce.

	fr.	c.	
Pelleteries brutes, apprêtées ou en morceaux cousus, lapin, lièvre, blaireau, queues de petit-gris et d'écureuil	5	0/0	de la val.
Autres pelleteries	35	»	
Crins bruts préparés ou frisés	35	»	les 100 k.
Cheveux non ouvrés	10	»	le kilog.
Poils pour la chapellerie (de lièvre, de lapin, etc.)	65	»	les 100 k.
— pour la brosserie (de porc, de sanglier, en masse)	25	»	
Poils de porc et de sanglier en bottes de longueur assorties	50	»	
Plumes de parures, de coq et de vautour	1	50	le kilog.
— autres, blanches	10	»	
— — noires	4	»	
— — de toute autre couleur	1	50	
Plumes à écrire, brutes	20	»	les 100 k.
Plumes à lit non apprêtées	200	»	
Cire brute, brune, jaune ou blanche	100	»	
— résidu de cire	20	»	
— végétale	10		
Graisses animales autres que de poissons, suifs, saindoux et dégras de peaux	20	»	
— autres	50	»	
Paraffine brute	20	»	
— raffinée	30	»	
Œufs de volaille et de gibier	4	»	

	fr.	c	
Viandes salées.	4	»	les 100 k.
Fromages blancs de pâte molle.	15	»	
— autres.	18	»	
Beurre frais ou fondu.	20	»	
— salé.	20	»	
Miel.	10	»	
Produits et dépouilles d'animaux dénommés au tarif et non repris dans la présente loi (à l'exception des laines, des soies, des œufs de ver à soie, de la viande fraîche et des engrais).	»	50	
Poisson d'eau douce frais, de pêche étrangère.	15	»	
Poisson de mer frais, de pêche étrangère.	15	»	
Homards, de pêche étrangère, et langoustes.	15	»	
Naissain ayant moins de 5 cent. de diam. (le mille en nombre).	»	50	
Graisses de poisson, de pêche étrangère.	20	»	
Blanc de baleine et de cachalot, brut, de pêche étrangère.	35	»	
Fanons de baleines bruts, de pêche étrangère.	120	»	
Corail brut, de pêche étrangère	1	»	le kilog.
Produits de pêche étrangère actuellement exempts de droits et non repris dans la présente loi, à l'exception des perles fines.	3	»	les 100 k.
Éponges.	150	»	
Produits bruts propres à la médecine ou à la parfumerie dénommés au tarif et non repris dans la présente loi.	2	»	
Dents d'éléphants.	1	20	le kilog.
Écailles de tortues, carapaces, ongles et caouanes.	2	70	
— rognures.	»	15	
Nacre de perles en coquilles brutes.	10	»	les 100 k.
— sciée ou dépouillée de sa croûte.	50	»	
Haliotides et autres coquillages destinés à l'industrie.	10	»	
Os et sabots de bétail bruts.	»	30	
Cornes de bétail brutes.	5	»	
Seigle, maïs, orge, sarrazin, avoine : grains.	»	25	
— — — farines.	»	50	
Légumes secs et leurs farines.	»	50	
Marrons, châtaignes et leurs farines.	»	50	
Alpiste et millet (grains et farines).	»	50	
Sagou, salep et fécules exotiques.	15	»	
Fruits de table frais.	10	»	
Fruits secs ou tapés : raisins.	20	»	
— pistaches.	160	»	
— figues.	10	»	
— autres.	30	»	
Fruits confits ou conservés sans sucre, miel ou eau-de-vie.	30	»	
Fruits à distiller : anis vert.	20	»	
— autres.	5	»	
Graines oléagineuses : de sésame.	6	«	
— de cameline.	5	»	
— de chanvre.	3	75	
— de colza, d'œillette, de navette et de moutarde.	4	50	
— de coton et de ravison.	2	50	
— de Niger	4	»	
— autres.	3	»	
Fruits oléagineux : arachides en coques.	4	»	
— arachides décortiquées.	5	»	
— olives fraîches.	4	50	
— autres.	3	»	
Huiles de schiste et de pétrole, brutes : des pays hors d'Europe.	32	»	

	fr.	c.	
Huiles de schiste et de pétrole brutes : d'ailleurs.	37	»	les 100 k.
— raffinées ou essences : des pays hors d'Europe.	52	»	
— — d'ailleurs.	57	»	
Graines à ensemencer.	»	25	
Mélasse pour la distillation.	»	23	
Gommes mures : exotiques.	10	»	
— d'Europe.	6	»	
Résines d'Europe et d'Amérique, brutes : poix ou galipot.	1	50	
— épurées, térébentine.	10	»	
— distillées, essence de térében-			
thine.	12	»	
— résidu de distillation, brai sec,			
colophane, résine d'huile.	1	50	
Boghead, bitume d'Ecosse.	8	»	
Résineux exotiques : scammonée.	1	50	le kilog.
— laque naturelle.	20	»	les 100 k.
— copal et dammar.	30	»	
— autres.	25	»	
Baumes : benjoin.	20	»	
— storax et styrax.	10	»	
— de copahu.	20	»	
— autres.	50	»	
Huiles fixes, pures.	20	»	
Camphre : brut.	50	»	
— raffiné.	70	»	
Caoutchouc et gutta-percha : bruts.	40	»	
— lavés.	50	»	
Aloès.	10	»	
Opium.	5	»	le kilog.
Jus de réglisse.	6	»	les 100 k.
Sucs végétaux (autres que les huiles) dénommés au tarif et non repris dans la présente loi.	20	»	
Racines médicinales exotiques : jalap.	25	»	
— ipécacuanha	100	»	
— rhubarbe	25	»	
— salseparcille.	8	»	
— gingembre.	3	»	
Ecorces de quinquina.	10	»	
Feuilles de séné.	10	»	
Fruits médicinaux exotiques : casse, sans apprêt.	5	»	
— tamarins (gousses et pulpes).	5	»	
— badiane.	60	»	
— follicule de séné.	25	»	
Lichens médicinaux.	1	»	
Autres racines, herbes, feuilles, fleurs, graines et fruits médicinaux exotiques.	25	»	
Espèces médicinales d'Europe : racines de réglisse.	»	80	
— autres.	3	»	
Chloroforme.	3	»	le kilog.
Ether.	3	»	
Musc.	8	»	
Manne.	2	»	
Méthylène.	2	»	
Bois à construire :			
De chêne, d'orme et de noyer, bruts ou équarris.	6	50	le stère.
— sciés de toute dimension.	10	»	
Autres : bruts ou équarris.	3	»	

fr. c.

— sciés, ayant d'épaisseur 90 millim. au plus. . . . .   5 »

— sciés, ayant d'épaisseur de 70 millim. inclusivement à 90 millim. exclusivement, et mesurant en largeur 20 cent. au plus.   8 » les 100 m.

— sciés, ayant d'épaisseur de 70 millim. inclusivement à 90 millim. exclusivement, et mesurant en largeur moins de 20 cent.   6 »

— sciés, ayant d'épaisseur de 36 millim. inclusivement à 70 millim. exclusivement, et mesurant en largeur 20 cent. ou plus. . . . .   5 »

— sciés, ayant d'épaisseur de 36 millim. inclusivement à 70 millim. exclusivement, et mesurant en largeur moins de 20 cent. . . . .   4 »

— sciés, ayant d'épaisseur moins de 36 millim. et mesurant en largeur 20 cent. ou plus. 3 50

— sciés, ayant d'épaisseur moins de 36 millim et mesurant en largeur moins de 20 cent. 2 50

— rabotés, rainés ou moulurés : d'orme, de chêne et de noyer, droit des bois sciés selon l'espèce, augmenté de 8 francs.

— rabotés, rainés et moulurés : autres, droit des bois sciés selon l'espèce augmenté de 4 francs.

Ouvrés de toutes sortes : en chêne, orme ou noyer, 15 0/0 de la valeur brute augmentée de 10 francs par stère ou de 1 fr. 50 par 100 kilog.

Ouvrés de toutes sortes : autres bois, 15 0/0 de la valeur brute augmentée de 6 francs par stère ou de 1 fr. 25 par 100 kilog.

Mâts : de 40 cent. de diamètre, 18 francs la pièce ; de 42 cent., 21 fr. ; de 44 cent., 23 fr ; de 46 cent., 31 fr. ; de 48 cent., 38 fr. ; de 59 cent. et au-dessus, 52 fr.

Mâtereaux : de 25 cent. de diamètre, 4 francs la pièce ; de 30 c., 9 fr. ; de 35 cent., 14 fr.

Espars de 25 à 15 cent. . . . .   2 » la pièce.

Pigouilles. . . . .   » 40

Manches de gaffe. 2 20

Manches de fouine et de pinceau à goudron. . . . .   » 02

Bois en éclisse et bois feuillard. . . . .   » 90 le cent.

Perches. . . . .   5 »

Echalas. . . . .   » 10

Merrains de toute espèce. . . . .   8 » le stère.

Liége brut, râpé ou en planches. . . . .   5 » les 100 k.

Osier en bottes, tiges de millet, racines et bruyères à vergettes.   1 »

Bois à brûler : en bûches et rondin. . . . .   » 15 le stère.

      — en fagots. . . . .   » 50

Charbons de bois et de chènevottes. . . . .   » 25 le m. cub.

Bois d'ébénisterie. . . . .   30 »

— de placage. . . . .   » 50 le m. car.

— odorants. . . . .   15 » les 100 k.

— de teinture : en bûches, rouge et jaune. . . . .   2 »

     —   — noir et violet. . . . .   1 »

     — moulus. . . . .   4 »

Joncs et roseaux exotiques bruts. . . . .   7 »

Vannerie en rotin ou autres joncs et roseaux exotiques : régime des rotins filés ou des joncs et roseaux exotiques dégrossis, selon l'espèce.

Rotins filés ou en éclisses, servant au cannage des siéges ou autres. . . . .   70 »

	fr.	c.	
Rotins dégrossis.	28	»	les 100 k.
Joncs et roseaux d'Europe.	»	50	
Fruits, tiges et filaments à ouvrer dénommés au tarif et non repris dans la présente loi (à l'exception du coton, du lin et du chanvre, du jute, de l'abaca et autres textiles).	»	50	
Curcuma en racine ou en poudre.	5	»	
Orcanette.	10	»	
Quercitron	2	»	
Lichens tinctoriaux (orseille).	10	»	
Safran.	10	»	le kilog.
Fleurs de carthame.	60	»	les 100 k.
Noix de galle et avelanèdes.	10	»	
Samac, fustet, racines d'épines-vinettes (écorces, feuilles et brindilles entières ou moulues).	4	»	
Gousse tinctoriales, telles que bablah, dividivi, etc.	3	»	
Autres feuilles, racines, tiges, graines et fruit tinctoriaux ; nerprun de Perse et autres provenances d'Europe et hors d'Europe (autres que la garance).	3	»	
Betteraves.	»	05	
Légumes verts.	»	25	
Fourrages, son et jarosse.	»	25	
Houblon.	60	»	
Bière.	7	»	l'hectol.
Amurca et grignon.	1	50	les 100 k.
Tourteaux de graines de lin.	»	50	
— autres.	»	25	
Mottes à brûler et tourbe crue ou carbonisée.	»	02	
Produits et déchets végétaux (autres que les légumes confits, les racines de chicorée et les drilles) dénommés au tarif officiel, pages 150 et 151 et non repris dans la présente loi.	1	»	
Marbres blancs, statuaires, bruts, équarris ou sciés.	»	50	
— autres, bruts ou équarris.	1	»	
— — sciés, ayant d'épaisseur 16 cent. ou plus.	1	50	
— — — — moins de 16 cent.	2	»	
— — sculptés, moulés ou polis.	10	»	
Albâtre brut.	2	50	
— scié.	4	50	
— sculpté, moulé ou poli.	15	»	
Écossines brutes, taillées ou sciées.	»	10	
— sculptées ou polies.	1	»	
Agates brutes	1	20	
— ouvrées.	20	0/0	de la val.
Cristal de roche, brut.	»	50	le kilog.
— ouvré, non monté.	»	»	
— monté, régime de la bijouterie.			
Pierres ouvrées, taillés ou sciées.	1	50	les 100 k.
— sculptées ou polies.	8	»	
Meule à moudre.	3	50	la pièce.
— à aiguiser.	»	10	
Chiques en marbre.	50	»	les 100 k.
— en pierre.	12	»	
Pierres à aiguiser, brutes.	1	»	
— taillées.	3	»	
Pierres et terres servant aux arts et métiers actuellement exemptes de droit et non reprises dans la présente loi.	»	05	
Ardoises pour construction, brutes chiste, ardoisier.	»	10	

	fr.	c.	
Ardoises pour toitures.	1	60	les 100 k.
— nues ou encadrées, spécialement desti: ées au dessin. .	»	»	
Ardoises en carreaux ou en tables.	2	»	
Briques et tuiles ordinaires	»	10	
Tuiles rondes, faîtières et carreaux.	»	20	
Matériaux actuellement exempts de droit et non repris dans la présen e loi.	»	05	
Graphite ou plombagine.	»	75	
Jais.	»	50	le kilog.
Succin.	»	50	
Bitumes solides, mêlés de terre.	»	40	les 100 k.
— — autres.	1	20	
— fluides, droit du pétrole brut.			
Minerai d'or, droit du métal brut.			
Minerai d'argent, droit du métal brut			
Cendre d'orfévre, droit de l'argent brut.			
Cuivre pur ou allié de première fusion en masses brutes, saumons, barres, plaques, limailles ou objets détruits.	7	50	les 100 k.
Plomb en masses brutes, saumons, barres, plaques, limailles ou objets détruits.	2	»	
— allié d'antimoine, en masse	3	75	
Etain en masses brutes, saumons, barres, plaques, limaille ou objets détruits.	15	»	
Etain allié d'antimoine, en masses.	12	50	
Bismuth.	30	»	
Zinc en masses brutes, saumons, barres, plaques, limaille ou objets détruits.	2	50	
Cadmiun brut.	15	»	
Nickel, minerai grillé (speiss).	5	»	
— pur ou allié en masses brutes. . . . . : . .	50	»	
Antimoine sulfuré fondu.	»	50	
— métallique.	7	50	
Cobalt vitrifié en masse, smalt.	10	»	
— en poudre, d'azur.	5	»	
Arsenic métaillique.	8	»	
Mercure natif.	25	»	
Vermillon.	12	50	
Potasse.	1	50	
Bichromate de potasse.	25	»	
Brôme.	25	»	
Iode.	60	»	
Jus de citron.	1	»	
Citrate de chaux.	1	»	
Acides: citrique cristallisé.	12	»	
— gallique.	1	50	le kilog.
— tannique ou tannin préparé à l'alcool ou à l'éther. . . .	7	»	
— nitrique.	1	.	les 100 k
— arsénieux.	3	60	
— benzoïque.	80	»	
Acide borique.	6	»	
Oxydes : de plomb, litharge en paille et poudre.	4	»	
— litharge en masse.	2	»	
— de zinc.	3	50	
— d'étain.	15	»	
— d'urane.	80	»	
— de cuivre.	12	50	
Safre et autres composés de cobalt.	7	»	

fr.   c.

Nitrates : de potasse. . . . .   1 50 les 100 k.
    —   de soude. . . . .   1 »
Chlorure de potassium. . . . .   » 50
Sulfates : de potasse. 1 20
    —   de baryte. . . . .   » 20
    —   de magnésie. . . . .   » 50
Borax brut et tinkal. 2 50
Borate de chaux. . . . .   2 »
Carbonates : de magnésie.   2 »
    —   de baryte. . . . .   » 20
    —   de potasse. . . , ...   1 50

Le régime de l'importation temporaire, tel qu'il est réglé par la
loi du 5 juillet 1836, sera appliqué aux plombs destinés à la
fabrication des oxydes et des carbonates.

Carbonates de plomb. 3 75
Céruses broyées. 5 75
Sucre de lait. . . . .   15 »
Sulfate d'arsenic. 5 75
Iodure de potassium. . . . .   50 »
Produits chimiques et couleurs dérivés de l'essence de houille.   3 » le kilog.
Cochenille. . . . .   80 » les 100 k.
Laque en teinture ou en trochisques. . . . .   35 »
Kermès animal.   70
Indigo. . . . .   100 »
Indigue, inde-plate et boule de bleu, régime de l'indigo.
Pâte de pastel : grossière.   2 50 les 100 k.
    —   autre, dite indigo-pastel, régime de l'indigo.
Cachou en masse. . . . .   5 »
Rocou préparé. . . . .   15 »
Orseille préparée. . . . .   20 »
Maurelle. . . . .   10 »
Extraits de bois de teinture : noirs et violets. . . . .   20 »
    —   rouges et jaunes. . . . .   30 »
Sucs tannins extraits de végétaux : de la noix de galle et des
                         avenalèdes. . . . .   30 »
    —   du châtaignier. 3 50
Bleu de Prusse. . . . .   25 »
Prussiate de potasse cristallisé : jaune. . . . .   20 »
    —   rouge. . . . .   30 »
Outremer. . . . .   15 »
Carmin : fin. . . . .   4 » le kilog.
    —   commun. . . . .   » 50
Encre : à dessiner en tablettes. . . . .   100 » les 100 k.
    —   liquide, à écrire ou à imprimer. . . . .   20 »
Vernis : à l'esprit-de-vin, 10 0/0 de la valeur, plus la taxe de
         consommation afférente à l'alcool
    —   autres. . . . .   10 0/0 de la valeur
Cirage. . . . .   4 » les 100 k.
Noir animal d'os, sous toutes formes. . . . .   » 50
   — d'imprimeur en taille-douce. . . . .   7 »
   — d'espagne et de fumée. . . . .   1 »
   — minéral naturel. . . . .   » 50
Crayons : simples en pierre. . . . .   20 »
    —   composés : à gaîne de bois blanc. . . . .   45 »
    —   —   à gaîne de cèdre. . . . .   150 »
Couleurs non dénommées dans la présente loi. . . . .   18 0/0 de la valeur
Parfumeries, non compris les savons : eaux de senteur alcoliques   20 » les 100 k.

fr. c.

indépendamment de la taxe de consommation afférente à l'alcool.

	fr.	c.	
Parfumeries, eaux de senteur sans alcool.	40	»	les 100 k.
— pommades.	120	»	
— autres.	60	»	
Epices préparées : moutarde.	20	»	
— autres.	80	»	
Amidon : de riz.	4	»	
— de froment.	2	»	
Albumine.	12	»	
Colle forte.	6	»	
Colle de poisson.	150	»	
Cire à cacheter.	60	»	
Extraits de viande.	30	»	
Gélatine.	6	»	
Pain d'épice.	20	»	
Capsules de poudre fulminante de chasse.	20 0/0 de la valeur		
Cartouches de chasse vides ou enveloppes de cartouches amorcées ou non.	20 0/0		
Mèches de mineurs	20 0/0		
Artifices pour divertissements.	20 0/0		
Carrosserie.	20 0/0		
Bimbeloterie.	20 0/0		
Tabletterie.	20 0/0		
Mercerie.	20 0/0		
Boutons autres que de passementeries : communs.	1	»	le kilog.
— fins.	2	»	
Cheveux ouvrés.	15	»	
Modes (ouvrages de).	20 0/0 de la valeur		
Fleurs artificielles.	20 0/0		
Parapluies ou parasols.	20 0/0		
Articles d'emballage, droit de la matière dont ils sont formés.			
Instrument de musique et pièces détachées.	20 0/0		
Tuyaux et conduits en papier et bitume.	3	»	les 100 k.
Pelleteries ouvrées.	20 0/0 de la valeur		
Corail taillé non monté.	2	»	le kilog.
Chapeau de paille.	2 0/0 de la valeur		
Chapeaux d'écorce, de sparte et de fibres de palmier.	2 0/0		
Tresses de bois blanc, d'écorce, de paille ou de sparte.	2 0/0		
Jus d'orange, régime des vins de liqueur.			
Eaux minérales.	»	15	le litre.
Groisil ou verre cassé.	»	40	les 100 k.
Soies en cocons frais ou secs.	»	25	le kilog.
— écrues, gréges.	1	25	
— — doupions.	»	50	
— — — ouvrés.	1	»	
— moulinées.	2	50	
— bourre de soie en masse et déchets.	»	15	
— bourre peignée.	»	50	
Fleurets.	2	»	
Coton en laine, égrené, des Indes orientales, de la Chine, du bassin de la Méditerranée (le jummel excepté).	7	50	les 100 k.
— — d'Amérique et jummel.	10	»	
— non égrené (y compris le droit des graines).	4	»	
Lin et chanvre, en tiges brutes, vertes, sèches ou rouies.	»	50	
— étoupes.	2	»	
— chanvres.	2	50	

                                                                      fr. c.

Lin et chanvre, lins. . . . .   3 » les 100 k.
— filasses. . . . .   4 »
Jute, en brins ou teillé. . . . .   4 »
— peignée. . . . .   1 »
L'abaca, le phormium tenax et les autres végétaux filamenteux   1 15
non dénommés suivront le régime du chanvre.

Laines en masse : en suint, 1re catégorie. . . . .   7 »
— — 2e catégorie. . . . .   5 »
— — 3e catégorie. . . . .   3 »
— lavées à froid, 1re catégorie. . . . . 14 »
— — 2e catégorie. . . . . 10 »
— — 3e catégorie. . . . .   6 »
— lavées à chaud, 1re catégorie. . . . . 17 »
— — 2e catégorie. . . . . 12 »
— — 3e catégorie. . . . .   7 »

L'admission temporaire est accordée aux laines qui n'entrent
en France à l'état brut que pour y être peignées ou lavées.

La quotité du déchet résultant du peignage ou du lavage à
constater à la sortie sera ultérieurement déterminée par le gouvernement, après avis conforme du comité consultatif des arts et
manufactures.

Le nerf des laines de peau payera le même tarif que la laine:
Déchets de laine : autres que la bourre lanisse et tontisse. . . . 10 » les 100 k.
— bourre lanisse et tontisse. . . . .   3 »
Chiffons de laine et lisière de drap. . . . .   5 »

Les poils de chèvre et de chevreau suivront le régime des
laines.

Poils de vache et autres poils grossiers. . . . .   1 »

2. Les droits perçus sur les matières premières brutes seront remboursés, à l'exportation des produits fabriqués, suivant les bases indiquées ci-après, soit au
moyen du drawback, soit par application du régime de l'admission temporaire tel
qu'il est établi par l'art. 5 de la loi du 5 juillet 1836.

Fils de coton simples : no 40 et au-dessous, écrus. . . . . 12 70 les 100 k.
— — blanchis. 15 25
— — teints. 14 85
— du no 40 exclusivement au no 80 inclusivement, écrus. . . . 13 50
— — — blanchis.. . 16 20
— — — teints. . . . 15 80
— au-dessus du no 80, écrus. 14 05
— — blanchis. 16 90
— — teints. 16 35
— de coton retors : no 40 et au-dessous, écrus. 14 05
— — — blanchis.. . . . . 16 90
— — — teints. 16 35
— du no 40 exclusivement au no 80 inclusivement, écrus. . . . 14 85
— — — blanchis. . 17 85
— — — teints. . . 17 30
— au-dessus du no 80, écrus. 15 40
— — blanchis. 18 50
— — teints. 17 90

Tissus de coton en fils simples écrus : velours, piqués, basins,
façonnés, damassés et brillantés. 13 90
Tissus de coton en fils simples écrus : tous autres pesant par
100 mètres carrés 7 kilog. et plus. 13 90
— de coton en fils simples écrus : tous autres pesant par
100 mètres carrés 3 kilog. à 7 kilog. 14 60
— de coton en fils simples écrus : tous autres pesant par

fr. c.

100 mètres carrés au-dessous de 3 kilog. . . . .   15 10 les 100 k.

Tissus de coton en fils simples blanchis, sans apprêt, pesant par 100 mètres carrés 7 kilog. et plus. 16 70

— de coton en fils simples blanchis : sans apprêt, pesant par 100 mètres carrés 3 kilog. à 7 kilog. 17 50

— de coton en fils simples blanchis : sans apprêt pesant par 100 mètres carrés au-dessous de 3 kilog. . . . . . , , .   18 40

— de coton en fils simples blanchis : apprêtés à un degré quelconque, pesant par 100 mètres carrés 7 kilog. et plus. . . . . , ...   15 90

— de coton en fils simples blanchis : apprêtés à un degré quelconque, pesant par 100 mètres carrés 3 kilog à 7 kilog. 16 60

— de coton en fils simples blanchis : apprêtés à un degré quelconque, pesant par 100 mètres carrés au-dessous de 3 kilog. 17 10

— de coton en fils simples imprimés ou teints : en rouge d'Andrinople, pesant par 100 mètres carrés 7 kilog. et plus. 20 75

— de coton en fils simples imprimés ou teints : en rouge d'Andrinople, pesant 100 mètres carrés 3 kilog. à 7 kilog. 21 60

— de coton en fils simples imprimés ou teints en rouge d'Andrinople, pesant par 100 mètres carrés au-dessous de 3 kilog. 22 20

— de coton en fils simples imprimés ou teints en toute autre couleur : moleskine pesant 25 kilog. ou moins aux 100 mètres carrés. 17 95

— de coton en fils simples imprimés ou teints en toute autre couleur : tous autres tissus imprimés ou teints, pesant par 100 mètres carrés 7 kilog. et plus. 19 35

— de coton en fils simples imprimés ou teints en toute autre couleur : tous autres tissus imprimés ou teints, pesant 100 mètres carrés 3 kilog. à 7 kilog. 20 15

— de coton en fils simples imprimés ou teints : en toute autre couleur : tous autres tissus imprimés ou teints, pesant par 100 mètres carrés au-dessous de 3 kilog. 20 70

— de coton en fils retors : en chaîne ou en trame seulement, droit du tissu selon l'espèce augmenté de 0 fr. 54 c. par 100 kilog.

— de coton en fils retors : à la fois en chaîne et en trame, droit du tissu selon l'espèce augmenté de 1 fr. 08 c. par 100 kilog.

Filets de pêche en coton, régime des fils dont ils sont formés.

Fils et tissus de coton mélangé, le coton dominant dans le mélange : pour moins de 75 0/0, moitié de drawback applicable aux fils et tissus de coton pur, selon l'espèce.

tissus de coton mélangé, le coton dominant dans le mélange : pour 75 0/0 ou plus, trois quarts du drawback applicable aux fils en tissus de coton pur, selon l'espèce.

Coton cardé dit ouate. 12 15

Débourrages valant au moins les deux tiers du prix du coton brut.   5 »

Seront exclus du drawback :

1° Les déchets du coton valant moins des deux tiers du prix du coton brut :

fr. c.

2° Les fils de coton valant moins de 1 fr. 50 c. le kilog.;
3° Les tissus de coton valant moins de 2 fr. 50 c. le kilog.

	fr.	c.	
Fils et ouvrage en poils de vache et d'autres poils grossiers. . .	2	»	les 100 k.
Savons contenant en huiles végétales ou graisses plus 60 0/0. . .	11	»	
— — plus de 50 0/0 et moins de 60 0/0. . .	10	»	
— — plus de 40 0/0 et moins de 50 0/0. . .	7	»	
— — plus de 30 0/0 et moins de 40 0/0. . .	5	»	

L'administration temporaire continuera d'avoir lieu aux conditions déterminées par la loi du 5 juillet 1836 pour les graines et fruits oléagineux.

Les graines et fruits oléagineux importés sous le régime de l'admission temporaire ne pourront donner lieu qu'à des exportations par les bureaux de la direction où l'importation aura été effectuée.

	fr.	c.
Chandelles. . . . . , ...	22	»
Acide stéarique brut, en bougie ou autrement ouvré.	35	»
Acide oléique..	10	»
Cire ouvré.	100	»
Métaux battus, lamenés ou ouvrés : cuivre pur ou allié.	7	75
— — pièces de bronze.	10	»
— — laiton.	7	»
Extrait de bois de teinture : rouges, jaunes et de graines de Perse.	20	»
— — noirs et violets.	14	»
Bichromate de potasse.	5	»
Rotins filés..	28	»
— dégrossis pour parapluie ou vannerie.	14	»
Aniline..	1	50

Le régime de l'admission temporaire, tel qu'il est réglé par la loi du 5 juillet 1836, sera appliqué à l'essence de houille destinée à la fabrication de l'aniline.

	fr.	c.
Cheveux ouvrés.	12	50
Eponges nettoyées.	150	»

Les cuirs et les peaux exotiques frappés, à l'entrée, de la marque de la douane, jouiront de l'admission temporaire s'ils sont représentés à la sortie sans avoir été ni dénaturés ni découpés.

L'admission temporaire sera autorisée pour les pelleteries brutes de tout genre, dans les conditions déterminées par l'administration des douanes.

3. Il sera perçu à l'importation des produits fabriqués, à titre de compensation de taxes établies sur les matières brutes les droits supplémentaires ci-après:

Fils et tissus de coton pur, droits supplémentaires égaux aux drawbacks déterminés par l'art. 2 ci-dessus.

Filets de pêche en coton, mêmes droits.

Coton cardé dit *ouate*, mêmes droits.

	fr.	c.	
Fils de lin et de chanvre simple, écrus.	3	95	les 100 k.
— — crémés, lessivés ou teints. . .	4	55	
— — entièrement blanchis.	5	15	
— — retors, écrus.	4	10	
— — lessivés ou teints.	4	75	
Filets de lin et de chanvre retors entièrement blanchis.	3	45	
Fils de jute de toute sorte.	1	40	
Tissus de lin et de chanvre, écrus.	4	15	
— lessivés ou teints.	5	»	
— entièrement blanchis ou imprimés. .	5	70	
Tissus de jute de toute sorte.	1	50	
Filets de pêche.	4	»	
Ficelles et Ficelleries.	3	»	

fr.   c.

Fils de carret, corde et cordages non goudronnés. . . . .   3 » les 100 k.
—   —   goudronnés. 2 50
Fils et tissus d'abaca, de phormium tenax, d'aloès et autres
  végétaux filamenteux non dénommés, régime des fils et tissus
  de lin et de chanvre.
Tissus de soie, et de bourre de soie et soies teintes à coudre et
  autres. . . . .   2 » le kilog.
Les rubans de soie, de velours et autres, acquitteront en sus des
  droits actuels.   2 »
    L'admission temporaire est autorisée à l'équivalent pour les
soies et les déchets de soies, à réexporter après moulinage et
peignage.
    Les soies seront admises en entrepôt fictif ou réel dans les ma-
gasins généraux ou particuliers désignés par l'administration des
douanes.
Laine dégraissée et blousses (déchets de peignage). . . . .   2 0/0 de la val.
Fils et tissus de laine.   »   »
Fils de poils de chèvre, de chevreau et de chameau, même régime
  que les fils de laine.
Tissus de poil de chèvre, de chevreau et de chameau; châles ou
          écharpes de cachemires des Indes, régime
          actuel.
      —   autres, régime des tissus de laine.
Fils mélangés de toute sorte, régime des fils entièrement formés
  de la matière dominante en poids dans le mélange.
Tissus mélangés de toute sorte, la matière dominant en poids entrant dans le mélange pour 75 0/0 ou plus, régime du tissu
  entièrement formé de la matière dominante en poids dans le
  mélange.
Tissus mélangés de toute sorte, dominant en poids entrant dans
  le mélange pour moins de 75 0/0 et plus de 50 0/0, les 3/5 du
  droit supplémentaire applicable au tissu formé de la matière
  dominante en poids dans le mélange et les 2/5 du droit supplémentaire applicable au tissu formé de l'autre matière.

Fils et tissus en poils de vache et autres poils grossiers. . . . .   2 » les 100 k.
Savons de toute sorte. . . . . 11 »
Chandelles. . . . . 22 »
Acide stéarique brut, en bougies ou autrement ouvré. . . . . . . 35 »
Acide oléique. . . . . 15 »
Cire ouvrée. . . . . 100 »
Ouvrages en caoutchouc. . . . . 50 »
Cuivre battu, laminé ou ouvré; bronze. . . . . 10 »
      —   cuivre pur. 7 75
      —   cuivre allié de zinc. . . . .   7 »
Autres métaux battus, laminés ou ouvrés: plomb. 2 20
      —   plomb allié d'antimoine. .   4 10
      —   étain. 16 50
      —   étain allié d'antimoine. . . 13 75
      —   zinc. 2 75
      —   nickel pur ou allié. . . . . 55 »
Peaux préparées: tannées, corroyées, hongroyées. . . . .   9 »
      —   de veau cirées. . . . . 13 »
      —   vernies, mégissées, teintes, maroquinées. . . 26 »
Ouvrages en peaux: gants. . . . . 130 »
      —   autres, régime des peaux préparées dont ils
          sont formés

	fr.	c.
Navires et embarcations : doublés et chevillés en cuivre.	7	» par tonn. de jauge.
— doublés en zinc.	5	»
— non doublés. :	4	»
Navires et embarcation : navires en fer (par tonneau de jauge). .	5	»
Plumes : à écrire apprêtées.	10	0/0 de la val.
Navires et embarcations : doublés et chevillés en cuivre.	7	» par tonn. de jauge.
— doublés en zinc.	3	»
— non doublés.	4	»
— navires en fer.	5	»
Plumes : à écrire apprêtées.	10	0/0 de la valeur
— à lit apprêtées ou en objets de literie.	20	0/0
Feutres.	5	0/0
Ouvrages en crin.	10	0/0
Liége ouvré.	7	50 les 100 k.
Fanons de baleine coupés ou apprêtés.	10	0/0 de la valeur
Cornes de bétail préparées.	6	0/0
Ouvrages en cornes.	21	0/0
Cendres bleues ou vertes.	4	50 les 100 k.
Acétate de cuivre.	3	»
Sulfate de cuivre.	2	50
Sels d'étain.	5	»
Sulfate de zinc.	»	75
Chromates et sous-chromates de plomb.	1	50

4. Les vieux papiers seront assimilés aux drilles et chiffons, et assujettis, ainsi que ces derniers, à un droit de sortie de six francs par cent kilogrammes.

Ne seront admis au drawback ou à la décharge des soumissions d'admission temporaire, que les quantités de marchandises donnant ouverture à une allocation ou à une décharge de cinquante francs au moins par expéditeur, et pour des produits fabriqués avec des matières premières ayant acquitté les droits du présent tarif.

Toute déclaration inexacte, quant à la nature, au poids, à l'espèce ou à la catégorie des marchandises présentées pour l'allocation du drawback ou à la décharge des comptes d'admission temporaire, rendra le contrevenant passible d'une amende égale au quadruple de la somme dont le Trésor pouvait être frustré. Le drawback ou la décharge sera, en outre, refusé pour toute la partie. En cas de récidive, l'amende sera doublée.

5. Des décrets pourront autoriser l'admission en entrepôt fictif des marchandises actuellement exemptes de taxes, qui se trouveront tarifées en vertu de la présente loi.

6. Les chocolats et cacaos broyés, de provenance étrangère, importés en Algérie, payeront les droits du tarif métropolitain.

Les chocolats et cacaos broyés, importés d'Algérie en France, seront soumis aux droits d'importation ci-après :

Chocolats.	89 25 les 100 kilog.
Cacaos broyés.	116 66 —

7. Des arrêtés de M. le Président de la République détermineront, pour chacune des marchandises dénommées en la présente loi, les dates d'application.

Aucun droit ne pourra être perçu sur les matières premières utiles à l'industrie, avant que les droits compensateurs équivalents aient été mis en vigueur sur les produits étrangers fabriqués avec des matières similaires.

Les arrêtés de M. le Président de la République désigneront, en même temps, les marchandises à l'égard desquelles il pourra être procédé à des recensements ou inventaires, à l'effet de les soumettre aux nouveaux droits.

8. Seront passibles d'une surtaxe d'un franc par cent kilogrammes, lorsqu'elles ne seront pas importées en droiture des lieux de provenance, les marchandises désignées ci-après :

Métaux de toute sorte, autre que l'or et l'argent, — grains et farines, à l'exception du riz, dont la surtaxe actuelle est maintenue, — légumes secs, — lins et chanvres, — bois communs.

9. Sont remises en vigueur les dispositions de l'article 12 de la loi du 9 février 1832, relatives à la présentation aux bureaux de deuxième ligne des marchandises expédiées en transit, et au visa par les employés des acquits-à-caution délivrés pour ces marchandises.

L'article 15 de la loi du 16 mai 1863 est rapporté.

Le visa aux bureaux de deuxième ligne sera également obligatoire pour les passavants donnant lieu à des admissions temporaires.

MATIÈRES D'OR ET D'ARGENT. (*Voy.* Or et argent.)

MÉDAILLE MILITAIRE modifiée. (*Décret du* 8-9 novembre 1870.) La médaille militaire sera en argent et d'un diamètre de 28 millimètres. Elle portera, d'un côté, la tête de la République avec cet exergue : *République française*, 1870 ; et de l'autre, au centre du médaillon : *Valeur et Discipline.* — L'aigle qui surmonte la médaille sera supprimé et remplacé par un trophée d'armes.

MÉDAILLE MILITAIRE accordée aux officiers de la garde nationale. (*Décret du* 29-30 *janvier* 1871.) Les officiers de tous grades appartenant à la garde nationale, et qui ne sont pas membres de la Légion d'honneur, pourront recevoir, pour fait de guerre, la médaille militaire.

MÉLASSE. — Voyez *Douanes.*

MÈRES DE MILITAIRES. (*Voy.* Familles de militaires.)

MEURTHE-ET-MOSELLE. (Formation de ce département.) — (*Loi du* 7-12 *septembre* 1871.) Le département de la Meurthe auquel on rattachera provisoirement les territoires du département de la Moselle restés à la France (arrondissement de Briey) portera provisoirement le nom de *Meurthe-et-Moselle.*

MILITAIRES ET FONCTIONNAIRES qui ont perdu leur grade ou leur rang par suite des événements de décembre 1851. (*Décret du* 12-14 *septembre* 1870.) Ils sont réintégrés dans leurs droits et titres ; ils recouvreront, sur leur demande, les emplois que comportent leur situation et leurs services, au fur et à mesure des vacances. (*Décret du* 14-19 *novembre* 1870.) Les militaires qui ont perdu leurs grades par suite du coup d'État de 1851, pourront être réintégrés dans l'armée avec le grade immédiatement supérieur à celui dont ils étaient pourvus au moment de leur radiation des cadres. Le temps passé par eux hors de l'armée leur sera compté comme service effectif. L'ancienneté dans le grade supérieur dont ces officiers seront pourvus datera du 2 décembre 1851.

MILITAIRES (veuves, enfants, mères, pères, de) — (*Voy.* Familles de militaires.)

MILITAIRE (loi de 1872). — *Voy.* Loi militaire.

MINISTÈRE DE LA MAISON DE L'EMPEREUR. (*Décret du* 6 *septembre* 1870.) Art. 1er. Ce ministère est supprimé. 2. Tous les biens de la liste civile feront retour au domaine. 3. Les biens du domaine privé seront administrés sous séquestre. 4. Une commission sera nommée pour liquider les biens ci-dessus.

MINISTÈRE DE L'INTÉRIEUR (organisation de l'administration centrale) — *Décret du* 18 *novembre* 1871.) Ce ministère comprend : le cabinet du ministre ; la direction du secrétariat et de la comptabilité ; la direction de l'administration départementale et communale ; la direction des prisons et des établissements pénitentiaires ; la direction de la sûreté générale et la direction des affaires civiles en Algérie.

MINISTRES. (*Voy.* Présidence de la République, *voy.* Pouvoir exécutif.)

MINISTRES. (traitement des) — (*Loi du* 16 *septembre-2 octobre* 1871.) Le traitement des ministres est fixé à la somme de 160,000 francs sans retenue. Ils ne seront plus logés par l'État, qui n'entretiendra plus ni hôtels, ni mobilier, ni domestiques, et ne pourvoira plus à leur chauffage ni à leur éclairage particulier.

MOBILISÉS. (*Voy.* Garde nationale.) (*Décret du* 7-18 *novembre* 1870.) Les mobilisés formeront quatre bans : 1o Le premier se composera des hommes valides de 21 à 40 ans non mariés, ni veufs avec enfants ; 2o le deuxième comprendra les hommes de 21 à 30 ans, mariés ou veufs avec enfants ; 3o le troisième, les hommes non mariés ni veufs avec enfants ; 4o les hommes mariés ou veufs avec enfants, de 35 à 40 ans.

MONNAIES ÉTRANGÈRES et MON-

NAIES FRANÇAISES (*Décret du 31 décembre* 1870-24 *janvier* 1871). La valeur des monnaies étrangères en monnaies françaises pour la perception, pendant l'année 1871, du droit de timbre, est fixée comme il suit :

Autriche, le florin, 2 fr. 05 c; dette extérieure payable en livres sterling, 25 fr. 50 c.

Espagne, dette intérieure (la piastre), 5 fr.; dette extérieure (la piastre), 5 fr. 40 c.

Etats-Unis, le dollar, 5 fr. 10 c.

Hollande, le florin, 2 fr. 10 c. 1/2.

Mexique, dette extérieure trois pour cent (la livre sterling) 25 fr. 20 c.; emprunt de 1864 six pour cent (la livre sterling), 25 fr. 20 c.

Portugal, la livre sterling, 25 fr. 25.

Russie, dette extérieure (la livre sterling), 25 fr. 20 c.

Turquie, dette intérieure (les cent piastres turques), 22 fr. 50 c.; dette extérieure (la livre sterling), 25 fr.; dette générale cinq pour cent (les onze mdjidiés) 25 fr.

Décret du 31 décembre 1871-13 *février* 1872. — Valeur pour la perception pendant l'année 1872 :

Autriche, le florin, 2 fr. 10 c.: dette extérieure, payable en livres sterling, 25 fr. 50 c.

Espagne, dette intérieure (la piastre), 5 fr. 20 c.; dette extérieure (la piastre), 5 fr. 40 c.

Etats-Romains, la livre, 1 fr.

Etats-Unis, le dollar, 5 fr. 20 c.

Hollande, le florin, 2 fr. 15.

Mexique; dette extérieure trois pour cent (la livre sterling), 25 fr. 20 c.; emprunt 1864, 25 fr. 20 c.

Portugal, la livre sterling, 25 fr. 25 c.

Russie, dette extérieure (la livre sterling), 25 fr. 20 c.

Turquie, dette intérieure (les cent piastres turques), 22 fr. 50 c.; dette extérieure (la livre sterling), 25 fr.

MUSCADES.—Voyez *Douanes*, art. 10.

MUTATIONS. — Voyez *Enregistrement* (*Loi du* 23 *août* 1871, art. 11).

NATURALISATION (*Décret du* 12-6 *septembre* 1870). Sans que les anciennes lois soient abrogées, le ministre de la justice est provisoirement autorisé à statuer, sans prendre l'avis du conseil d'État, sur les demandes de naturalisation formés par les étrangers qui ont obtenu l'autorisation d'établir leur domicile en France. — *Décret du* 26-31 *octobre* 1870. 1. Les étrangers qui auront pris part à la guerre actuelle pour la défense de la France, pourront être naturalisés aussitôt après leur admission à domicile, sauf l'enquête prescrite par la loi. 2. Les demandes d'admission ou de naturalisation seront dispensées de tous frais. 3. Les dispositions qui précèdent ne seront applicables qu'aux demandes formées avant l'expiration des deux mois qui suivront la cessation de la guerre.

NATURALISATION EN ALGÉRIE. — Voyez *Algérie*.

NAVIGATION DE LA MER NOIRE ET DU DANUBE. *Traité* signé à Londres, le 13 mars 1871; ratifié à Londres, le 15 mai 1871. Ce traité révise la stipulation du *Traité de Paris* (30 mars 1856). — 1-2. Le principe de la clôture du détroit des Dardanelles et du Bosphore est maintenu. 3. La mer Noire reste ouverte à la marine marchande de tous les pays. 4-5. La commission établie par le traité de Paris pour faire exécuter les travaux à l'embouchure du Danube, sera maintenue jusqu'au 24 avril 1883. 6. Les puissances riveraines feront disparaître les cataractes et obstacles qui gênent la navigation sur le Danube, et percevront une taxe sur les navires de commerce, pour s'indemniser de leurs frais. 7. La Turquie peut faire entrer en tout temps des bâtiments de guerre sur le Danube.

NOTAIRES autorisés à se faire suppléer. — Voyez *Officiers ministériels*.

OBLIGATIONS DU CRÉDIT FONCIER. — Voyez *Transmission*.

OFFICIERS MINISTÉRIELS appelés sous les drapeaux *Loi du* 14-15 *août* 1870). — Les notaires, huissiers, etc., s'ils sont appelés sous les drapeaux, pourront se faire suppléer pendant la durée de la guerre; le suppléant devra être agréé par le procureur impérial. Les titulaires resteront responsables des actes de leurs suppléants.

(*Décret du* 25 *octobre*-12 *novembre* 1870). — Sans qu'il soit porté aucune dérogation à la loi du 14 août 1870, le *notaire* appelé au service militaire peut désigner comme suppléant dans la gestion de son office, soit un avocat autorisé par le conseil de l'ordre, soit un avoué, soit un huissier en exercice, soit un notaire en exercice.

Décret du 4-6 *septembre* 1870. — 1. Les greffiers sont autorisés à suppléer les officiers ministériels appelés sous les drapeaux. 2. Les suppléants des officiers ministériels pourront prêter serment devant le juge de paix de leur résidence.

Loi du 2-11 *mai* 1871.—1. Les officiers ministériels qui se sont fait suppléer sont tenus de reprendre leurs fonctions dans les dix jours qui suivront la publication au *Journal officiel* du traité de paix définitif.

2. Toutefois, ceux qui seraient prisonniers, blessés ou malades, peuvent être autorisés par le procureur de la République de leur arrondissement, les présidents des chambres de discipline entendus, à se faire suppléer pour un temps qui n'excédera pas six mois. Pareille faculté est accordée aux héritiers ou représentants du titulaire suppléé, décédé pendant ou depuis la guerre.

Loi du 28 *février*-9 *mars* 1872. 1. Si les officiers publics ou ministériels dont il est question à l'article 2 de la loi ci-dessus étaient dans l'impossibilité de reprendre leurs fonctions, ils pourraient continuer de se faire suppléer. 2. Lorsque la cause d'empêchement aura disparu, s'ils ne reprennent pas aussitôt leurs fonctions, l'autorisation ci-dessus leur sera retirée.

OFFICIERS DE SANTÉ, PHARMACIENS, SAGES-FEMMES, HERBORISTES (*Décret du* 27 *décembre* 1871-8 *mars* 1872). — 1-2. Par dérogation à l'article 19 du décret du 22 août 1854, les officiers de santé, pharmaciens, sages-femmes et herboristes de deuxième classe reçus pour les départements détachés en tout ou en partie du territoire français pourront, s'ils ont opté pour la nationalité française, faire choix, pendant une période de trois ans, d'un autre département, sans avoir à subir de nouveaux examens. 3. Le titulaire devra faire sa déclaration au préfet de sa nouvelle résidence et au greffe du tribunal de première instance. Il entrera en exercice après que le préfet aura visé son diplôme.

OFFICIERS EN RETRAITE.— Voyez *Retraite des officiers.*

OPERATIONS MILITAIRES.— Voyez *Compte-rendu.*

OR ET ARGENT (nouveaux droits) (*Loi du* 30 *mars*-4 *avril* 1872). — 1. Le droit de garantie perçu au profit du trésor sur les ouvrages d'or et d'argent de toute sorte fabriqués à neuf est fixé à : trente francs par hectogramme d'or ; un franc soixante centimes par hectogramme d'argent, non compris les frais d'essai ou de touchaud. 2. La totalité des droits de garantie per-

çus sur les objets d'or et d'argent fabriqués en France, sera restituée lorsque ces objets seront exportés. 3. Le ministre des finances fixera le prix des essais des matières d'or et d'argent applicable à tous les bureaux de garantie.

Décret du 11 *juin*-5 *août* 1872. — La loi ci-dessus est rendue exécutoire en Algérie.

ORGANISATION POLITIQUE DE L'ALGERIE. — Voyez *Algérie.*

ORPHELINS. — Voyez *Familles.*

OUVRAGES DRAMATIQUES.— Voyez *Commission d'examen.*

OUVRIERS EN FRANCE. — Voyez *Commission d'enquête.*

PAIX. Voyez *Traités.*

PAPIERS (contributions indirectes) (*Loi du* 4 *septembre* 1871). — Cette loi établit des impôts sur la fabrication de plusieurs objets. Enfin elle en arrive, à l'art. 7, à l'impôt sur le papier. 7. Il est établi un droit de fabrication sur les papiers de toute sorte, à écrire, à imprimer, à dessiner, d'enveloppe, d'emballage, papiers-cartons, papiers de tenture et tous autres; droit dont la perception s'effectuera à l'enlèvement ou par la voie d'abonnements annuel, et qui est fixé comme suit, décimes compris:

Papiers à lettres de toute espèce et de tout format, 15 fr. les 100 kil.

Papiers à cigarettes, papier soie, papiers pelure, papiers parchemins blancs et similaires, 15 fr. les 100 kil.

Papiers à écrire, à imprimer à dessiner, papier pour musique et assimilables, 10 fr. les 100 kil.

Papiers blancs de tenture, papiers coloriés et marbrés pour reliure et assimilables, 10 fr. les 100 kil.

Cartons, papiers-cartons, papiers d'enveloppe et de tenture ou à pâte de couleurs, papiers d'emballage, papiers buvards et tous similaires, 5 fr. les 100 kil. Les papiers importés de l'étranger, payent les mêmes droits, en sus de ceux des douanes. Les papiers et objets en papier destinés à l'exportation, seront affranchis du droit. Les papiers pour journaux et publications périodiques assujettis au cautionnement payent, en outre, un droit de 20 fr. par 100 kil.

Décret du 28 *novembre* 1871. — 1. Les fabricants de papier doivent acquitter le prix de leur licence au moment où ils font leur déclaration. Ils ont ensuite à payer ce prix de licence au 1er janvier de chaque année, tant qu'il n'ont pas déclaré cesser leur industrie. 2. La susdite déclaration présentera la description de la fabrique et indiquera : 1° la nature, le nombre et la force des moteurs et des machines ; 2° le nombre et la contenance des piles de cylindres et autres vaisseaux servant à préparer la pâte; 3° les procédés généraux de fabrication et la nature des produits fabriqués ; 4° le régime de la fabrique pour les jours et heures de travail. Chaque machine, chaque cuve cylindrique ou autre vaisseau reçoit un numéro d'ordre peint à l'huile en caractères apparents. La déclaration énonce en outre, si le fabricant demande à être placé sous le régime de l'exercice ou sous le régime de l'abonnement. 2. Tout changement dans l'outillage, les procédés de fabrication, le régime, etc., ou toute cessation de travaux doit donner lieu à une nouvelle déclaration. 4. Le bâtiment principal portera, à l'extérieur, les mots : *Fabrique de papier*, en caractères apparents. 5. L'administration peut exiger que les jours et les fenêtres extérieurs soient garnis d'un treillis de fer à mailles de 0 m. 05 au plus, que la fabrique et ses dépendances n'aient qu'une entrée principale ouverte et que les autres soient fermées. Toute communication avec les maisons voisines est interdite. 6. Un bureau convenable de 12 m. carrés au moins, payé par l'administration, sera, au besoin, mis à la disposition de l'administration. 7. L'administration fournit gratuitement le registre sur lequel on inscrit l'entrée des matières premières, et, chaque jour, la quantité et l'espèce des papiers fabriqués ainsi que les transformations subies par des papiers déjà fabriqués. 8. Les envois de fabrique à fabrique sont autorisés, en avertissant l'administration et en mentionnant ces envois sur le registre. 9-10. De même pour les réceptions de papiers étrangers en payant l'impôt, s'il n'est déjà payé. 11. De même pour les réintégrations en fabrique pour une cause quelconque. 12. Un registre à souche sert à inscrire les expéditions de papiers de toute sorte, les heures de l'enlèvement, le nom et la qualité du destinataire et le lieu de destination. 13-14. Les employés ont la surveillance des registres et des expéditions. 15. Les marchands en gros, les commissionnaires exportateurs et ceux qui travaillent les papiers pour l'exportation, peuvent obtenir le crédit de l'impôt, en fournissant caution et en se munissant d'une licence de fabricant. 16. Les papiers peints et les cartes ou cartons porcelaine sont déclarés et imposés eu égard à la nature du papier, sous les déductions suivantes :

Papier dit *taille-douce*, néant.

Papier de couleur sans fond, cartes et cartons, porcelaine enduits d'un seul côté, 1/6.

Papier blanc sans fond, 1/5.

Papier mat, papiers à fond, cartes et cartons porcelaine enduits d'un seul côté, 1/3.

Papier avec fond satiné et doré, mat doré et verni, 1/2.

Papiers veloutés et veloutés dorés, 2/3.

17. Les dispositions de l'article ci-dessus sont applicables aux papiers importés, y compris les papiers ou cartons servant d'emballage à des marchandises pour lesquelles la douane est chargée de percevoir à la fois le droit d'entrée et le droit intérieur. 18. Il sera fait remise d'une somme d'impôt égal au montant des droits afférents aux papiers exportés depuis moins de 6 mois. Le papier à lettre ne donne lieu à cette remise que lorsque l'exportation a été faite directement, en vertu d'acquits à caution, soit par les fabricants, soit par des marchands en gros ou des commissionnaires soumis à l'exercice. 19-20. Pour les commerçants non soumis à l'exercice, il est établi une bonification de 10 % sur le poids des papiers, et de 30 % pour les papiers de luxe (dentelles, albums, éventails en papier). 21. Les papiers détruits par force majeure (feu, inondations, naufrage) peuvent obtenir une décharge de droits. 22-23. Les fabricants et négociants pourvus de la licence règleront leur compte à la fin de chaque mois. 24. Les dispositions des articles 1. 2, 4, 5, § 3, 12, 14 et 16 à 21, sont applicables aux fabricants placés sous le régime de l'abonnement. 25. Les fabricants qui veulent obtenir l'abonnement sont tenus de remettre aux agents de l'administration un relevé indiquant, pour chacune des six dernières années: le nombre et la force des moteurs et des machines qui ont fonctionné ; le nombre et la contenance des piles et cylindres employées pour la trituration des matières premières ; le nombre effectif des jours de travail et la durée moyenne du travail par jour; enfin, par catégorie, les quantités de papiers fabriquées. Ce relevé doit indiquer, en outre, les moyens actuels de production et les modifications

que, durant la période fixée pour l'abonnement, les fabricants se réservent d'apporter dans l'outillage et dans la nature même des fabrications. Il doit, d'ailleurs, être donné aux employés de l'administration communication des registres de commerce et de comptabilité tenus dans les fabriques, et de tous autres documents existant dans l'usine, et dont la production serait jugée utile par l'administration. 26. Les abonnements sont discutés entre les fabricants et les directeurs ou sous-directeurs de département de l'administration des contributions indirectes. Ils reçoivent immédiatement leur effet, mais ils ne sont définitifs qu'après l'approbation de l'autorité supérieure. A défaut d'approbation, le régime de l'exercice se substitue au régime de l'abonnement dix jours après la notification de la décision de l'administration. La durée des abonnements est limitée à un an, sauf renouvellement. Toutefois, les abonnements conclus en 1871 pourront comprendre la période à écouler jusqu'au 31 décembre 1872 inclusivement. 27. Est prise pour base des abonnements la production normale de la fabrication durant les trois dernières années, sauf les augmentations ou réduction que comporteraient les changements apportés, depuis moins de 3 ans, dans les moyens de production et dans la nature des fabrications. Il est établi pour chaque catégorie de papier une moyenne de fabrication par jour effectif de travail, et cette moyenne est appliquée au nombre total des jours compris dans la période fixée pour l'abonnement. Toute interruption du travail de trituration, qui est justifiée par les constatations des agents de l'administration ou par d'autres preuves authentiques, donne lieu, sur le montant de l'abonnement, à une décharge proportionnée à la durée de l'interruption. Dans tous les cas, les motifs de la suspension du travail de fabrication, et notamment de l'interruption du travail de trituration, doivent être immédiatement signalés aux employés de l'administration chargés de reconnaître la situation de la fabrique. 28. Durant l'abonnement, les fabricants ne peuvent accroître leurs moyens de productions ou modifier la nature de leurs fabrications qu'après une déclaration faite au bureau de l'administration, déclaration qui entraîne la révision de l'abonnement, eu égard aux changements apportés dans les moyens de production ou dans la nature des fabrications. Un nouveau traité est alors conclu dans les conditions fixées par l'article 26. Dans tous les cas, les fabricants peuvent réparer ou remplacer, dans les conditions identiques ou similaires l'outillage d'après lequel l'abonnement a été réglé. En cas d'infraction aux dispositions du présent article, il est dressé procès-verbal, et l'abonnement est résilié de plein droit. 29. Les fabricants abonnés peuvent recevoir de toute origine des papiers libérés d'impôts. Ils ne peuvent en recevoir avec le crédit des droits. Ils peuvent expédier leur papier à toute destination. 30. Ils payeront le montant de leur abonnement par douzièmes de mois en mois et d'avance. 31. Au moment de l'abonnement, ils paieront les droits afférents aux qualités de papiers en leur possession ; les quantités existant dans l'établissement à l'expiration de l'abonnement seront libérés d'impôts. 32. Sont soumis à la déclaration et aux vérifications des employés les lieux où s'impriment les publications périodiques assujetties au cautionnement. 33. L'administration leur fournira un registre où seront inscrits le nombre et le poids des feuilles à leur entrée et à leur sortie, blanches, imprimées, détériorées ou formant le tirage effectif. 34. L'administration pourra, comme moyen de contrôle, avoir recours à des compteurs. 35. Les papiers dont l'emploi n'est pas justifié, sont passibles, sauf déduction de 5 % des quantités livrées à l'impression, des mêmes droits que les papiers formant le tirage effectif. 36. Le payement par les imprimeurs se fait chaque mois. 37. Lorsque le montant du décompte mensuel ou de l'abonnement dépasse le chiffre de 300 fr., les sommes dues peuvent être acquittées en une obligation cautionnée à 4 mois de terme, sous la condition que l'obligation sera souscrite au plus tard 5 jours après le règlement mensuel. Toutefois les fabricants, marchands en gros, commissionnaires et imprimeurs ont alors à payer une remise de un tiers pour cent. Si le payement des sommes supérieures à 300 fr. est effectué au comptant en numéraire, il est alloué un escompte réglé par arrêté du ministre des finances, sous la condition que le payement des droits sera effectué au plus tard 5 jours après le règlement mensuel. Dans ces limites, l'ajournement de la perception ne motive aucune réduction dans le calcul de l'escompte. En cas de retard dans le payement, le recouvrement des droits est poursuivi par voie d'avertissement et de contrainte, dans les conditions fixées par la législation des contributions indirectes. 38. A défaut d'accomplissement des conditions inhérentes aux acquits-à-caution, les souscripteurs des acquits-à-caution payeront le double des droits dus au trésor.

PAPIERS à l'importation et à l'exportation. (*Décret du 26 juillet-21 août 1872.*) L'importation et l'exportation des papiers de toute sorte et des ouvrages confectionnés en papier ne pourront s'effectuer que par les bureaux de douane actuellement ouverts au transit des marchandises non prohibées

PAPIERS TIMBRÉS actuellement en usage. (*Arrêté du 20 août 1871.*) Ils seront revêtus d'un contre-timbre portant deux centimes en sus, pour les papiers soumis à ces deux décimes; un droit en sus pour les effets de commerce, dont la quotité a été élevée au double; cinq centimes en sus, pour les récépissés de chemins de fer et les quittances des comptables publics, dont le droit est élevé de vingt à vingt-cinq centimes. Ces contre-timbres, conformes au modèle ci-joint, seront appliqués au milieu de la partie supérieure de chaque feuille. Ils seront apposés, outre les timbres actuellement en usage, sur les papiers présentés au timbre extraordinaire. 2. Dans le cas où les contre-timbres ne pourraient pas être mis en activité le jour de la promulgation de la loi, il y sera suppléé, soit par l'application d'un ou de plusieurs des timbres actuellement en usage et dont la quotité représenterait le supplément de droit, soit par un visa daté et signé par le receveur. 3. Dans les trois mois à partir de la promulgation de la loi, les officiers publics et les particuliers seront admis à changer les papiers filigranés et timbrés restés sans emploi entre leurs mains contre des papiers de même nature portant les timbres et contre-timbres établis par le présent arrêté. Cet échange s'opérera de manière que le trésor n'ait à faire aucun remboursement, et, dans le cas où le montant des droits afférents aux papiers rapportés serait inférieur à celui des papiers donnés en échange, les détenteurs seront tenus de payer l'exédant ou l'appoint. 4. Les détenteurs de papiers timbrés à l'extraordinaire antérieurement à la promulgation de la loi susvisée et non encore employés se-ront également admis, dans le délai de trois mois, à les présenter à la formalité du contre-timbre, en acquittant les suppléments de droit. 5. Les types des timbres en usage seront modifiés de telle sorte qu'ils indiquent, indépendamment de la quotité actuelle, que cette quotité est assujettie à une perception supplémentaire, soit de deux dixièmes, soit d'un droit entier, soit de cinq centimes. 6. L'administration de l'enregistrement, des domaines et du timbre fera déposer aux greffes des cours et tribunaux des empreintes des timbres et contre-timbres établis par le présent arrêté. Le dépôt sera constaté par un procès-verbal dressé sans frais. Voyez *Enregistrement*, voyez *Timbre*.

PARTAGES. — Voyez *Enregistrement* (*Loi du 23 février 1871*).

PATENTES. (*Loi du 29 mars-9 avril 1872.*) Art. 1er. 2. Le patentable ayant plusieurs établissements est passible du droit fixe entier, pour chacun de ces établissements, quand même ils seraient de même espèce. 3. Ce droit fixe pour les patentables du tableau C annexé à la loi du 25 avril 1844 est rehaussé d'un cinquième, sauf pour les marchands forains avec balle, bête de somme ou voiture, et pour les marchands forains de poterie sur bateau. 4. Le taux du droit proportionné établi d'après la valeur locative est porté : du quinzième au dixième pour les patentables de la première classe du tableau A, et ceux du tableau B de la loi du 25 avril 1844, ainsi qu'aux tableaux modificatifs correspondants annexés aux lois subséquentes. Du vingtième au quinzième pour les patentables des deuxième et troisième classes du tableau A et des tableaux modificatifs. 5. Ces dispositions auront leur effet à partir du 1er avril 1872. Dans les rôles supplémentaires où seront portées ces augmentations, il ne sera pas tenu compte des *centimes additionnels*. (Voyez ce mot). Voyez aussi *Contributions directes* (*Loi du 23 juillet 1871*).

PÉREMPTIONS en matière civile. (*Voy.* Prescriptions et péremptions.)

PERMIS DE CHASSE. Voyez *Enregistrement* (*Loi du 23 août 1871*). Voyez *Chasse* (Droit de).

PÉTROLE ET SCHISTE (taxe légale sur leurs essences et leurs huiles importées dans les fûts dits à pétrole.) — (*Décret du 12-15 avril 1872.*) Huiles brutes ou épurées 18 fr. %, essences 19 fr. %. Pour les impôts sur le *schiste*, voy. schiste.

PÉTROLE ET SES DÉRIVÉS. (*Décret du* 27 *janvier-*1er *février* 1872.) Art. 1er. 2. 3. Le décret du 18 avril 1866 est rapporté. Les usines où l'on manipule le pétrole et ses dérivés (huiles de schiste et de goudron, essences et hydrocarbures liquides pour l'éclairage, le chauffage, la fabrication des liqueurs et vernis, le dégraissage des étoffes) sont classées comme établissement insalubres ou dangereux. *Des entrepôts et magasins de vente en gros.*

4. Les entrepôts ou magasins de ces substances dans lesquels ces substances ne doivent subir aucune autre manipulation qu'un simple lavage à l'eau froide et des transvasements, sont rangés dans la première, la deuxième ou la troisième classe des établissements dangereux, suivant les quantités de liquides qu'ils sont destinés à contenir, savoir : plus de quinze mille litres, 1re classe; de 7,500 litres à 15,000 litres, 2e classe; moins de 7,500 litres, 3e classe. 5. Les entrepôts ou magasins qui renferment des substances de la 1re catégorie sont assujettis aux règles suivantes : 1o ils seront clos de murs de 2 m. 50 c. au moins avec une seule et solide ouverture sur la voie publique. La porte sera fermée la nuit; la clef sera conservée par l'exploitant ou le gardien. L'entrée et la sortie des ouvriers seront surveillées par un préposé. 2o L'enceinte ne devra contenir d'autre habitation que celle du gardien et de sa famille. Cette habitation sera isolée du magasin de 2 mètres au moins. 3o Les maisons avoisinantes ne pourront se trouver à moins de 150 mètres du mur d'enceinte; ou de 125 mètres si l'établissement appartient à la 2e classe et de 2 mètres, s'il appartient à la 3e. 4o Le sol du magasin sera dallé, carrelé ou bétonné avec citerne étanche ou puisard pour recevoir les liquides accidentellement renversés. 5o Le magasin pourra être à découvert en plein air; s'il est enfermé, le batiment qui l'enferme sera en matériaux incombustibles, bien éclairé et ventilé et non surmonté d'étages. 6o Les liquides emmagasinés seront dans des récipients de métal munis de couvercle, ou dans des fûts cerclés de fer, ou dans des touries en verre ou en grès, protégées par un revêtement extérieur. Les récipients vides et les débris d'emballage seront sortis du magasin. 7o Les manipulations se feront hors du magasin. Il est interdit d'apporter ou d'allumer du feu dans l'enceinte ou d'y fumer; interdiction qui sera écrite en caractères très-apparents, à l'extérieur du mur d'enceinte. 6. 7. Les préfets ou les sous-préfets peuvent autoriser des entrepôts ou magasins exploités dans des conditions différentes de celles déterminées ci-dessus lorsque ces conditions offrent des garanties équivalentes de sécurité.

De la vente au détail.

8. Tout débitant de substances désignées à l'article 1er est tenu d'adresser au maire de la commune où est situé son établissement une déclaration contenant la désignation précise du local, des procédés de conservation et de livraison, des quantités de liquides inflammables auxquelles il entend limiter son approvisionnement, et de l'emplacement qui sera exclusivement affecté dans sa boutique aux récipients de ces liquides. 9. Après cette déclaration, le débitant peut exploiter son commerce, à la charge par lui de se conformer aux prescriptions suivantes : 1o les liquides pour l'éclairage seront reçus, conservés dans la boutique et livrés aux acheteurs dans des vases ou récipients en métal dont la capacité sera de cinq litres au plus, exactement fermés au moyen de robinets ou de bouchons métalliques à vis. Aucun transvasement desdits liquides ne sera opéré dans l'intérieur de la boutique, ni lors de la réception, ni lors de la livraison aux acheteurs. 2o Chaque vase métallique portera extérieurement une inscription en caractères lisibles, incorporée ou solidement attachée au vase, indiquant sa capacité et la nature du liquide contenu (*essence* ou *huile minérale*). Il devra satisfaire à la condition de pouvoir être employé comme burette par les consommateurs. 3o Les hydrocarbures non destinés à l'éclairage pourront être contenus dans des bouteilles ou flacons bien bouchés et d'une capacité qui ne dépassera pas cinq litres; mais le transvasement de ces liquides dans la boutique, soit lors de la réception, soit lors de la livraison aux acheteurs, est interdit. 4o Les vases pleins de liquides inflammables seront rangés dans des boîtes ou casiers à rebords, dans un emplacement spécial et séparé de celui qu'occupent les autres marchandises. Le fond et les rebords de ces boîtes ou casiers seront placés de façon à ce qu'il soit facile de faire écouler les liquides qui viendraient à sortir accidentellement des récipients. 10. Une autorisation spéciale du préfet peut permettre de déroger aux règles pré-

cédentes pour la conservation et la livraison des liquides sus-désignés.

Dispositions générales.

11. Les entrepôts ou magasins de vente en gros et les dépôts pour la vente au détail, qui ont été précédemment autorisés ou déclarés, conformément au décret du 18 avril 1866, peuvent être maintenus dans les conditions qui ont été fixées, soit par ce décret, soit par les arrêtés spéciaux d'autorisation. L'exploitant ne peut y apporter aucune modification qu'à la charge de se conformer aux prescriptions du présent décret, et, suivant les cas, d'obtenir une nouvelle autorisation ou de faire une déclaration nouvelle, comme il est dit à l'article 8. 12. En cas d'inobservation des conditions fixées par le présent décret ou par les arrêtés spéciaux d'autorisation, les entrepôts ou magasins de vente en gros peuvent être fermés et la vente au détail peut être interdite par décision du préfet du département, sans préjudice des peines encourues pour contravention aux règlements de police. 13. Le transport des substances désignées à l'article 1er en quantité excédant cinq litres doit être fait exclusivement, soit dans des vases en métal, étanches et hermétiquement clos, soit dans des fûts en bois, également étanches, cerclés en fer, soit dans des touries ou bonbonnes en verre ou en grès, protégées par un revêtement extérieur. 14. Les attributions conférées aux préfets des départements et aux maires par le présent décret sont exercées par le préfet de police dans l'étendue de son ressort. Voyez *Douanes*, art. 17; voyez *Schiste*.

PHARMACIENS. (Voy. *Officiers de santé*.)

PIMENT (Augmentation des droits). — Voyez *Douanes*, art. 9.

PLÉBISCITE. (*Décret du* 1er-2 *novembre* 1870.) Art. 1er. Le scrutin sera ouvert le jeudi 3 novembre, de 8 heures du matin à 6 heures du soir, sur la question suivante : La population de Paris maintient-elle, oui ou non, les pouvoirs du gouvernement de la défense nationale ?

POIRES. — Voyez *Contributions indirectes* (*Loi du* 1er *septembre* 1871).

POIVRE (Augmentation de droits). — Voyez *Douanes*, art. 9.

POSTES. (Nouvelles taxes.) (*Loi du* 24-26 *août* 1871.) Lettres de 10 grammes, de bureau à bureau, 25 centimes affranchies, 40 centimes non-affranchies; lettres de 10 à 20 gr., 40 cent. aff., 60 cent. non-aff.; lettres de 20 à 50 gr., 70 cent. aff., 1 fr. non-aff. Et, ensuite, 50 cent. pour les lettres aff. et 75 cent. pour les lettres non-aff., par chaque 50 gr. ou fraction de 50 gr. — Lettres nées et distribuables dans la même circonscription postale : 10 gr., 15 cent. aff., 25 cent. non-aff.; 10 à 20 gr. inclus, 25 cent. aff., 40 cent. non-aff.; 20 à 50 gr., 40 cent. aff,, 60 cent. non-aff. Et, ensuite, 25 cent. pour les lettres aff. et 40 cent. pour les lettres non-aff., pour chaque 50 gr. ou fraction de 50 gr. — Lettres de Paris pour Paris (enceinte des fortifications) : 15 gr. exclusivement, 15 cent. aff., 25 cent. non-aff.; 15 à 30 gr. exclus., 30 cent. aff., 50 cent. non-aff., et ainsi de suite, en ajoutant, par chaque 30 gr. ou fraction de 30 gr., 15 cent. pour lettres aff. et 25 cent. pour lettres non-aff. 4. En cas d'insuffisance d'affranchissement, la taxe est calculée comme si les lettres n'avaient pas été affranchies, mais il est fait déduction de la valeur des timbres-poste employés. 5. Le droit fixe à percevoir sur chaque lettre chargée, en sus du port de la lettre ordinaire, est fixé à 50 centimes. 6. Indépendamment d'un droit fixe de 50 cent. et du port de la lettre, suivant son poids, l'expéditeur de valeurs déclarées payera d'avance un droit proportionnel de 20 cent. pour chaque 100 francs ou portion de 100 francs. La taxe des avis de réception est fixée à 20 centimes. 7. Le port des échantillons de marchandises, des épreuves d'imprimerie corrigées, des papiers de commerce ou d'affaires, placés soit sous bandes mobiles, soit dans des enveloppes non fermées, soit dans des sacs ou boîtes faciles à ouvrir, est de 30 centimes jusqu'à 50 grammes. A partir de 50 grammes, il est augmenté de 10 centimes par 50 grammes ou fraction de 50 grammes. Sont maintenus, en cas de non-affranchissement de ces objets, les dispositions de l'art. 8 de la loi du 25 juin 1856. 8. Le droit de poste à percevoir sur les sommes confiées à l'administration, à titre d'article d'argent, est porté à 2 p. %. 9. Le port des circulaires, prospectus, catalogues, avis divers et prix courants, livres, gravures, lithographies en feuille, brochés ou reliés, et, en général, de tous les imprimés, autres que les journaux et ouvrages périodiques, est de 2 centimes par chaque exemplaire du poids de 5 grammes et au-dessous expédié sous bandes. Le port est augmenté de 1 centime par chaque 5 grammes ou fraction de 5 grammes excédant. Lorsque le poids des objets spécifiés au présent article dépassent 50 grammes, ou lorsque ces objets sont réunis en un paquet dépassant 50 grammes adressé à un seul destinataire, le port est augmenté de 1 centime par 10 grammes ou fraction de 10 grammes. Sont exceptés, les circulaires électorales et bulletins de vote, pour lesquels l'ancien tarif est maintenu. 10. Sont maintenues toutes les dispositions des lois concernant le service des postes auxquelles il n'a pas été dérogé par la présente loi.

POUDRES (prix des). (*Loi du 4 septembre* 1871.) Le prix des poudres de chasse, de toute espèce, sera doublé.

POUDRES DE CHASSE EXPORTÉES. (*Décret du 10-15 mai* 1872.) Art. 1er. Elles seront livrées au commerce d'exportation, à nu, dans des barils, aux prix suivants : Poudre fine, 3 fr. 25 le kilog., au lieu de 4 fr.; poudre superfine, 3 fr. 75, au lieu de 4 fr. 50; poudre extrafine, 4 fr. 25, au lieu de 5 francs. 2. Les mêmes, en boîtes de fer-blanc verni, ne changeront pas leurs anciens prix.

POUVOIR EXÉCUTIF de la République française. (*Résolution du 17 février* 1871.) L'Assemblée nationale décrète : M. Thiers est nommé chef du pouvoir exécutif de la République française; il exercera ses fonctions sous l'autorité de l'Assemblée nationale, avec le concours des ministres qu'il aura choisis et qu'il présidera. Voyez *Présidence de la République*.

PRÉFECTURE DE POLICE DE LA SEINE. (*Arrêté du 24 mars* 1871.) Les pouvoirs conférés au préfet de police de la Seine sont étendus au département de Seine-et-Oise.

PRÉFECTURE DE LA SEINE. (*Décret du 14-16 septembre* 1870.) La présidence du conseil de la préfecture de la Seine est supprimée.

PRESCRIPTIONS ET PÉREMPTIONS en matière civile. (*Décret du 9-14 septembre* 1870.) Elles sont suspendues pendant la durée de la guerre, dans les départements investis ou envahis.

Décret du 3-5 octobre 1870. Art. 1er. La suspension ci-dessus s'applique aux inscriptions hypothécaires, à leur renouvellement, aux inscriptions, et généralement à tous les actes qui, d'après la loi, doivent être accomplis dans un délai déterminé. 2. Il est accordé, à dater de la cessation de la guerre, un délai égal à celui qui restait à courir au moment où elle a été déclarée. 3. La prorogation s'étend à tous les départements de la France. Appliquée à l'Algérie et aux colonies, elle ne s'étendra qu'aux actes qui doivent être faits en France et réciproquement.

Loi du 26 mai-1er juin 1871. — Les prescriptions et péremptions recommenceront à courir à partir du onzième jour après celui de la promulgation de la présente loi. Pour le département de la Seine, elles commenceront à courir le onzième jour après qu'un avis du ministre de la justice, inséré au *Journal officiel*, aura annoncé le rétablissement du cours de la justice dans ce département.

PRESCRIPTIONS POUR DÉLITS FORESTIERS. (Voy. *Prorogation.*)

PRÉSIDENCE DU GOUVERNEMENT. (*Décret du 21 janvier-5 février* 1871.) Le commandement en chef de l'armée de Paris sera désormais séparé de la présidence du gouvernement. Le titre et les fonctions de gouverneur de Paris sont supprimés.

PRÉSIDENCE DES SOCIÉTÉS DE SECOURS MUTUELS. (Voy. *Secours mutuels.*)

PRÉSIDENCE DU CONSEIL DE PRÉFECTURE DE LA SEINE. (Voy. *Préfecture de la Seine.*)

PRÉSIDENCE DE LA RÉPUBLIQUE. (*Loi du 31 août-3 septembre* 1871.) Art. 1er. Le chef du pouvoir exécutif prendra le titre de : *Président de la République française*, et continuera d'exercer, sous l'autorité de l'Assemblée nationale, tant qu'elle n'aura pas terminé ses travaux, les fonctions qui lui ont été déléguées par décret du 17 février 1871. (Voy. *Pouvoir exécutif.*) 2. Le président de la République promulgue les lois dès qu'elles lui sont transmises par le président de l'Assemblée nationale. Il assure et surveille l'exécution des lois. Il réside au lieu où siège l'Assemblée. Il est entendu par l'Assemblée nationale toutes les fois qu'il le croit nécessaire et après avoir informé de son intention le président de l'Assemblée. Il nomme et révoque les ministres.

Le conseil des ministres et les ministres sont responsables devant l'Assemblée. Chacun des actes du président de la République doit être contre-signé par un ministre. Le président de la République est responsable devant l'Assemblée. (Voy. *Vice-présidence*.)

PRINCES DE LA MAISON DE BOURBON. (*Loi du 8-16 juin* 1871.) Les lois du 10 avril 1832 et du 26 mai 1848, concernant les princes de la maison de Bourbon, sont et demeurent abrogées.

PROCÉDURES de Saisie immobilière. — Voyez *Saisies immobilières*.

PROCLAMATION DE LA RÉPUBLIQUE. La République a été proclamée le 4 septembre 1870.

PROFESSEURS des facultés des sciences et des lettres des départements. (*Décret du* 21 *octobre*-16 *décembre* 1871.) Leur traitement éventuel est fixé en minimum à 15,000 francs pour l'année 1871. S'il n'atteint pas ce chiffre, il sera complété au moyen des crédits inscrits au budget du ministère de l'instruction publique.

PROMULGATION des lois et décrets. (*Décret du* 5-6 *novembre* 1870.) Art. 1er. À l'avenir, la *promulgation* des lois et des décrets résultera de leur insertion au *Journal officiel*. L'insertion, dans le *Bulletin des lois*, des actes non-insérés au *Journal officiel*, en opérera la promulgation. 2. Les lois et décrets seront obligatoires, à Paris, un jour franc après la promulgation, et, dans chaque arrondissement, un jour franc après que le *Journal officiel*, qui les contient, sera parvenu au chef-lieu de cet arrondissement.

Décret du 11-12 *novembre* 1870. La délégation du gouvernement promulguera ses lois et décrets dans le *Moniteur universel*, qui remplacera, en province, le *Journal officiel*.

PROPRIÉTÉS PUBLIQUES OU PRIVÉES saisies ou soustraites à Paris depuis le 18 mars 1871 (*Loi du* 12-19 *mai* 1871). 1. Les propriétés publiques ou privées, soustraites, saisies, mises sous le séquestre d'une manière quelconque depuis le 18 mars 1871, au nom ou par les ordres d'un prétendu comité central, comité de salut public ou d'une commune de Paris, sont déclarés inaliénables jusqu'à leur retour aux mains de leurs légitimes propriétaires. 2. Ces biens peuvent être revendiqués sans indemnité pendant trente

ans, à partir de la cessation de l'insurrection. 3. Tout individu qui, en connaissant leur origine, aura concouru, soit au détournement, soit à la vente, à la destruction, au transport à l'intérieur ou en pays étrangers, soit au recel des objets mobiliers de toute nature, à la fonte, à l'altération ou transformation des matières métalliques, soit à la négociation des titres ou valeurs commerciales, comme acheteur, donataire, créancier gagiste, commissionnaire ou à tout autre titre, sera puni des peines portées en l'article 401 (1) du code pénal, sans préjudice des peines auxquelles il pourrait être exposé par les circonstances du fait. Les destructions, mutilations et dégradations des biens immeubles seront punies conformément aux dispositions du code pénal qui les prévoient, sans que, dans aucun cas, les auteurs ou complices des crimes ou délits puissent se prévaloir de prétendus ordres qu'ils auraient reçus. La prescription de l'action publique sera soumise aux règles de la prescription en matière criminelle ou correctionnelle, suivant qu'il s'agira de crimes ou de délits. Mais l'action civile ne sera prescrite que par le laps de trente ans depuis la cessation officiellement constatée de l'insurrection et ce, sans préjudice de toutes interruption et suspension de droit. 4. Restera passible des peines prononcées par les articles 255 et 256 (2) du code pénal, et

---

(1) *Code pénal*, art. 401. — Les vols non spécifiés, les larcins et filouteries, ainsi que les tentatives de ces mêmes délits, seront punis d'un emprisonnement d'un an au moins et de cinq ans au plus, et pourront même l'être d'une amende qui sera de 16 francs au moins et de 500 francs au plus. — Les coupables pourront encore être interdits de leurs droits civils, civiques et de familles pendant cinq ans au moins et dix ans au plus, à compter du jour où ils auront subi leur peine. — Ils pourront aussi être mis par l'arrêt ou le jugement sous la surveillance de la haute police pendant le même nombre d'années.

(2) *Art.* 255 *du Code pénal*. — Quiconque se sera rendu coupable de soustraction, enlèvement ou destruction de pièces ou de procédures criminelles, ou d'autres papiers, registres, actes et effets contenus dans les archives, greffes ou dépôts publics, ou remis à un dépositaire public, sera puni de la réclusion. Si le crime est l'ouvrage du dépositaire lui-même, il sera puni des travaux forcés à temps.

Art. 256. — Si le bris des scellés, les soustractions, enlèvements ou destructions de pièces ont été commis avec violence envers les personnes, la peine sera, contre toute personne, celle des travaux forcés à temps, sans préjudice de peines plus fortes, s'il y a lieu, d'après la nature des violences et des autres crimes qui y seraient joints.

suivant les distinctions de ces articles, tout individu qui aura détruit en tout ou partie ou détourné les actes de l'état civil, les bulletins du casier judiciaire, les dépôts, minutes et papiers des notaires et autres officiers ministériels, les archives de toute nature et autres dépôts d'intérêt public, ou qui se sera rendu complice de ces faits.

L'article 363 (1) du code pénal sera applicable aux crimes et délits prévus par la présente loi.

PROROGATION DES EFFETS DE COMMERCE (*Loi du 13-14 août 1870*).— Toutes les échéances sont prorogées d'un mois.

Décret du 10-14 septembre 1870. — La prorogation est augmentée de trente jours, à compter du 14 septembre courant. Le présent décret est applicable à l'Algérie.

Décret du 10-11 novembre 1870. — La prorogation est augmentée d'un mois à compter du 14 octobre courant. 2. Cette disposition est applicable même aux valeurs souscrites postérieurement au 14 septembre 1870. Le présent décret est applicable à l'Algérie.

Décret du 10-11 novembre 1872. — La prorogation est augmentée d'un mois à partir du 14 novembre courant. 2. Cette disposition est applicable même aux valeurs souscrites postérieurement à la loi ci-dessus, mais les souscripteurs de valeurs nouvelles devant échoir avant l'expiration de la prorogation ne pourront profiter que du délai accordé postérieurement à la souscription.

Décret du 14-17 novembre 1870. — Aucun protêt ne pourra être fait, aucune poursuite ne sera exercée pour les effets de commerce souscrits avant le 15 août dernier. 2. Tous les effets de commerce souscrits postérieurement, demeurent soumis au décret du 5 novembre. —

Décret du 5-18 novembre 1870. — 1-2. Tous les effets, quelle que soit l'époque de leur création, depuis le 15 août, ne seront exigibles qu'après trois mois, soit quatre-vingt-dix jours, à compter du jour de leur échéance. 3. Le protêt pourra être fait pendant cinq jours, à compter du jour de l'exigibilité. L'assignation n'aura lieu qu'après le cinquième jour. 4. Pour les effets échus ou à échoir jusqu'au 30 novembre prochain, les protêts, dénonciations, assignations et jugements seront

enregistrés gratis. 5. Les tribunaux de commerce pourront accorder des délais. 6. Dans les départements envahis, les échéances sont prorogées de droit. La loi commerciale ne reprendra son cours qu'un mois après la cessation de la guerre ou l'abandon par l'ennemi du territoire occupé.

Décret du 12 décembre 1870. — 1. La prorogation de délais accordés par la loi du 13 août et les décrets des 10 septembre, 11 octobre et 10 novembre 1870 est augmentée d'un mois à partir du 14 décembre. 2. Cette disposition est applicable aux valeurs souscrites postérieurement à la loi et aux décrets susvisés.

3. Le présent décret est applicable à l'Algérie.

Décret du 8-10 janvier 1871 — 1. L'échéance des effets souscrits avant le 15 août 1870 demeure prorogée de cinq mois. L'échéance des effets souscrits depuis cette époque est prorogée de trois mois. Toutes les poursuites sont suspendues contre les hommes appelés sous les drapeaux.

Décret du 12-13 janvier 1871. — Les prorogations sont augmentées de trente jours.

Décret du 27-28 janvier 1871. — Les effets souscrits postérieurement à la loi du 13 août 1870 et aux décrets de prorogation qui l'ont suivie, auront leur échéance prorogée jusques et y compris le 13 février prochain.

Décret du 9-10 février 1871. — Les échéances des effets sont portées au 13 mars 1871. Les intérêts commencent à courir du jour de l'échéance. Le présent décret est applicable à l'Algérie.

Loi du 24-30 mars 1871. — Les effets échéants du 25 mars au 24 avril sont prorogés d'un mois. Cette disposition est applicable aux effets qui auraient déjà été protestés. En cas de nouveau protêt, le refus de payement sera constaté par une simple mention sur le précédent protêt. L'enregistrement sera gratuit. Le tribunal de commerce de la Seine pourra, pendant toute l'année 1871, accorder des délais modérés pour le payement des effets de commerce

Loi du 10-13 mars 1871. — 1. Les effets souscrits avant ou après la loi du 13 août 1870 et venant à échéance après le 12 avril prochain ne jouiront

---

(1) *Art. 363 du Code pénal.*— Voyez l'annotation de l'article 68, à notre mot *Loi militaire.*

d'aucun délai. 2. Les effets échus du 13 août au 12 novembre 1870 seront exigibles sept mois après l'échéance avec intérêts depuis l'échéance. Les effets échus du 13 novembre 1870 au 12 avril 1871, seront exigibles, date pour date, du 13 juin au 12 juillet, avec intérêts depuis le jour de la première échéance. 3. Dans les départements occupés par l'étranger, les tribunaux de commerce sont autorisés à accorder des délais modérés ; et dans toute la France, les tribunaux de commerce pourront accorder des délais aux débiteurs qui ont été appelés sous les drapeaux.

Loi du 26 avril-7 mai 1871. — 1-2. Les effets de commerce, quelle que soit la date de leur souscription, payables dans le département de la Seine, échus ou à échoir à partir du 18 mars dernier, jusqu'au dixième jour qui suivra le rétablissement du service de la poste entre Paris et les autres parties de la France ne seront exigibles qu'après ce terme. 3. Le délai facultatif de dix jours accordé au porteur par l'article 3 de la loi du 10 mars pour les effets prorogés s'appliquera à tous les effets de commerce qui font l'objet de la présente loi. 4. Les délais autorisés par la loi du 10 mars et par la loi du 24 mars, pourront, pendant le cours de l'année 1871, être accordés par tous les tribunaux de commerce de France, mais seulement aux souscripteurs, endosseurs et autres coobligés résidant dans le département de la Seine ou dans les départements envahis dénommés dans l'article 3 du traité du 26 février 1871.

Loi du 4-7 juillet 1871. — Les effets de commerce payables dans le département de la Seine ou dans les communes de Sèvres, Meudon, Saint-Cloud, et échus du 13 août au 12 novembre 1870, auront leur échéance prorogée, date pour date, du 13 juillet au 12 octobre 1871. Pour les effets echus du 13 novembre 1870 au 12 juillet prochain, ils seront exigibles, date pour date, du 13 octobre au 12 novembre. Les effets créés depuis le 31 mai, échus ou à échoir avant la promulgation, le protêt sera fait dans les cinq jours de la promulgation.

Prorogation des Délais pour la prescription des délits forestiers (*Décret du 14-15 février 1871*). — Les délais de la prescription ne commenceront à courir que du jour de l'évacuation du territoire par les armées ennemies.

Prorogation du délai accordé aux brevets d'invention. — Voyez *Brevets*.

PUBLICATIONS PERIODIQUES. — Voyez *Timbres sur les journaux*, voyez *Papiers*, voyez *Journaux*. Voyez *Cautionnement*.

QUITTANCES (Timbre sur les.)—Voyez *Enregistrement* (*Loi du 23 août 1871*), article 18. Voyez aussi *Timbre* (*Décret du 27 novembre 1871*).

RABBINS ET CONSISTOIRES ISRAELITES (*Décret du 11-18 novembre 1870*). — Le *grand rabbin* du consistoire départemental sera élu par une assemblée de vingt-cinq délégués désignés par tous les électeurs de la circonscription électorale. 2-3. *Les rabbins communaux* seront élus par une assemblée de délégués désignés par les électeurs de la circonscription communale. Le nombre de ces délégués, toujours supérieur à cinq, sera fixé par la commission départementale. 5. Les élections de *rabbins* ont lieu à la majorité absolue des délégués présents, dont le nombre sera au moins de la moitié de la liste totale. 6. La durée des fonctions des membres laïques des consistoires est de quatre ans ; ces membres sont renouvelables par moitié, de deux en deux ans. Les membres sortants sont rééligibles. 7. Les consistoires nomment annuellement leurs présidents et vice-présidents. 8. La liste des électeurs est révisée tous les deux ans.

RECEPISSÉ du chemin de fer.—Voyez *Enregistrement* (*Loi du 28 février 1872*), voyez *Timbre*.

RECETTES ET DEPENSES à autoriser provisoirement jusqu'au 1er avril 1872 (*Loi du 18-29 décembre 1871*).

Crédits provisoires ouverts aux ministres pour le premier trimestre, 649,308,929 francs.

Crédits provisoires pour dépenses spéciales, 80,154,940 francs.

Crédits provisoires pour dépenses des services spéciaux, 12,645,531 francs.

Le ministre des finances est autorisé à créer pour 256,000,000 de francs de bons du trésor portant intérêt et payables à échéance fixe.

RECONNAISSANCES. — Voyez *Enregistrement* (*Loi du 23 août 1871*).

RECRUTEMENT MILITAIRE.—Voyez *Loi militaire.*

RÉÇUS (Droit de timbre sur les). — Voyez *Enregistrement* (*Loi du 23 août* 1871, article 18). Voyez aussi *Timbre* (*Décret du 27 novembre* 1871.)

RÉGENCE (*Lettres-patentes du 23-28 juillet* 1870.. — L'impératrice est nommée *régente.*

RÉHABILITATION des condamnés (*Décret du 7-14 septembre* 1870). — En matière de réhabilitation, il sera statué par une décision rendue par le ministre de la justice, après communication au conseil des ministres.

REMPLACEMENT MILITAIRE (*Loi du 16-18 juillet* 1870). — Bien que cette loi soit abrogée, elle présente encore de l'intérêt pour les personnes qui se sont fait remplacer ou qui ont remplacé depuis le 16 juillet 1870. Le remplaçant devait : être libre de tout service militaire; être âgé de vingt à trente ans au plus; de vingt à trente-cinq, s'il avait été militaire, et de 17 à trente ans s'il était frère du remplacé; n'être ni marié ni veuf avec enfants; avoir la taille règlementaire; jouir de ses droits civils; n'avoir jamais subi de condamnation pour vol, escroquerie, abus de confiance ou attentat aux mœurs. Le remplacé, pour le cas d'insoumission ou de désertion, est responsable de son remplaçant pendant une année. Pour l'abolition du *remplacement*, voyez *Loi militaire.*

RÉPUBLIQUE (Proclamation de la). — Voyez *Proclamation de la République.*

REQUISITIONS exercées contre les particuliers depuis le commencement de la guerre par les autorités civiles et militaires. — 1. Les porteurs de bons de réquisition, délivrés depuis le commencement de la guerre par les autorités françaises, civiles ou militaires, sont tenus, à peine de déchéance de tous droits et actions contre le Trésor, de déposer, dans un délai de deux mois, à la préfecture du département ou à la sous-préfecture de l'arrondissement dans lesquels les réquisitions ont été exercées, lesdits bons avec un état indicatif des sommes par eux réclamées et les pièces justificatives, si déjà la remise n'en n'a été faite aux autorités compétentes. Tous ceux qui se croiraient fondés à réclamer des indemnités, à raison des prestation ou des objets de toute nature qu'ils auraient été contraints de fournir ou de livrer aux troupes françaises sans avoir reçu de réquisitions régulières, sont également tenus, à peine de déchéance, de faire, aux lieux et dans le délai ci-dessus indiqués, le dépôt d'un état indicatif des sommes auxquelles ils prétendent avoir droit, avec les pièces justificatives en leur possession. Il sera donné un récépissé aux déposants.

RETRAITE DES OFFICIERS (*Loi du 5-10 janvier* 1872). — Après 25 ans de service effectif, on admettra à la pension, *sur leur demande*, les officiers assimilés en activité de service ; d'*office*, les officiers et assimilés en non activité. Ils auront droit au mininum de la pension de leur grade, augmenté de 1/20 de la différence du maximum au minimum. Ils resteront soumis au service de la réserve, si besoin est.

REVENU DES VALEURS MOBILIÈRES (Impôt sur le). — Voyez *Valeurs mobilières* ; voyez aussi *Timbre.*

REVENU DES CRÉANCES HYPOTHÉCAIRES (Impôt sur le). — Voyez *Contribution.*

ROULEMENT DANS LES COURS ET TRIBUNAUX. — Voyez *Magistrature.*

SAGES-FEMMES. — Voyez *Officiers de santé.*

SAISIE IMMOBILIÈRE ET FOLLE ENCHÈRE (*Décret du 2-18 novembre* 1870). — Art. 1er. Il sera sursis à toutes procédures, même à celles qui sont actuellement en cours. 2. 3. A moins que saisissant et saisi ne soient d'accord pour consentir à la continuation de la procédure. 4. En matière de vente de biens après faillite, les tribunaux statueront sur la demande de l'une des parties.

SAISIES IMMOBILIÈRES, FOLLE ENCHÈRE ET VENTES JUDICIAIRES D'IMMEUBLES (*Loi du 22-27 mai* 1871). — Le décret de la délégation du gouvernement de la Défense nationale, en date du 2 novembre 1870, est abrogé. Les délais qui avaient été suspendus reprendront leur cours, à partir du 1er juin 1871 inclusivement.

SALLES D'ASILE (*Arrêté du 6 juillet-30 septembre* 1871). — Le comité central de patronage des salles d'asile est dissous. Les décrets du 16 mai 1854 sont et demeurent abrogés.

SCEAUX, TIMBRES ET CACHETS

(*Décret du 25-27 septembre 1870*). — Art. 1er. A l'avenir, le sceau de l'Etat portera d'un côté, pour type, la figure de la Liberté, et pour légende : *Au nom du peuple français* ; de l'autre côté, une couronne de chêne et d'olivier liée par une gerbe de blé ; au milieu de la couronne : *République française, démocratique, une et indivisible*, et pour légende : *Liberté. égalité, fraternité.* 2. Les *sceaux, timbres et cachets* des cours, tribunaux, justice de paix .et notaires, porteront, pour type, la figure de la Liberté, telle qu'elle est déterminée pour le sceau de l'Etat ; pour exergue : *République française*, et pour légende, le titre des autorités ou officiers publics pour lesquels ils seront employés.

SCHISTE (tare légale).— Voy. *Pétrole.* Pour l'établissement des entrepôts et magasins de *Schiste*, voyez *Pétrole et ses dérivés* (Décret du 27 *janvier* 1872).

Schiste (Huiles de).— Nouveaux impôts (*Loi du 16 septembre 2 octobre* 1871). Il est établi un droit de fabrication sur l'huile de schiste, droit dont la perception s'effectuera à l'enlèvement et qui est fixé ainsi qu'il suit, décimes non compris : Huile brute, en principal, 5 fr. les 100 kilog.; huile épurée, 8 fr.; essence, 10 fr. Les dispositions de l'art. 5 de la loi du 4 septembre 1871, seront applicables aux fabricants de schiste.

Décret du 22-24 décembre 1871. — Art. 1er. La déclaration prescrite aux fabricants d'huile de schiste doit indiquer : les quantités par espèces de produits imposables, existant dans leurs-usines ; la situation des mines en exploitation, des puits d'extraction et des ateliers de fabrication ; la nature, le nombre, la force ou la capacité des machines à fabriquer ou à épurer ; les procédés généraux de fabrication et la nature des produits fabriqués ; le régime de l'exploitation pour les jours et heures de travail. Chaque machine ou appareil porte un numéro apparent. 2. Toute modification ou changement apporté au mode d'opérer, doit être précédé d'une nouvelle déclaration faite par écrit, vingt-quatre heures d'avance au bureau de l'administration des contributions indirectes. De même pour les cessations de travaux. 3. Un bureau garni de meubles sera mis au service des employés qui en paieront le loyer. 4. L'administration fournit gratuitement un registre, sur lequel le fabricant inscrit chaque jour le numéro des appareils qui ont fonctionné, la nature et la quantité des produits fabriqués ou épurés. 5. Il est admis une déduction de 6 0/0 et plus, selon les circonstances, pour déchets d'évaporation. Tout manquant en sus de ce déchet sera soumis au droit, excepté les pertes matérielles dûment constatées. 6. Les huiles et essences sont imposables à l'enlèvement. Les résidus dont le poids spécifique est inférieur à 780 grammes, sont taxés comme huiles à l'état brut. Quand leur poids spécifique est supérieur, ils sont imposés pour la quantité d'huile épurée qui peut en être extraite. Les contestations donneront lieu à des expériences avant le recours aux tribunaux. Les résidus non imposés ne peuvent sortir des fabriques qu'en vertu d'un acquit-à-caution levé au moins huit heures avant l'enlèvement. 7. Les huiles brutes et les résidus liquides peuvent être expédiés de la fabrique de production à toute autre, pour y être épurés. La perception des droits est alors transférée à la nouvelle fabrique. Ces expéditions ont lieu en vertu d'acquits-à-caution. 8. Les épurateurs non fabricants, ne peuvent recevoir, avec le transfert ci-dessus, qu'en faisant une déclaration et en se soumettant aux obligations imposées aux fabricants. 9. Et, alors, ils ne peuvent recevoir de produits libérés d'impôts (huiles de pétrole ou de schiste), sans une autorisation spéciale des contributions indirectes. 10. Il est mis gratuitement à leur disposition un registre où ils doivent inscrire avant l'enlèvement : les quantités, par nature, des huiles ou essences de schiste qui doivent sortir des fabriques sans transfert; l'heure de l'enlèvement ; le nom et la qualité du destinataire ; le lieu de destination ; le délai dans lequel le chargement sera transporté au-delà du rayon de surveillance déterminé ci-après. 11. Ces registres seront présentés aux employés à toute réquisition. 12. Les envois à l'étranger, avec suspension d'impôt, ne peuvent avoir lieu qu'en vertu d'un acquit-à-caution. 13. La route que doivent suivre les produits expédiés est déterminée d'un commun accord par l'administration et les fabricants ; en cas de désaccord, le préfet statue. 14. 15. Les comptes doivent être réglés à la fin de chaque mois. Si le montant du décompte mensuel est de plus de 300 fr., les sommes dues peuvent être payées en une obligation cautionnée à quatre mois de terme, pourvu que cette obligation soit souscrite au plus tard cinq jours après le règlement mensuel. Cette réduction n'entraîne aucune réduction dans le calcul de l'escompte. 16. Les retards de paiement entraînent avertissement et contrainte. 17. Faute d'accomplissement des conditions inhérentes aux acquits-à-caution, les droits seront doubles. 18. Les fabricants d'huiles ou d'essences de schiste, ainsi que les épurateurs soumis au régime des fabricants, jouiront du crédit des droits, aussi bien pour les quantités inventoriées que pour les fabrications ultérieures. En cas de déclaration de cesser, ils doivent payer immédiatement l'impôt dû pour les quantités formant leurs charges.

SECOURS MUTUELS (Sociétés de) Election des présidents (*Décret du 22 septembre-5 octobre* 1870). — Les membres des *Sociétés de secours mutuels* éliront leurs présidents dans la forme que régleront leurs statuts. Toute disposition contraire est abrogée.

Décret du 27-31 octobre 1870. — Répétition du précédent.

SENAT aboli. — Voyez *Corps législatif*.

SÉNÉGAL (Modification des droits de *douane*). — Voyez *Douanes du Sénégal*.

SERMEMT (*Décret du 5-6 septembre* 1870). — Les fonctionnaires publics de l'ordre civil, administratif, militaire et judiciaire sont déliés de tout *serment*. Le *serment politique* est aboli.

Décret du 11-14 septembre 1870. — Le serment professionnel des nouveaux fonctionnaires sera prêté dans la première séance du corps auquel ils appartiennent. Le serment professionnel des magistrats est prêté publiquement.

SERVICE JUDICIAIRE dans les arrondissements des départéments partiellement détachés de la France (*Loi du* 17-22 *avril* 1871). — Art. 1er Les communes restées françaises qui dépendaient des anciens arrondissements de Metz et de Thionville, sont provisoirement rattachées au point de vue du service judiciaire, à l'arrondissement de Briey. 2. Les communes du canton de Château-Salins sont rattachées de la même manière à l'arrondissement de Nancy, celles du canton de Vic, à l'arrondissement de Lunéville et celles du canton de Lorquin (arrondissement de Sarrebourg), à l'arrondissement de Lunéville. 3. L'arrondissement de Briey et les parties du département de la Moselle sont rattachés provisoirement, pour le service des assises, au département des Ardennes. 4. L'arrondissement de Belfort est provisoirement rattaché, au point de vue judiciaire, à la cour d'appel de Besançon, et pour le service des assises au département de la Haute-Saône. 5. Chaque commune restée française et qui ne serait pas dans la circonscription d'un chef-lieu de canton resté français sera rattachée provisoirement à la justice de paix qui sera déterminée par une délibération du tribunal civil de l'arrondissement auquel elle est réunie. 6. Les notaires et les huissiers, dont la résidence est établie dans une des communes précitées, seront rattachés aux compagnies ou corporations des arrondissements auxquels les communes sont réunies.

SIÉGE DE LA DÉLÉGATION DU GOUVERNEMENT. — Voyez *Délégation*.

SIGNATURES nécessaires à la validité des décrets du gouvernement. — Voyez *Décrets* du gouvernement.

SOCIÉTÉS ANONYMES DE SUÈDE (*Décret du 14-20 juin* 1872). — Les sociétés anonymes et autres associations commerciales, industrielles ou financières de Suède et de Norwége, pourront exercer leurs droits en France. Voyez *Valeurs mobilières*, art. 4.

SOCIÉTÉS DE SECOURS MUTUELS — Voyez *Secours mutuels*.

SOCIÉTÉS SECRÈTES. — Voyez *Surveillance de la haute police*.

SOCIETES DE REUNION (Taxe sur les). — Voyez *Cercles*.

SPIRITUEUX (Fraudes sur les). — Voyez *Fraudes*.

SPIRITUEUX (Impôts sur les). — Voyez *Liquides*.

STATISTIQUE COMMERCIALE (*Loi du* 22-23 *janvier* 1872). — Pour subvenir aux frais de la statistique commerciale, il est établi un droit de 10 cent. par colis sur les marchandises en futailles, caisses, sacs ou autres emballages. Les marchandises en vrac paieront un droit de 10 cent. par 100 kilog. ou mètre cube. Les animaux vivants ou abattus des espèces chevaline, porcine, bovine, ovine ou caprine. Ce droit, indépendant de toute autre taxe, mais affranchi des dixièmes additionnels, sera perçu à l'entrée comme à la sortie, quelle que soit la provenance ou la destination.

SUCRE destiné à la fabrication du *Chocolat*. — Voyez *Cacao*.

Sucre (Nouveaux impôts sur le) (*Loi du 16 sepembre-2 octobre 1871*). — L'article 2 de la loi du 8 juillet 1871 (Voyez *Douanes*), est modifié comme il suit : Les sucres extraits par les procédés barytiques et autres, des mélasses épuisées, libérées d'impôts, sont assujettis à un droit de 15 fr. les 100 kilog., décimes compris. — Voyez *Douanes*, art. 1er.

Sucres et Glucoses (Droits sur les) (*Loi du 22-23 janvier 1872*). — Les droits sur les sucres et sur les glucoses sont augmentés de deux nouveaux dixièmes. Les sucres qui existent actuellement dans les entrepôts, raffineries et fabriques sont assujettis à la taxe nouvelle.

Sucres et Glucoses (fabrication des). Voy. *Contributions indirectes*. (*Loi du 1er septembre 1871.*)

SUÈDE (Associations commerciales, industrielles ou financières). — Voyez *Sociétés anonymes* de Suède.

SURVEILLANCE DE LA HAUTE POLICE *Décret du 24-31 octobre 1870*).— 1. Le décret du 8 décembre 1851, concernant les individus placés sous la *surveillance* de la haute police et les individus reconnus coupables d'avoir fait partie d'une société secrète et la loi du 27 février 1858, dite de sûreté générale, sont abrogés. 2. L'effet du renvoi sous la surveillance de la haute police sera ultérieurement réglé.

SUSPENSIONS DE PAYEMENTS — Voyez *Concordats amiables*.

SYNDICS des chambres des huissiers. (*Décret du 24-31 octobre 1870*). — Les membres composant la chambre de discipline des compagnies d'huissiers nomment entre eux, au scrutin et à la majorité absolue leur syndic, qui peut être réélu. En cas de partage des voix, le scrutin est recommencé, et, si le résultat est le même, le plus âgé des deux candidats est nommé de droit.

TABACS. (*Loi du 4-16 septembre 1871.*) Art. 1er. Le prix des tabacs de cantine ne pourra excéder 2 fr. 50, 4 fr. et 6 fr., suivant les zones. 2. La régie est autorisée à fabriquer de nouvelles qualités de tabacs supérieurs à priser, à fumer et à mâcher. *Loi du 29 février-1er mars 1872*. Art. 1er. Le prix des tabacs ordinaires que la régie vendra aux consommateurs est fixé à 12 fr. 50 par kilog. 2. Le tabac à prix réduit, dont la fabrication est prescrite par l'art. 175 de la loi du 28 avril 1816, ne comprendra plus de tabac à priser. Le prix du scaferlati de cantine ne pourra pas excéder 3, 5 et 8 fr. chez les débitants, suivant les zones auxquelles ils appartiendront. — Les rôles dits de cantine seront exclusivement vendus, dans la première et la deuxième zone, au prix de 6 et 8 fr. chez les débitants. Les tabacs à fumer et à mâcher destinés aux troupes de terre et de mer continueront à être vendus au prix de 1 fr. 75 pour le scaferlati et de 2 fr. pour les rôles. 3. Les procès-verbaux et actes divers relatifs à l'exécution des lois concernant les tabacs pourront être établis par un seul employé ; mais, dans ce cas, ils ne feront foi que jusqu'à preuve contraire. — Les art. 174 et 175 de la loi du 28 avril 1816 sont abrogés. *Décret du 22 décembre 1871*. Les cigares fabriqués en France avec des tabacs de la Havane se vendront, à l'avenir, 20, 25 et 30 centimes. Les prix des vrais cigares de la Havane seront élevés de 25 à 30 c., de 30 à 40 c., de 40 à 50 c., de 50 à 60 c. La régie est autorisée à fabriquer, avec des tabacs étrangers, une nouvelle espèce de cigares.

Tableau des différents prix des cigares.

ESPÈCES DE CIGARES.	PRIX DE VENTE par kilogramme	
	aux débitants.	aux consommateurs.
	centimes.	fr.	fr. c.
Cigares de la Havane à...................... 60	140	150 »
Idem.................................... 50	116	125 »
Idem.................................... 40	92	100 »
Idem.................................... 30	68	75 »
Cigares en feuilles de la Havane fabriqués en France, à........................... 30	68	75 »
Idem.................................... 25	56	62 50
Idem.................................... 20	44	50 »
Nouveau modèle à........................ 15	33	37 50

Les cigares exceptionnels de la Havane payeront, en outre, un droit d'importation de 36 fr. par kilog., poids réel. Ces dispositions seront appliquées à partir du 10 janvier 1872.

TABACS SUPÉRIEURS. (*Décret du* 17-18 *février* 1872.) Art. 1er. La régie est autorisée à fabriquer une nouvelle qualité de tabacs supérieurs à priser et à fumer qui sera vendue aux débitants 11 fr. 10 le kilog., et aux consommateurs 12 francs.

2. Les tabacs à mâcher dits rôles menus-filés seront vendus 11 fr. le kilog. aux débitants, et 12 fr. aux consommateurs.

CIGARES DE LA HAVANE DITS LONDRES EXTRA. (*Décret du* 17-18 *février* 1872.) Vente aux débitants par kilog. 80 fr.; aux consommateurs, 85 fr. 50 par kilog.; 35 fr. par caisse de 100 cigares; 3 fr. 50 par paquet de 10 cigares; 2 fr. 10 par paquet de 6 cigares. Voyez *Contributions indirectes.*

NOUVEAUX CIGARES ET CIGARETTES. (*Décret du* 11 *juin* 1871.) Art. 1er. A partir de la publication du présent décret, la régie est autorisée à mettre en vente, dans les débits, de nouvelles espèces de cigares fabriqués en France aux prix suivants, savoir :

ESPÈCES.	PRIX DE VENTE			
	PAR KILOGRAMME de 250 cigares		par cigare.	par deux cigares.
	aux consommateurs.	aux débitants.		
	fr. c.	fr. c.	fr. c.	fr. c.
Régalias.....................	62 50	56 »	» 25	» »
Londres chico...............	50 »	44 »	» 20	» »
Ordinaire (grand module).....	18 75	16 50	» »	» 15

2. Les débitants payeront aux entreposeurs un supplément de 10 centimes par kilogramme pour les cigares à 18 fr. 75 qui leur seront livrés en paquets de dix cigares destinés à être vendus aux consommateurs à raison de 75 centimes le paquet.

3. La régie est également autorisée à vendre dans les débits, à partir de la promulgation du présent décret, de nouvelles espèces de cigarettes fabriquées en France aux prix suivants, savoir :

ESPÈCES.	PRIX DE VENTE par kilogramme de 1,000 cigarettes		PRIX DE VENTE aux consommateurs par paquet de 20 cigarettes.
	aux consommateurs.	aux débitants.	
	fr. c	fr. c.	fr. c.
Cigarettes en tabac à 12 fr. 50 le kilog.....	15 »	13 90	» 30
— — 16 » —	20 »	18 50	» 40
— — 20 » —	25 »	23 25	» 50
— — 25 » —	30 »	28 »	» 60

TARE des huiles et essences de pétrole et de schiste. — Voyez *Pétrole*.

TAUX D'ABONNEMENT. — Voyez *Transmission*.

TAXE DES CERCLES ET SOCIÉTÉS DE RÉUNION. — Voyez *Cercles*.

TAXE sur les locaux de Paris abandonnés par leurs habitants pendant la guerre. — (*Loi du 14 février-9 mars* 1872). — Cette taxe est abolie ; les sommes perçues seront restituées aux ayants-droit.

TAXE SUR LES BILLARDS. — Voyez *Billards*.

TÉLÉGRAPHES (nouvelles taxes). — (*Loi du 29 mars-4 avril* 1872). — Il est ajouté une taxe de 20 centimes par franc au principal de la taxe de toute dépêche entre deux bureaux du même departement en France et en Algérie ; et de 40 centimes par franc à la taxe de toutes les autres dépêches entre bureaux de France et d'Algérie.

THE (impôts). Voy. *Douanes*, art. 7.

THIERS.— Voyez *Maison* de M. Thiers. Voyez *Pouvoir exécutif*, voyez *Présidence de la République*.

TIMBRES ET CACHETS des officiers ministériels. — Voyez *Sceaux*.

TIMBRES ET CACHETS des cours et tribunaux. — Voyez *Sceaux*.

TIMBRE SUR LES JOURNAUX. — (*Décret du 5-6 septembre* 1870).— L'impôt sur les journaux et autres publications est aboli.

TIMBRE (nouveaux impôts). — Voyez *Enregistrement*. — (*Loi du 23 août* 1871).

TIMBRES sur les quittance, acquits reçus ou décharges, titres, valeurs, etc.—Voyez l'article 18 de la loi du 23 août 1871.

Décret du 27-28 novembre 1871). — 1. En exécution de l'article 18 de la loi du 23 août 1871 (voyez *Enregistrement*), il est établi un timbre mobile de 10 centimes dont le modèle sera déposé aux greffes des cours et tribunaux. 2. Ce timbre sera apposé sur les quittances, reçus, décharges, factures et mémoires acquittés et sur tous les titres qui emportent libération. Ce timbre, collé immédiatement, sera oblitéré par l'apposition à l'encre noire, en travers du timbre, de la signature du créancier ou de celui qui donne reçu ou décharge, ainsi que de la date de l'oblitération. Cette signature peut être remplacée par une griffe apposée à l'*encre grasse*, faisant connaître l'adresse, le nom ou la raison sociale du créancier et la date de l'oblitération du timbre. 3. Les mandats payables sur les caisses publiques peuvent être revêtus du timbre de 10 centimes. Ce timbre sera oblitéré au moyen d'une griffe par les agents, qui demeurent responsables des contraventions commises à raison des pièces acquittées à leur caisse. Les sociétés, compagnies, assureurs, entrepreneurs de transport, peuvent également, sous leur responsabilité, user de la même faculté en ce qui concerne les actions, obligations, dividendes, intérêts payables au porteur, rentes sur l'étranger, Etats, etc. 4. Les sociétés et les particuliers qui veulent s'affranchir de la pose et de l'oblitération du timbre mobile, doivent se soumettre au *timbre à l'extraordinaire*. Ils doivent alors déposer au bureau de l'enregistrement de leur résidence leurs formules imprimées pour quittances, reçus ou décharges. Ils en acquitteront les droits, sauf remise de 2 % à titre de déchet. 5. Les formules d'états de solde ou de payement, dits *états d'émargement*, les registres de factage ou de camionnage, et les autres documents pour lesquels il est dû un droit de timbre par chaque payement excédant 10 fr. ou par chaque objet reçu ou déposé, ne peuvent être timbrés à l'extraordinaire qu'autant que le droit à percevoir par chaque page correspondra à l'une des quotités des timbres des dimensions en usage. 6. Les billets de place délivrés par les compagnies et entrepreneurs, et dont le prix excède 20 fr. peuvent, si la demande en est faite, n'être revêtus d'aucun timbre, mais ces compagnies et entrepreneurs sont tenus de se conformer au mode de justification et aux époques de payement déterminées par l'administration.

TIMBRE (nouveaux droits de). — (*Loi du 30 mars-4 avril* 1872.) — 1. A partir du 8 avril 1872, le droit de timbre des récépissés délivrés par les chemins de fer, est fixé, y compris le droit de décharge, à 0,70 c. pour tout transport effectué autrement qu'en grande vitesse. Ce droit n'est pas assujetti aux décimes. 2. Les entrepreneurs de messageries et les intermédiaires de transports qui réunissent en un seul plusieurs paquets envoyés à des destinataires différents, sont tenus de remettre aux gares expéditrices un bordereau détaillé et certifié, sur papier non timbré, pour faire connaître le nom et l'adresse de chacun des destinataires. Le récépissé collectif et le récépissé spécial à chaque destinataire seront établis sur formules timbrées. Toute contravention à ces dispositions sera punie de 50 fr. d'amende; la récidive, dans le délai d'un an, sera punie de 100 fr. d'amende. 3. Les quatre originaux ou connaissements accompagnant les transports par eau, seront, à partir du 1er mai 1872, soumis à la formalité du timbre. L'original destiné au capitaine du bâtiment paiera 2 fr. de timbre; les autres seront timbrés gratis. Le timbre est réduit à 1 fr. pour le petit cabotage entre ports français. 4. Les connaissements venant de l'étranger seront soumis, avant tout usage en France, aux droits de timbre ci-dessus, perçus par l'apposition de *timbres mobiles.* 5-6. Tout connaissement non timbré donnera lieu à des amendes de 50 fr. contre le chargeur, de 50 fr. contre le capitaine et de 50 fr. contre l'armateur ou l'expéditeur du navire. Les capitaines qui n'auraient pas exhibé aux agents des douanes, à l'entrée et à la sortie, les connaissements dont ils doivent être porteurs, seront passibles d'une amende de 100 à 600 fr.

TIMBRES MOBILES. — (*Décret du 30 avril-1er mai* 1872). — En exécution de la loi ci-dessus (art. 4), il est établi des timbres mobiles à 0,50 c. et à 1 fr., composés chacun de deux empreintes : l'une, apposée sur le connaissement du capitaine, portera l'indication du prix ; l'autre, désignée sous le nom d'*estampille de contrôle*, sera déposée sur tous les originaux créés en France ou venant de l'étranger.

2. Les timbres de 0,50 c. sont destinés aux originaux supplémentaires des connaissements créés en France, et y sont déposés au moment de leur rédaction. Le timbre posé sur le connaissement du capitaine et l'*estampille de contrôle* seront immédiatement oblitérés par la signature à l'encre noire du chargeur ou de l'expéditeur et par la date de l'oblitération ; ou bien ils seront oblitérés par une griffe à l'encre grasse, faisant connaître le nom et la raison sociale du chargeur ou de l'expéditeur et la date de l'oblitération. 3. Si le connaissement du consignataire n'est pas représenté en même temps que celui du capitaine, l'*estampille* de contrôle est remise à ce dernier. Elle est apposée par le consignataire et oblitérée comme ci-dessus.

Décret du 22 juin-11 juillet 1872. — La susdite loi du 30 mars sera exécutoire en Algérie à partir du 1er août prochain, ainsi que le décret d'exécution ci-dessus.

TIMBRE DES CONNAISSEMENTS. — (*Décret du 24 juillet-16 août* 1872). — Pour l'exécution de la loi du 30 mars 1872, art. 4, il est créé des timbres mobiles composés : 1º d'une empreinte portant l'indication du prix et posé sur le connaissement du capitaine; 2º d'empreintes appelées *estampilles de contrôle,* qui seront appliquées sur les autres originaux. On les oblitérera comme il a été dit dans le décret du 30 avril ci-dessus.

TIMBRE (droits auxquels sont assujettis les *titres de rente* et *effets publics étrangers*). — (*Loi du 25-26 mai* 1872). — Ces droits sont établis comme suit : 0,75 c. pour chaque *titre* de 500 fr. et au-dessous ; 1 fr. 50, de 500 à 1,000 fr. ; 3 fr., de 1,000 à 2,000 fr. Et ainsi de suite, à raison de 1 fr. 50 par 1,000 fr. ou fraction de 1,000 fr. Ce droit, qui doit être perçu sur la valeur nominale du titre, n'est pas assujetti aux décimes. 2. Dix jours avant l'émission ou la souscription en France, la déclaration doit en être faite au bureau de l'enregistrement. Les titres devront avoir acquitté leurs droits avant leur remise aux souscripteurs. 3. Chaque contravention sera punie d'une amende de 5 % de la valeur nominale du titre, sans que cette amende puisse être inférieure à 50 fr. Le souscripteur ou le preneur est solidaire de l'amende, sauf son recours contre l'émissionnaire.

TIMBRES MOBILES destinés à l'acquittement des droits de *timbre de dimension*. (*Décret du 25 juin-5 août 1872.*) — Ces *timbres mobiles* seront conformes aux six modèles que l'administration de l'enregistrement fera déposer au greffe des cours et tribunaux.

TIMBRES DES LETTTRES DE GAGE. — Voyez *Transmission*.

TITRES NOMINATIFS (Nouveaux droits) (*Loi du 16 septembre-2 octobre 1871*). — A partir du 15 octobre 1871, les droits sur les titres nominatifs seront élevés à 1 fr. 50 pour cent francs pour négociation de ces valeurs. Voyez *Valeurs négociées*.

TITRES AU PORTEUR (Nouveaux droits.) (*Loi du 16 septembre-2 octobre*). — A partir du 15 octobre 1871, les droits sur les titres aux porteurs seront élevés à 15 cent. par cent francs. Voyez *Valeurs négociées*.

TITRES AU PORTEUR (*Loi du 15 juin-5 juillet 1872*). — Le propriétaire de titres qui en est dépossédé par quelque événement que ce soit, pourra se faire restituer contre cette perte comme il suit : 2. Il notifiera à l'établissement débiteur un acte indiquant nombre, nature, valeur nominale, numéros et, s'il y a lieu, série des titres ; époque et lieu de l'acquisition ; époque et lieu où ont été touchés les derniers intérêts ou dividendes ; les circonstances de la dépossession ; opposition au payement des intérêts, du dividende et du capital ; élection de domicile dans la commune ou siége de l'établissement débiteur. 3. Si l'année s'écoule sans contradiction, et si, dans cet intervalle, deux termes au moins d'intérêts ou de dividendes, ont été distribués, l'opposant pourra se pourvoir auprès du président du tribunal civil de son domicile pour être autorisé à toucher les intérêts ou dividendes échus et à échoir, et même le capital s'il était exigible. 4. Après autorisation, l'opposant, pour toucher intérêts et dividendes, doit fournir une caution qui n'est déchargée qu'après deux ans écoulés depuis l'autorisation. Cette caution s'étendra au montant des indemnités exigibles,

et, de plus, à une valeur double de la dernière annuité échue. Faute de pouvoir fournir la caution, l'opposant exigera que les intérêts ou les dividendes soient déposés à la caisse des dépôts et consignations à mesure qu'ils seront exigibles. Deux ans après l'autorisation, il pourra retirer les sommes échues et percevoir librement les sommes à échoir ensuite. 5. Quand le le capital est devenu exigible, il peut le retirer, sous caution, ou le faire déposer à la caisse des dépôts et consignations. Dix ans après l'exigibilité et cinq ans à partir de l'autorisation, la caution est déchargée, et s'il y a dépôt à la caisse des consignations, ce dépôt peut être retiré. 6. La caution est appréciée comme en matière commerciale ; elle peut être remplacée par un nantissement, restituable après le délai ci-dessus et qui peut être constitué en titres de rentes sur l'Etat. 7. En cas de refus d'autorisation, l'opposant pourra recourir au tribunal civil de son domicile. 8. S'il s'agissait de coupons détachés du titre, l'opposant pourrait, sans autorisation, en réclamer le montant après trois ans, à compter de l'échéance et de l'opposition. 9. 10. Si les titres frappés d'opposition sont présentés à l'établissement débiteur, avant que celui-ci ait payé les sommes dues à l'opposant, ledit établissement retiendra provisoirement les titres contre un récépissé remis au tiers porteur des titres ; il avertira l'opposant, par lettre chargée, de la présentation du titre, du nom et de l'adresse du tiers, et suspendra les effets de l'opposition jusqu'à ce que la justice ait prononcé. 11. Pour prévenir la négociation ou la transmission des titres, l'opposant notifiera sans retard, par exploit d'huissier, au syndicat des agents de change à Paris, une opposition, comme il a été dit à l'article 2 ; l'exploit contiendra, en outre, réquisition de faire publier les numéros des titres, publication qui sera faite dans les deux jours par le bulletin quotidien à ce destiné. Les frais de publicité seront payés d'avance à la caisse du syndicat. 12. 13. 14. La publication dans le bulletin rend nulle toute négociation des titres, depuis le jour où le bulletin est parvenu ou aurait pu parvenir par la poste, dans le lieu où cette négociation aurait été faite ; l'agent de change qui aurait servi d'intermédiaire serait responsable de la validité de cette transaction, vis-à-vis de la personne qui aurait acheté des titres perdus ou soustraits. Quand à l'opposant, la publication lui donne tous droits. 15. Après dix ans depuis l'autorisation (art. 3), l'opposant pourra exiger un titre semblable au premier, en duplicata portant le même numéro, lui conférant les mêmes droits et négociable dans les mêmes conditions. Le titre primitif est frappé de déchéance, et si un tiers venait à le présenter, il n'aurait qu'une action contre l'opposant. Les frais du duplicata seront payés par l'opposant. Les dispositions de la présente loi ne sont pas applicables aux billets de banque, ni aux rentes, ni aux titres au porteur émis par l'Etat, qui sont régis comme par le passé.

TITRES DE RENTES. — Voyez *Enregistrement.* (*Loi du* 28 *février* 1872.)

TITRES DE RENTES ÉTRANGERS. — Voyez *Timbre.*

TITRES émis par les villes, Provinces et Etablissement publics étrangers. —Voyez *Transmission.*

TRAITÉS et CONVENTIONS avec l'Allemagne. — *Préliminaires de paix* (26 *février* 1871). — La France renonce, en faveur de l'Allemagne, à tous ses droits titres sur les territoires situés à l'est de la frontière ci-après désignée : *Ligne de démarcation.* Elle commence à la frontière nord-ouest du canton de Cattenom, vers le grand duché de Luxembourg ; elle suit, au sud, les frontières occidentales des cantons de Cattenom et de Thionville ; elle passe par le canton de Briey, en longeant les frontières occidentales des communes de Montois-la-Montagne et de Roncourt, ainsi que les frontières occidentales de Sainte-Marie-aux-Chênes, Saintail, Abouville ; elle atteint la frontière du canton de Gorze et elle traverse ce canton le long des frontières communales de Vionville, de Bou ères et d'Onville ; elle suit la frontière occidentale de l'arrondissement de Château-Salins jusqu'à la commune de Pettoncourt, dont elle embrasse les frontières occidentale et méridionale, pour suivre la crête des montagnes entre la Seille et le Moncel jusqu'à la frontière de l'arrondissement de Sarrebourg au sud de La Garde. La ligne de démarcation coïncide avec la frontière de l'arrondissement de Sarrebourg, jusqu'à la commune de Tanconville, dont elle atteint la frontière au nord ; de là elle suit la crête des montagnes entre les sources de la Sarre-Blanche et de la Vezouze, jusqu'à la frontière du canton de Schirmeck ; elle longe la frontière occidentale de ce canton, embrasse les communes de Saales, Bourg-Bruche, Cobroy-la-Roche, Plaine, Ranrupt, Saulxures et Sainte-Blaise-la-Roche, du canton de Saales, et coïncide avec la frontière des départements du Bas-Rhin et du Haut-Rhin, jusqu'au canton de BELFORT, dont elle quitte la frontière méridionale non loin de Vouvenans, pour traverser le canton de Delle. aux limit'es méridionales des communes de Bourgogne et de Froide-Fontaine, et atteindre la frontière suisse en longeant les frontières orientales des communes de Jonchery et de Delle. L'Allemagne possédera ces territoires à perpétuité, en toute souveraineté et propriété.

Modifications. — Les villages de *Sainte-Marie-aux-Chênes* et de *Vionville* seront cédés à l'Allemagne ; par contre, les fortifications de BELFORT, ainsi que le rayon de cette ville resteront à la France.

2. La France payera CINQ MILLIARDS de francs à l'Allemagne, un milliard en 1871 et le reste dans un espace de trois ans.

3. Aussitôt après la ratification des présentes, les troupes allemandes quitteront Paris, les forts de la rive gauche de la Seine, les départements du Calvados, de l'Orne, d'Eure-et-Loire, de la Sarthe, du Loiret, du Loir-et-Cher, d'Indre-et-Loire, une partie de la Seine-Inférieure, de l'Eure, de Seine-et-Oise, de Seine-et-Marne, de l'Aube et de la Côte-d'or, jusqu'à la rive gauche de la Seine. Les troupes françaises se retireront derrière la Loire jusqu'à la paix définitive, excepté les 40,000 hommes de garnison de Paris et la garnison des places fortes. L'évacuation des autres parties de la France s'opérera graduellement comme suit : après le payement du premier demi-milliard : Somme, Oise, et les autres parties de la Seine-Inférieure, de Seine-et-Oise, de la Seine, de Seine-et-Marne. Après le payement de deux milliards, l'occupation ne comprendra plus que le département de la Marne, des Ardennes, de la Haute-Marne, de la Meuse, des Vosges, de la Meurthe et de Belfort, qui resteront en garantie du reste de la dette des Français. Cependant on pourra leur substituer une garantie financière suffisante. Les trois milliards portent intérêts à 5 pour cent à partir de la ratification de la présente. 4. Il ne sera plus fait de réquisition dans les départements occupés, mais l'alimentation

des troupes occupantes aura lieu aux frais de la France.

5. *Habitants des territoires cédés.* Ils pourront émigrer librement (Voyez *Alsaciens-Lorrains*).

6. *Prisonniers de guerre.* Ils seront rendus immédiatement après la ratification des présents préliminaires.

7-8. *Départements occupés.* Ils seront administrés par les autorités françaises, qui seront cependant aux ordres des commandants allemands, pour ce qui intéresse la sûreté, l'entretien et la distribution des troupes. Les impôts s'opéreront, par les employés français, au compte du gouvernement français.

Convention additionnelle (26 *février* 1871). 1-2. Trente mille allemands occuperont, à Paris, la partie comprise entre la Seine, la rue du Faubourg-Saint-Honoré et l'avenue des Ternes. L'accès de cette partie sera interdit, pendant l'occupation, aux troupes françaises et aux gardes nationales armées.

Traité de paix définitif, signé à Francfort le 10 mai 1871. — 1. *Rectification de frontières.* Le rayon de Belfort est agrandi; il comprendra les cantons de Belfort, de Dalle et de Giromagny, ainsi que la partie occidentale du canton de Fontaine. En échange de ces territoires, la France consent à une rectification de frontières le long des limites occidentales du canton de Cattenom et de Thionville. La France cède à l'Allemagne le terrain à l'est d'une ligne qui part de la frontière du Luxembourg entre Hussigne et Redingen, en laissant à la France les villages de Thil et de Villerupt. La ville frontière se prolonge entre Errouville et Aumetz, entre Beuvillers et Boulange, entre Trieux et Lomeringen; elle joint ensuite l'ancienne ligne de frontières entre Avril et Moyeuvre.

2. *Alsaciens-Lorrains.* Ils jouiront, jusqu'au 1er octobre 1872. moyennant une déclaration préalable, de la faculté de transporter leur domicile en France et de s'y fixer; ils resteront alors citoyens français tout en pouvant conserver des immeubles sur le territoire annexé. Aucun habitant ne pourra être inquiété ou recherché à raison de ses actes politiques ou militaires pendant la guerre. 3. *Archives, documents et registres des territoires cédés.* Ils seront remis au gouvernement allemand. 4. *Sommes dues par le gouvernement français aux départements, communes et établissements publics des territoires cédés;* aux *militaires et marins Alsaciens-Lorrains* qui optent pour la nationalité allemande; aux *comptables de l'Etat* (cautionnement) et pour *consignations judiciaires.* Ces sommes seront remises, dans le délai de six mois, aux allemands.

5. Les deux nations jouiront d'un traitement égal en ce qui concerne la navigation sur la Moselle, le canal de la Marne au Rhin, le canal du Rhône au Rhin, le canal de la Sarre et les eaux navigables communiquant à ces voies de navigation. Le droit de flottage sera maintenu.

6. *Circonscription diocésaines non catholiques.* Les protestants et israélites des pays cédés cesseront de dépendre de leurs anciens diocèses français; les protestants et israélites du territoire français cesseront d'appartenir aux anciennes circonscriptions.

7. *Payements des cinq milliards.*
1er *versement*: 500 millions; trente jours après la fin de la guerre civile en France.
2e *versement*: un milliard; dans le courant de l'année.
3e *versement*: 500 millions, le 1er mars 1872.
4e *versement*: 3 milliards, le 2 mars 1871.
Intérêts des trois milliards. Ils seront payés chaque année le 3 mars.
8-9-10-11-12. *Allemands en France.* Ceux qui ont été expulsés reprendront la jouissance de tous leurs biens en France. Le délai stipulé par les lois françaises pour obtenir la naturalisation sera considéré comme non interrompu par la guerre pour les personnes qui profiteront de la faculté de revenir en France dans un délai de six mois, et ces personnes seront considérées comme n'ayant jamais cessé de résider en France.
Français en Allemagne. Les Français en Allemagne seront traités sur le pied de la réciprocité.

13. *Bâtiments allemands prisonniers.* Ceux qui ont été condamnés par le *Conseil des prises* avant le 2 mars 1871 ne seront pas rendus; les autres seront rendus avec la cargaison, en tant qu'elle existe encore; si la restitution n'est plus possible, leur valeur, fixée d'après le prix de la vente, sera rendu à leurs propriétaires.

14. 15. 16. *Tombeaux des soldats.* Les

deux gouvernements les feront respecter et entretenir.

Articles additionnels (chemins de fer). 1. Le gouvernement français rachètera la concession du chemin de fer de l'Est, pour faire l'abandon de ses droits, en ce qui concerne les voies ferrées sur les territoires cédés, au gouvernement allemand. Il comprendra dans cet abandon : les terrains et bâtiments de la compagnie, les immeubles qui en dépendent, le matériel d'exploitation, les approvisionnements. les mobiliers des gares et l'outillage des ateliers, ainsi que les sommes dues à la compagnie à titre de subvention. Le matériel roulant est exclu de cette concession. Cette cession de propriété équivaudra, pour la France, à un versement de 325 millions de francs. 2. Le gouvernement allemand offre 2 millions de francs pour les droits de la compagnie du chemin de fer de l'Est, sur la partie de son réseau situé en Suisse. 3. *Rectification de frontières.* Le territoire de Belfort sera augmenté des territoires des villages suivants : Bougemont, Leval, la Petite-Fontaine, Bourgny, Félon, la Chapelle-sous-Bougemont, Angeot, Vauthiermont, La Rivière, La Grange, Reppe, Fontaine, Frais, Faussemagne, Cunelières, Montreux-le-Château, Bretagne, Chavanne-lès-Grandes, Chavanatte et Suarre.

La route de Giromagny à Remiremont passant au ballon d'Alsace restera à la France, dans tout son parcours et servira de limite, en tant qu'elle est située en dehors du canton de Giromagny.

Convention séparée (signée à Berlin le 12 octobre 1871). — 1. Le gouvernement allemand évacuera sous quinze jours les six départements suivants : 1º Aisne ; 2º Aube ; 3º Côte-d'or, 4º Haute-Saône ; 5º Doubs ; 6º Jura, et il réduira à 50,000 hommes le corps d'occupation. 2. De son côté, le gouvernement français s'engage à payer :

Le 15 janvier 1872, 80 millions ;

Le 1er février	— 80	—
Le 15 février	— 80	—
Le 1er mars	— 80	—
Le 15 mars	— 80	—
Le 1er avril	— 80	—
Le 15 avril	— 80	—
Le 1er mai	— 80	—
Total. . .	650	—

Dont 150 millions représentent une année d'intérêts et 500 millions forment le *quatrième demi-milliard*. En cas de non payement, les départements seraient réoccupés. Dans tous les cas, leurs territoires seront déclarés neutres, et il n'y restera que les troupes françaises indispensables au maintien de l'ordre.

Convention additionnelle de Berlin (signée le 12 octobre 1871). — 1. Les produits de l'Alsace-Lorraine seront admis en France, sans droit de douane jusqu'au 31 décembre 1871. De ce jour au 30 juin 1872, un quart des droits applicables aux produits allemands, de cette époque au 31 décembre 1872, moitié de ces droits. 2. *Rectification de frontières.* Le gouvernement allemand rétrocède à la France les communes de Raon-les-Leau, Raon-sur-Plaine et d'Igney, ainsi que la partie de la commune d'Avricourt située entre Igney et le chemin de fer de Paris à Avricourt.

Convention additionnelle de Francfort (signée le 11 décembre 1871, et ratifiée à Versailles, le 9 janvier 1872). — 1. Les Alsaciens-Lorrains résidant hors d'Allemagne feront leur déclaration d'option en faveur de la France, soit aux mairies de leur domicile en France, soit devant une chancellerie diplomatique ou consulaire française. Tous les trois mois, le gouvernement français notifiera la liste des options au gouvernement allemand. 2. Le gouvernement allemand se charge de toutes les pensions civiles ou ecclésiastiques ou de veuves ou d'orphelins qui optent pour la nationalité allemande. 3. Les jugements rendus par les tribunaux français dans les pays annexés sont exécutoires. 4. Il y aura échange des condamnés français et allemands actuellement détenus dans les prisons, maisons centrales et établissements pénitentiaires des deux pays. Il en sera de même des aliénés. 5-6. Il y aura échange de casiers judiciaires. 7. Il y aura garantie des droits hypothécaires acquis depuis le 20 mai 1871, sans exclusion de nationalité. 8. Il y aura restitution réciproque des titres, plans, matrices cadastrales, registres, papiers des communes respecti.s. 9. Les diocèses catholiques ne changent pas de limite jusqu'à nouvel ordre. 10. Rien n'est changé à la jouissance des brevets d'invention pris avant la conquête. 11. Une commission composée d'un nombre de délégués égal pour chaque partie contractante sera chargée de l'exécution de l'article 4 du traité de Francfort (10 mai

1871). 12. Les produits agricoles des pays limitrophes des frontières sont affranchis de tout droit d'importation, d'exportation ou de circulation. 13. 14. Les concessions de routes, canaux et mines, sont reconnues par le gouvernement allemand, qui prend à sa charge tous les engagements pris par le gouvernement français dans les pays cédés. 15. 16. De même pour le curage des canaux et les concessions des chemins de fer. 17. Il y aura communication mutuelle de renseignements sur le service de la douane.

Protocole. Les militaires français originaires des territoires cédés seront libérés dès qu'ils opteront pour la nationalité allemande.

Protocole de signature. Avant de signer, les plénipotentiaires français déclarent que leur gouvernement repousse toute responsabilité, pécuniaire ou autre, pour les concessions de coupes de bois dans les forêts de l'Etat, sur territoire resté français. consenties, pendant l'invasion, par les autorités allemandes.

Convention de Versailles du 30 juin 1872, ratifiée par l'Assemblée nationale le 6 juillet suivant. — 1. 2. La France s'engage à payer les trois derniers milliards de l'indemnité de guerre aux termes suivants :

1º Un demi-milliard de francs, vingt et un mois après l'échange des ratifications de la présente convention ;

2º Egale somme au 1er mars 1873 ;

3º Un milliard au 1er mars 1874 ;

4º Un milliard au 1er mars 1875.

Paiements qui pourront être avancés par versements partiels de 500 millions, à la condition que le gouvernement français avisera un mois à l'avance le gouvernement allemand de chaque versement anticipé. 3. Les Allemands évacueront les départements de la Marne et de la Haute-Marne quinze jours après le premier payement; les Ardennes et les Vosges quinze jours après le troisième payement; la Meuse, la Meurthe-et-Moselle et l'arrondissement de Belfort après le payement du troisième milliard et des intérêts qui resteront à solder. 4. Après le troisième payement les deux gouvernements pourront, d'un commun accord, substituer, pour le troisième milliard et les intérêts, des garanties financières aux garanties territoriales.

5. Les intérêts sont payés le 2 mars de chaque année ; le dernier acquittement d'intérêts aura lieu en même temps que l'acquittement du troisième milliard. 6.

Les frais d'entretien des troupes allemandes seront successivement restreints. 7. Jusqu'à la complète évacuation, les départements successivement évacués seront neutralisés ; on ne modifiera pas les fortifications qui existent ; on n'en élèvera pas de nouvelles ; on n'y entretiendra pas d'autres troupes françaises que celles qui sont nécessaires au maintien de l'ordre. De leur côté, les Allemands ne fortifieront point dans les départements occupés. 8. Les Allemands se réservent de réoccuper les départements évacués, en cas de non exécution de cette convention.

Déclaration de Paris du 14 juin 1872. Les actes de l'état civil, les documents judiciaires et autres analogues délivrés en Alsace-Lorraine et produits en France, ou délivrés en France et produits en Alsace-Lorraine, seront, à l'avenir, admis par les autorités compétentes des deux pays, lorsqu'ils auront été légalisés, soit par le président d'un tribunal, soit par un juge de paix ou son suppléant. Aucune autre légalisation ne sera exigée, hormis le cas où il y aurait lieu de mettre en doute l'authenticité des pièces produites.

TRAITÉS DE COMMERCE AVEC L'ANGLETERRE ET LA BELGIQUE. (*Loi du 2-24 février* 1872). Le gouvernement est autorisé à les dénoncer en temps utile.

TRAITE DE LONDRES, du 13 mars 1871. Voyez *navigation de la mer Noire et du Danube.*

TRAITEMENT des fonctionnaires administratifs des départements, voyez *fonctionnaires.*

TRANSMISSION DE TITRES ÉTRANGERS AU PORTEUR; TAUX D'ABONNEMENT AU TIMBRE DES LETTRES DE GAGES ET OBLIGATIONS DU CREDIT FONCIER; TITRES EMIS PAR LES VILLES, PROVINCES ET ETABLISSEMENTS PUBLICS ETRANGERS. (*Loi du* 30 *mars* 1872). Art. 1er. A dater du 1er avril 1872, le droit de transmission de 15 cent. sur titres au porteur étrangers de toute nature est fixé à 25 cent. Le taux d'abonnement au timbre de lettres de gage et obligations du Crédit foncier est élevé à 5 cent. par 1000 fr., plus 2 décimes ajoutés au principal des droits de timbres. Les titres étrangers ne pourront être cotés ou négociés en France sans payer les mêmes droits. 2. Les contraventions seront punies d'amendes de 5 % de la valeur nominale des titres; les amendes ne pourront être inférieures à 50 fr. Les officiers publics ou ministériels contrevenants seront passibles d'une amende de 50 fr. 4. Les quittances, reçus, décharges et reconnaissances donnés pour constater la remise d'effet de commerce à négocier, accepter ou encaisser sont exempts de droits de timbre. 5. A partir du 1er janvier 1873, la taxe annuelle des droits de transmission entre-vifs et par décès est élevé à 70 cent. par franc du principal de la contribution foncière et est soumise aux décimes des droits d'enregistrement. Certains droits de transmission ont été modifiés par la loi du 29 juin 1872. Voyez *valeurs mobilières*.

Décret du 22 mai-29 juillet. 1. Pour l'exécution de la loi ci-dessus, il sera nommé une commission qui établira, d'accord avec le ministre des finances, le nombre de titre étrangers soumis aux droits. 2. Le nombre ne peut être inférieur, pour les actions, à un dixième, et pour les obligations, à deux dixièmes du capital. 3. Ce nombre peut être révisé tous les trois ans. Le non-acquittement des droits par les sociétés entraînerait la radiation des titres de la cote française et le représentant établi en France serait responsable des droits jusqu'au jour de la radiation.

TRANSPORTS DE BAGAGES ET MESSAGERIES (nouvelles taxes). (*Loi du 16 septembre-2 octobre 1871*). A dater du 15 octobre 1871, il sera perçu, au profit du Trésor public, une taxe additionnelle de 10 °/₀ du prix actuel sur le prix des transports de bagages et messageries *à grande vitesse* par chemin de fer, voitures publiques, bateaux à vapeur et autres consacrés au public.

TRIBUNAUX (roulement dans les). voyez *Magistrature*.

TRIBUNAUX de commerce (Elections des membres des) (*Loi du 4-9 avril 1871*). —1. 2. Les juges actuellement en fonctions y resteront jusqu'aux élections nouvelles. 3. En cas de vacances produites par décès, démissions ou autres causes, les magistrats en exercice désigneront, à la pluralité des voix, un ou plusieurs commerçants du ressort, pour remplir jusqu'aux élections les fonctions de juges suppléants. Ces commerçants devront réunir les conditions indiquées par l'art. 620 (1) du code de commerce. Voyez *Chambre de commerce.*

(1). *Art. 620 du code de commerce.* — Tout

TRIBUNAUX de commerce (Mode d'élection des juges) (*Loi du 21-29 décembre 1871*). — Art. 1er Le décret du 2 mars 1852 est abrogé. 2. Les articles 618, 619, 620 et 621 du code de commerce seront remplacés par les articles suivants :

« Art. 618. Les membres des tribunaux « de commerce seront nommés dans une « assemblée d'électeurs pris parmi les « commerçants recommandables par leur « probité, esprit d'ordre et d'économie.— « Pourront aussi être appelés à ces réu- « nions les directeurs des compagnies « anonymes de commerce, de finance et « d'industrie, les agents de change, les « capitaines au long cours et les maîtres « au cabotage ayant commandé des bâti- « ments pendant cinq ans et domiciliés « depuis deux ans dans le ressort du tri- « bunal. Le nombre des électeurs sera « égal au dixième des commerçants ins- « crits à la patente; il ne pourra dépasser « mille ni être inférieur à cinquante ; dans « le département de la Seine, il sera de « trois mille. Art. 619. La liste des élec- « teurs sera dressée par une commission « composée : 1° du président du tribunal « de commerce, qui présidera, et d'un « juge au tribunal de commerce. Pour la « première élection qui suivra la création « d'un tribunal, on appellera dans la com- « mission le président du tribunal civil et « un juge au même tribunal ; 2° du prési- « dent et d'un membre de la chambre de « commerce ; si le président de la chambre « de commerce est en même temps pré- « sident du tribunal, on appellera un « autre membre de la chambre ; dans les « villes où il n'existe pas de chambre « de commerce, on appellera le pré- « sident et un membre de la chambre « consultative des arts et métiers ; à dé- « faut, on appellera un conseiller munici- « pal ; 3° de trois conseillers généraux « choisis, autant que possible, parmi les « membres élus dans les cantons du res- « sort du tribunal ; 4° du président du « conseil des prud'hommes, et, s'il y en a « plusieurs, du plus âgé des présidents ; à

commerçant pourra être nommé juge ou suppléant s'il est âgé de trente ans, s'il exerce le commerce avec honneur et distinction depuis cinq ans. Le président devra être âgé de quarante ans et ne pourra être choisi que parmi les anciens juges, y compris ceux qui ont exercé dans les tribunaux actuels et même les anciens juges-consuls des marchands. (Voyez à l'article ci-dessous les modifications apportées à cet art. 620 du code de commerce.)

« défaut du conseil des prud'hommes, on
« appellera dans la commission le juge
« de paix ou le plus âgé des juges de paix
« de la ville où siége le tribunal; 5° du
« maire de la ville où siége le tribunal de
« commerce, et, à Paris, du président du
« conseil municipal. — Les juges au tri-
« bunal de commerce, les membres de la
« chambre de' commerce, les juges du
« tribunal civil, les conseillers généraux
« et les conseillers municipaux, dans les
« cas prévus aux paragraphes précédents,
« seront élus par les corps auxquels ils
« appartiennent. Chaque année, la com-
« mission remplira les vacances prove-
« nant de décès ou d'incapacités légales
« survenues depuis la dernière révision.
« Elle ajoutera à la liste, en sus du nom-
« bre d'électeurs fixé par l'article 619, les
« anciens membres de la chambre et du
« tribunal de commerce, et les anciens
« présidents des conseils de prud'hommes.
« Ne pourront être portés sur la liste ni
« participer à l'élection, s'ils y avaient été
« portés : 1° les individus condamnés soit à
« des peines afflictives ou infamantes, soit
« à des peines correctionnelles pour des
« faits qualifiés crimes par la loi, ou pour
« délit de vol, escroquerie, abus de con-
« fiance, usure, attentat aux mœurs, soit
« pour contrebande quand la condamna-
« tion pour ce dernier délit aura été d'un
« an au moins d'emprisonnement; 2° les
» individus condamnés pour contravention
« aux lois sur les maisons de jeu, les lo-
« teries et les maisons de prêts sur gages;
« 3° Les individus condamnés pour les
« délits prévus aux articles 413 (1),
« 414, 419, 420, 421, 423, 430, pa-

(1) *Art. 413 du code pénal.* — Toute violation
des règlements d'administration publique, relatifs
aux produits des manufactures françaises qui
s'exporteront à l'étranger et qui ont pour objet de
garantir la bonne qualité, les dimensions et la nature de la fabrication, sera punie d'une amende de
200 francs au moins, de 3.000 francs au plus, et
de la confiscation des marchandises. Ces deux
peines pourront être prononcées cumulativement ou
séparément, selon les circonstances.

Art. 414 du code pénal. — Toute coalition
entre ceux qui font travailler des ouvriers tendant
à forcer injustement et abusivement l'abaissement
des salaires, suivie d'une tentative ou d'un commencement d'exécution sera punie d'un emprisonnement de six jours à un mois et d'une amende
de 200 francs à 3,000 francs.

Art. 419 du code pénal. — Tous ceux qui,
par des faits faux ou calomnieux semés à dessin
dans le public, par des sur-offres faites au prix
que demandaient les vendeurs eux-mêmes, par
réunion ou coalition entre les principaux détenteurs
d'une même marchandise ou denrée, tendant à ne

« ragraphe 2 du code pénal, et aux
« articles 596 et 597 du code de com-
« merce; 4° les officiers ministériels
« destitués ; 5° les faillis non réhabilités,

la pas vendre ou à ne la vendre qu'à un certain
prix, ou qui, par des voies ou moyens frauduleux
quelconques, auront opéré la hausse ou la baisse
du prix des denrées ou marchandises ou des papiers et effets publics au-dessus et au-dessous des
prix qu'aurait déterminé la concurrence naturelle
et libre du commerce seront punis d'un emprisonnement d'un mois au moins, d'un an au plus, et
d'une amende de 500 francs à 10.000 francs. Les
coupables pourront, de plus, être mis, par l'arrêt ou
le jugement, sous la surveillance de la haute police
pendant deux ans au moins et cinq ans au plus.

Art. 420 du code pénal. — La peine sera
d'un emprisonnement de deux mois au moins et de
deux ans au plus, et d'une amende de 10,000 à
20,000 francs, si ces manœuvres ont été pratiquées
sur grains, grenailles, farines, substances farineu-
ses, pain, vin ou tout autre boisson. La mise en
surveillance qui pourra être prononcée, sera de
cinq ans au moins et dix ans au plus.

Art. 421 du code pénal. — Les paris qui
auront été faits sur la hausse ou la baisse des effets publics seront punis des peines portées par
l'art. 419.

Art. 423 du code pénal. — Quiconque aura
trompé l'acheteur sur le titre des matières d'or ou
d'argent, sur la qualité d'une pierre fausse vendue
pour fine, sur la nature de toutes marchandises;
quiconque par usage de faux poids ou de fausses
mesures, aura trompé sur la quantité des choses
vendues, sera puni de l'emprisonnement pendant
trois mois au moins, un an au plus, et d'une
amende qui ne pourra excéder le quart des resti-
tutions et dommages-intérêts, ni être au-dessous de
50 francs. — Les objets du délit ou leur valeur,
s'ils appartiennent encore au vendeur, seront confisqués, les faux poids et les fausses mesures seront
aussi confisqués et, de plus, seront brisés.

Art. 430 du code pénal. — Tous individus
chargés, comme membres de compagnie ou individuellement, de fournitures, d'entreprises ou régies
pour le compte des armées de terre et de mer,
qui, sans y avoir été contraints par une force majeure, auront fait manquer le service dont ils sont
chargés, seront punis de la peine de la réclusion
et d'une amende qui ne pourra excéder le quart
des dommages-intérêts ni être au-dessous de 500
francs ; le tout sans préjudice de peines plus fortes
en cas d'intelligence avec l'ennemi.

Art. 596 du code de commerce. — Tout
syndic qui se sera rendu coupable de malversation
dans sa gestion sera puni correctionnellement d'un
emprisonnement de deux mois à deux ans, et d'une
amende qui ne pourra excéder le quart des resti-
tutions et des dommages-intérêts, ni être inférieure
à 25 francs.

Art. 597 du code du commerce. — Le créancier qui aura stipulé des avantages particuliers à
raison de son vote dans les délibérations de la
faillite, ou qui aura fait un traité particulier duquel
résulterait en sa faveur un avantage à la charge
de l'actif du failli, sera puni correctionnellement
d'un emprisonnement qui ne pourra excéder une
année et d'une amende qui ne pourra être au-dessus 2.000 francs. — L'emprisonnement pourra être
porté à deux ans, si le créancier est syndic de la
faillite.

« et généralement tous ceux que la loi
« électorale prive du droit de voter aux
« élections législatives. La liste sera en-
« voyée au préfet, qui la fera publier et
« afficher. Un exemplaire signé par le
« président du tribunal de commerce sera
« déposé au greffe du tribunal de com-
« merce. Tout patenté du ressort aura le
« droit d'en prendre connaissance et, à
« toute époque, de demander la radiation
« des électeurs qui se trouveraient dans
« un des cas d'incapacité ci-dessus. L'ac-
« tion sera portée sans frais devant le
« tribunal civil, qui prononcera en la
« chambre du conseil. En appel, la cour
« statuera dans la même forme. Art.
« 630. Tout commerçant, directeur de
« compagnie anonyme, agent de change,
« capitaine au long cours et maître au ca-
« botage porté sur la liste des électeurs
« ou étant dans les conditions voulues
« pour y être inscrit, pourra être nommé
« juge ou suppléant s'il est âgé de trente
« ans, s'il est inscrit à la patente depuis
« cinq ans et domicilié, au moment de
« l'élection, dans le ressort du tribunal.—
« Les anciens commerçants et agents de
« change seront éligibles s'ils ont exercé
« leur commerce pendant le même temps.
« — Nul ne pourra être nommé juge s'il
« n'a été suppléant. — Le président ne
« pourra être choisi que parmi les anciens
« juges. Art. 621. L'élection sera faite
« au scrutin de liste pour les juges et
« suppléants, et au scrutin individuel
« pour le président. Lorsqu'il s'agira d'é-
« lire le président, l'objet spécial de cette
« élection sera annoncé avant d'aller au
« scrutin. — Les élections se feront dans
« le local du tribunal de commerce, sous
« la présidence du maire du chef-lieu où
« siége le tribunal, assisté de quatre as-
« sesseurs qui seront les deux plus jeunes
« et les deux plus âgés des électeurs pré-
« sents. — La convocation des électeurs
« sera faite dans la première quinzaine de
« décembre, par le préfet du département.
« Au premier tour de scrutin, nul ne sera
« élu s'il n'a réuni la moitié plus un des
« suffrages exprimés et un nombre égal
« au quart du nombre des électeurs in-
« scrits. Au deuxième tour, qui aura lieu
« huit jours après, la majorité relative
« sera suffisante. La durée de chaque
« scrutin sera de deux heures au moins.
« Le procès-verbal sera dressé en triple
« original, et le président en transmettra
« un exemplaire au préfet et un autre au

« procureur général; le troisième sera
« déposé au greffe du tribunal. Tout
« électeur pourra, dans les cinq jours
« après l'élection, attaquer les opérations
« devant la cour d'appel, qui statuera
« sommairement et sans frais. Le procu-
« reur général aura un délai de dix jours
« pour demander la nullité. » 3. Pour
les premières élections auxquelles il sera
procédé, immédiatement après la promulgation de la présente loi, les juges et juges
suppléants en exercice seront éligibles.—
Pour la première élection, la désignation
des conseillers généraux, dont il est parlé
au 3° de l'article 619 ci-dessus, sera faite
par la commission départementale.

TRIBUNAUX DE COMMERCE (Elections en
Algérie) (*Décret du* 10-11 *mai* 1872). —
La loi ci-dessus, en date du 21 décembre
1871, est rendue exécutoire en Algérie.

VALEURS ÉTRANGÈRES.—Voyez *Transmission, Enregistrement* et *Timbre.*

VALEURS MOBILIÈRES (Impôt) (*Loi
du* 29-30 *juin* 1872). — Outre les droits de
timbre et de transmission, il est établi, à
partir du 1er juillet 1872, une taxe annuelle et obligatoire : 1° sur les intérêts,
dividendes, revenus et tous autres produits d'actions de toutes nature, de sociétés ou entreprises financières, industrielles, commerciales ou civiles, quelle
que soit l'époque de leur création; 2° sur
les arrérages et intérêts annuels des emprunts et obligations des départements,
communes, établissements publics, sociétés ou entreprises; 3° sur les intérêts,
produits et bénéfices annuels des parts
d'intérêts et commandites dans les sociétés, compagnies et entreprises dont le capital n'est pas divisé en actions. 2. Le
revenu est déterminé : 1° pour les actions,
par le dividende; 2° pour les obligations
ou emprunts, par l'intérêt; 3° pour les
parts d'intérêts ou commandites par les
délibérations du conseil d'administration,
ou par l'évaluation. à raison de 5 pour
cent du capital, ou par l'évaluation de la
valeur moyenne des parts vendues pendant
l'année précédente. Dans le but de faciliter ces évaluations, les comptes-rendus et
les extraits de délibération des conseils
d'administration ou des actionnaires seront
déposés dans les vingt jours de leur date,
au bureau de l'enregistrement de leur
siége social. 3. *Quotité des taxes.* Elle
est fixée à 3 pour cent du revenu. Le montant en est avancé par les sociétés, villes,
départements ou établissements publics

qui en feront la retenue aux actionnaires. Pour 1872 la taxe sera de moitié seulement. Les *transmissions de titres au porteur* paieront, à partir de la promulgation de la présente loi, un droit de 50 centimes par cent francs ; les titres au porteur, un droit de 20 centimes par cent francs : droits non soumis aux décimes. Les lois du 23 juin 1857, du 16 septembre 1871 et 30 mars 1872 sont donc modifiées. Voyez *Budget rectificatif* et *Transmission de titres au porteur*. 4. Les *valeurs étrangères* de même nature que celles précédemment énoncées, ne pourront être cotées, négociées, vendues ou émises en France, qu'en se soumettant à une taxe équivalente, outre les droits de timbre et de transmission. Voyez *Timbre*, voyez *Transmission*. 5. *Contraventions*. Elles seront punies conformément à l'article 10 de la loi du 23 juin 1857.

VALEURS NEGOCIEES (nouveaux droits) (*Loi du 16 septembre-20 octobre 1871*). — A partir du 15 octobre 1871, les droits sur les valeurs négociées seront élevés à 50 centimes pour cent francs, pour les titres nominatifs et de 20 centimes pour les titres au porteur. Voyez *Titres nominatifs*, voyez *Titres au porteur*.

VALIDITÉ des décrets du gouvernement. — Voyez *Décrets*.

VANILLE (impôts). Voyez *Douanes*, art 12.

VENTES JUDICIAIRES D'IMMEUBLES. — Voyez *Saisie immobilière*.

VEUVES DES MILITAIRES MORTS SOUS LES DRAPEAUX. — Voyez *Fa-milles des militaires*, voyez *Victimes* du bombardement de Paris, voyez *Assassinat* des généraux Clément Thomas et Lecomte.

VICE-PRÉSIDENT du conseil des ministres (*Décret du 2-3 septembre 1871*).— Le président de la République décrète : Art. 1er. Le Président de la République, en cas d'absence ou d'empêchement, délègue à l'un des ministres le droit de convoquer le conseil et de le présider. — Le ministre délégué portera le titre de *vice-président du conseil des ministres*. 2. M. Dufaure, garde des sceaux, ministre de la justice, est nommé vice-président du conseil des ministres.

VICTIMES du bombardement de Paris (*Décret du 11-13 janvier 1871*). — Le gouvernement de la Défense nationale décrète : Tout Français atteint par les bombes prussiennes est assimilé au soldat français frappé par l'ennemi. Les veuves de ceux qui auront péri par l'effet du *bombardement* de Paris, les orphelins de père ou de mère qui auront péri de même sont assimilés aux veuves et aux orphelins des soldats tués à l'ennemi,

VINS (impôts). Voyez *Douanes*, art. 13; voyez *contributions indirectes*. (*Loi du 1er septembre* 1871.)

VOYAGEURS (impôts sur les) (*Loi du 16 septembre-2 octobre* 1871). A dater du 15 octobre 1871, il sera perçu, au profit du Trésor public, une taxe additionnelle de 10 pour cent du prix actuel sur le prix des places des places des voyageurs transportés par chemins de fer, voitures publiques, bateaux à vapeur et autres consacrés au public.

FIN

TABLE CHRONOLOGIQUE

DES

LOIS, DÉCRETS, PROCLAMATIONS, ARRÊTÉS

LETTRES-PATENTES ET RÉSOLUTIONS

PROMULGUÉS EN FRANCE

Depuis le 17 juillet 1870 jusqu'au 25 août 1872

ANNÉE 1870
Juillet

Loi du 17. — Garde nationale mobile appelée à l'activité.
— 17. — Engagements volontaires en temps de guerre.
— 20. — Garde nationale (Les députés peuvent être officiers dans la).
— 20. — Contingent de 140,000 hommes à appeler sur la classe de 1870.
— 21. — Opérations militaires (Divulgation des).
— 22. — Maires et adjoints (Nomination des).
Lettres-patentes du 23. — Régence.
Loi du 23. — Conseils généraux d'arrondissement.
— 24. — Secours aux familles des militaires.

Août

Décret impérial du 7 août. — Garde nationale sédentaire réorganisée.
Loi du 10. — Forces militaires augmentées.
— 12. — Cours légal des billets de banque.
— 12. — Garde nationale réorganisée
— 13. — Prorogation des effets de commerce.
— 14. — Billets de banque (nouvelle émission.)
— 14. — Officiers ministériels appelés sous les drapeaux.
— 18. — Garde nationale mobile augmentée.
— 29. — Forces militaires augmentées.

Septembre

— 1. — Réquisitions d'armes.
— 2. — Garde nationale de la Seine.
— 3. — Billets de banque en Algérie.
— 4. — Proclamations.
Décret du 4. — Amnisties.
— 4. — Abolition du Sénat.
— 4. — Dissolution du corps législatif.
— 4. — Armes (Liberté de la fabrication des).
— 5. — Timbre des journaux abolis.
— 6. — Serments politiques.
— 6. — Ministère de la maison de l'empereur supprimé.
— 6. — Formule exécutoire des actes.
— 7. — Loyers.
— 7. — Condamnés réhabilités.
— 7. — Concordats amiables.
Proclamation du 8 septembre pour élections d'une Assemblée nationale.
Décret du 9. — Prescriptions et péremptions en matière civile.
— 10. — Prorogation des effets de commerce.
— 10. — Imprimerie et librairie rendues libres.
— 10. — Prorogation des annuités des brevets d'invention.
— 11. — Serment des fonctionnaires.
— 12. — Naturalisation des étrangers.
— 12. — Réhabilitation des fonctionnaires et militaires compromis en 1851.
— 12. — Délégation de Tours.
— 13. — Droit de chasse suspendu.
— 14. — Jury.

— 13. — Présidence du conseil de préfecture supprimée.
— 15. — Elections.
— 15. — Conseil d'Etat.
— 15. — Actes officiels de la délégation de Tours.
— 16. — Gouvernement de la Défense nationale à Tours.
— 16. — Expulsion de certains étrangers.
— 16. — Conseils municipaux (nouvelles élections).
— 18. — Conseil municipal de Paris.
— 19. — Constitution de l'an VIII (art. 75 abrogé).
— 20. — Dissolution des conseils municipaux.
— 22. — Secours mutuels.
— 24. — Suspension des élections municipales à l'Assemblée.
— 25. — Sceaux de l'Etat.
— 29. — Conseil des prises.
— 30. — Commission d'examen des ouvrages dramatiques supprimée.

Octobre

— 1. — Bulletin des lois de la délégation de Tours.
— 1. — Contingent de la classe de 1870.
— 3. — Conseil d'Etat remplacé.
— 3. — Prorogation de délai en matière commerciale.
— 3. — Prescriptions et péremptions en matière civile.
— 4. — Délégation de Tours.
— 4. — Décrets du gouvernement.
— 7. — Conseil d'Etat remplacé.
— 10. — Avancement dans l'armée.
— 10. — Cautionnement des journaux aboli.
— 11. — Prorogations de délais en matière commerciale.
— 12. — Armes étrangères (Réquisitions d').
— 13. — Syndics des huissiers nommés par les chambres des huissiers.
— 14. — Prorogations des annuités pour brevets d'invention.
— 21. — Roulement des cours et tribunaux.
— 24. — Israélites algériens déclarés citoyens français.
— 24. — Surveillance de la haute police.
— 24. — Indigènes et étrangers en Algérie naturalisés.
— 24. — Algérie (Organisation politique de l')
— 24. — Avancement dans l'armée.
— 25. — Officiers ministériels appelés sous les drapeaux.
— 25. — Emprunt de 250 millions.
— 26. — Naturalisation des étrangers qui servent la France.
— 27. — Secours mutuels (nomination des présidents).
— 28. — Légion d'honneur abolie en tant qu'ordre civil.
— 28. — Contingent de la classe de 1870.

Novembre

— 1. — Plébiscite décrété.
— 1. — Elections de maires et d'adjoints à Paris.

— 2 — Saisies immobilières et folle enchère suspendues.
— 2. — Levée en masse.
— 3. — Avancement dans l'armée.
— 4. — Haute cour de justice abolie.
— 4. — Maires et adjoints de Paris (mode d'élections).
— 5. — Promulgation des lois et décrets.
— 5. — Effets de commerce.
— 7. — Levée en masse réglementée.
— 8. — Médaille militaire modifiée.
— 8. — Croix de la Légion d'honneur modifiée.
— 10. — Prorogation des effets de commerce.
— 11. — Rabbins (élection des).
— 11. — Promulgation des lois et décrets de la délégation en province.
— 12. — Célibataires ou veufs sans enfants appelés au service.
— 14. — Militaires ayant perdu leurs grades par suite des événements de décembre 1851.
— 14. — Prorogation des effets de commerce.
— 14. — Mères ou veuves de militaires.
— 16. — Avocats généraux supprimés.
— 22. — Levée en masse.
— 27. — Code pénal modifié.
— 29. — Opérations militaires (comptes-rendus interdits).

Décembre

Arrêté du 1er. — Librairie (liberté de la).
— 4. — Officiers ministériels suppléés.
— 8. — Délégation transférée à Bordeaux.
— 12. — Décrets du gouvernement.
— 12. — Coupures des billets de banque descendues à 20 francs.
— 12. — Prorogation des effets de commerce.
— 15. — Faculté de droit à Bordeaux.
— 25. — Conseils généraux dissous et commissions départementales instituées.
— 28. — Annonces judiciaires et légales.
— 30. — Enfants des citoyens morts pour la France.
— 31. — Monnaies étrangères et monnaies françaises.

ANNÉE 1871

Janvier

— 3. — Caisse de la dotation de l'armée.
— 5. — Levée de la classe de 1871.
— 8. — Prorogation des effets de commerce.
— 11. — Victimes du bombardement de Paris.
— 12. — Prorogation des effets de commerce.
— 21. — Présidence du gouvernement.
— 25. — Brevets d'invention (annuités prorogées).
— 27. — Prorogation des effets de commerce.
— 28. — Déchéance de certains magistrats.
— 29. — Assemblée nationale (élection d'une).

— 29. — Médaille militaire accordée aux officiers de la garde nationale.
— 29. — Inéligibilité.
— 30. — Elections dans les départements occupés par l'ennemi.
— 31. — Assemblée nationale (élections à l')
— 31. — Elections fixées au 8 février.
— 31. — Inéligibilité (cas d')

Février

— 2. — Électionss de Paris fixées au 8 février.
— 4. — Inéligibilité (cas d')
— 4. — Décrets du gouvernement.
— 9. — Prorogation des effets de commerce.
— 14. — Prorogation des délais de la prescription pour les délits forestiers.
Résolution du 17. — Pouvoir exécutif (M. Thiers en est nommé chef).
Décret du 18. — Conseil général des hospices.

Mars

Loi du 2. — Paix de Versailles ratifiée.
Résolution du 10. — Assemblée à Versailles.
Loi du 10. — Prorogation des effets de commerce.
— 18. — Traité de paix.
— 24. — Prorogation des effets de commerce.
Arrêté du 24. — Préfecture de police.
Loi du 26. — Assassinat des généraux Lecomte et Clément Thomas.
— 26. — Assassinat des généraux Lecom t et Clément Thomas (famille du général Lecomte.
— 29. — Conseils généraux et d'arrondissement.
Arrêté du 30. — Armes et Cartouches.

Avril

Arrêté du 1. — Commission provisoire en remplacement du conseil d'Etat.
— 1. — Dépenses de l'Etat.
Loi du 4. — Tribunaux de commerce (élections des membres).
— 6. — Commission chargée d'examiner les marchés passés à l'occasion de la guerre.
— 10. — Loi électorale modifiée.
— 14. — Elections municipales.
— 15. — Délits de presse.
Arrêté du 16. — Elections pour les conseils municipaux.
Loi du 17. — Service judiciaire dans les parties des départements partiellement détachés de la France.
— 21. — Loyers
— 22. — Concordats amiables.
— 26. — Prorogation des effets de commerce.
— 28. — Etat de siége.

Mai

— 2. — Inéligibilité des préfets et sous-préfets.
— 2. — Officiers ministériels qui se sont fait suppléer.
— 12. — Propriétés publiques ou privées inaliénables.
— 22. — Saisies immobilières et folle-enchère.

— 26. — Prescriptions et péremptions en matière civile.
— 28. — Maison de M. Thiers.
Arrêté du 27. — Traité de Londres promulgué.
Loi du 30. — Lettres de ou pour militaires en campagne.

Juin

— 3. — Maison de M. Thiers payée 1,053,000 francs par la France.
— 8. — Princes de Bourbon.
Arrêté du 9. — Belfort élit un représentant.
— 9. — Elections particlles.
Loi du 13. — Réquisitions exercées contre les particuliers.
— 17. — Droit de grâce.
— 19. — Electeurs et éligibles.
— 19. — Armes de guerre (fabrication d').
— 20. — Emprunt de 2 milliards.
— 21. — Commission de surveillance des caisses d'amortissement.
— 21. — Concession de terrains en Algérie.
Arrêté du 23. — Emprunt.
— 25. — Assistance publique réorganisée.

Juillet

Loi du 4. — Prorogation des effets de commerce.
Arrêté du 5. — Brevets d'invention.
— 6. — Cautionnement de la presse.
— 6. — Salles d'asile.
— 8. — Tarif des douanes modifié.
— 10. — Etat civil de la Seine.
— 11. — Douanes (droits de).
— 12. — Magistrats (roulement des).
— 15. — Conseils de guerre et conseil de révision à Versailles.
Loi du 19. — Etat civil de Paris pendant la Commune annulé.

Août

— 7. — Conseils de guerre constitués.
— 8. — Commandements dans l'armée révisés.
— 9. — Disparus pendant la guerre.
— 9. — Chasse (droit de).
— 10. — Conseils généraux.
Arrêté du 19. — Cautionnement des journaux en Algérie.
Loi du 23. — Etat civil de Paris annulé.
— 23. — Enregistrement et timbre (nouveaux droits).
— 24. — Postes (nouvelles taxes).
— 23. — Gardes nationales dissoutes.
Arrêté du 25. — Papiers timbrés actuellement en usage.
Loi du 31. — Présidence de la République.

Septembre

— 1. — Contributions indirectes (nouveaux impôts).
Décret du 2. — Vice-présidence.
— 2. — Formules exécutoires des jugements.
Loi du 4. — Contributions indirectes (impôts).
— 4. — Contributions directes pendant l'exercice 1872.
— 5. — Classe de 1870 (contingent).
— 6. — Dédommagement à ceux qui ont subi des pertes pendant la guerre.
— 7. — Meurthe-et-Moselle.
— 8. — Assemblée nationale à Versailles.

FIN DE LA TABLE CHRONOLOGIQUE

LE NOUVEAU LIVRE DE TOUS LES MÉNAGES

GRANDE ENCYCLOPÉDIE

D'ÉCONOMIE DOMESTIQUE

ET RURALE

ART CULINAIRE; Hygiène, Médecine usuelle, Pharmacie domestique, Art vétérinaire, Économie rurale, Floriculture, Jardinage, Botanique, Agriculture, Physique et Chimie usuelle, Législation et Droit pratique, Industrie, Commerce, Tenue de livres, Finances, Nouvelles lois, Nouveaux impôts, Jeux de société et d'enfants, Traité de pêche, de chasse, Formulaires de pétitions, Réclamations et Actes sous-seings privés.

Contenant toutes les connaissances indispensables de la vie pratique à la ville et à la campagne, et d'une application journalière

1º CUISINE des petits ménages ; cuisine bourgeoise ; grande cuisine ; *Art d'accommoder les restes* ; Glaces ; Vins naturels et factices ; Office ; *Pâtisserie* ; Conserves ; Bières ; Liqueurs ; Salaisons ; Service de table ; Savoir-vivre ; Jours maigres ; Table des mets selon l'ordre de service ; Ustensiles, instruments et procédés nouveaux ; manière de servir et de découper ; Cuisines anglaise, allemande, flamande, polonaise, russe, italienne, gothique, etc. Cuisines provençales, languedocienne, normande, alsacienne, etc.; Art du distillateur, du confiseur, du pâtissier, etc.

2º MÉDECINE domestique ; Hygiène ; soins à donner aux enfants, aux malades, aux blessés : Plantes médicinales ; Propriétés des aliments solides et liquides ; Pharmacie usuelle ; Bains ; Eaux ; Herboristerie pratique ; *Falsifications*.

3º AMEUBLEMENT ; Comptabilité domestique, Habillement, Blanchissage ; Art d'enlever les taches, etc.

4º ART VÉTÉRINAIRE, Soins à donner aux animaux domestiques ; Art d'élever les oiseaux de volière ; oiseaux chanteurs ; Basse-cour ; Faisanderie ; Acclimatations ; Poissons.

5º AGRICULTURE, Champs ; Prairies ; Vignes ; Engrais ; Jardinage ; Jardinier amateur ; Floriculture ; Jardinier potager ; *Botanique* ; Apiculture ; Pisciculture ; Chimie usuelle, agricole, industrielle et culinaire ; Physique pratique ; Insectes utiles, leurs produits ; Insectes nuisibles, leurs dégâts et les moyens de les détruire, etc.

6º EXERCICES DU CORPS, Chasse à tir, à courre et aux pièges ; Pêche ; Gymnastique ; Escrime ; Equitation.— Sport — Courses.

7º JEUX, Jeux de cartes, d'adresse, de billard, de combinaison ; de hasard ; les Tricheries dévoilées ; Jeux d'enfants.

8º INDUSTRIE, Commerce, Monnaies ; Poids et mesures de tous pays ; comptabilité commerciale, tenue de livre partie double et simple ; Taxe des postes ; Télégraphes ; Chemins de fer, etc.

9º LÉGISLATION et FINANCES, Code civil, de commerce, maritime, rural et criminel, parfaitement expliqués et mis à la portée de tous ; Nouvelles Lois ; Nouveaux impôts, annotés et expliqués ; Assurances ; Tontines ; Caisse d'épargne et de retraite ; Bourse ; Jeux de bourse ; Formulaires de pétitions, Réclamations et d'Actes sous seings-privé.

Environ **6,000 recettes**, plus de **2,500 descriptions**, plus de **1,000 définitions**, en tout près de **dix mille articles**

ÉDITION ORNÉE D'ENVIRON 1,000 GRAVURES

Ouvrage rédigé sous la direction de **JULES TROUSSET** *par une société de savants et de gens de lettres*

Cet ouvrage considérable est une œuvre toute nouvelle, appelée à combler un des vides les plus regrettables de la librairie française, et nous *pouvons dire hautement, hardiment, sans crainte d'être jamais démenti* par personne, que dans nos parties principales, nous sommes plus COMPLET qu'aucun des auteurs spéciaux qui ont écrit sur les mêmes matières. — Les ouvrages les plus importants parus jusqu'à ce jour, ceux mêmes qui coûtent 30, 40 et 50 francs, ne contiennent que 8, 10 et 12 milles lignes au maximum ; celui-ci contiendra plus de **cent vingt mille** lignes, — **1,000 gravures inédites**, — environ **10,000 recettes utiles ou articles divers.**

CONDITIONS DE LA SOUSCRIPTION :

Cet ouvrage paraîtra en livraisons de 8 pages sur 2 colonnes ; ornées de gravures. Prix de chaque livraison : **10 centimes.**
La 1re livraison paraîtra le 1er mars 1873. — Il paraîtra 3 et 4 livraisons par semaine. Cet ouvrage se vendra aussi en séries de 5 livraisons. Prix de la série : **50 centimes** (3 séries par mois). L'ouvrage sera entièrement paru en novembre 1873 — Il sera complet en 125 livraisons à 10 centimes, — ou 25 séries à 50 centimes. — Il aura plus de **1,000 pages, 2,000 colonnes, 120,000 lignes,** plus de **8 millions de lettres.**

— *On peut souscrire dès à présent* —

TROISIÈME INVASION

HISTOIRE DE LA

GUERRE DE 1870-71

Siége de Sedan, Metz, Strasbourg, Châteaudun, Péronne, Belfort, etc., etc.

SIÉGE DE PARIS

FRANCS-TIREURS, MOBILES, MOBILISÉS, GENDARMES, DOUANIERS, ETC.

Les causes de la guerre — Les premières batailles — Invasion de la province
Gouvernement de Tours — Gambetta — Garibaldi — Histoire des armées du Nord, de l'Est, de la
Loire, etc., etc.—Assemblée nationale—Comité de la garde nationale—Le gouvernement
de M. Thiers, président de la République, etc., etc.

*Seul ouvrage contenant le compte-rendu analytique des ouvrages publiés depuis la paix, par les
Généraux et Officiers des armées françaises et allemandes*

par

DE LA BRUGÈRE

Ancien rédacteur en chef des journaux : l'Ami du foyer — le Journal historique
la Revue pour Tous illustrée — de la Revue historique et scientifique — continuateur de l'Histoire de
France par Anquetil, de 1789 à 1873 — de l'Histoire des Révolutions et des Peuples
de la Grande Encyclopédie universelle des Connaissances utiles
Rédacteur en chef des Grands Drames de la Cour d'assises et des conseils de guerre (20 vol. in 1º)
de la Revue des Tribunaux, etc , etc.

100 GRANDES ET BELLES GRAVURES ORNENT CET OUVRAGE

Vues de villes, Batailles, Portraits, Scènes et types militaires, Plans, Cartes géographiques, etc.,
1 beau volume grand in-4º, de **856** pages sur **2** colonnes, contenant la matière de **8** volumes
ordinaioes, orné de nombreuses gravures et de cartes géographiques.

Prix, rendu franco à domicile: 6 francs 75 cent.

GUERRE CIVILE EN 1871

HISTOIRE DE LA

COMMUNE DE PARIS

Comité central — Le 18 mars — Les Hommes de la Commune — Réquisitions
Arrestations — Fusillades — Barricades — Séances secrètes de la Commune — Cours martiales
Prise de Paris — Massacres — Les Femmes de la Commune — Le Comité de Salut public
La police de la Commune — Incendies — Les Insurgés devant les Conseils de guerre — Exécution
Les Pontons — Les Insurgés à l'étranger, etc., etc

HISTOIRE DE L'INTERNATIONALE

La Commune à Lyon, à Marseille, à Toulouse, etc.

par

DE LA BRUGÈRE

Environ 150 grandes et belles gravures ornent cet ouvrage

PORTRAITS DESSINÉS D'APRÈS NATURE

Batailles, monuments incendiés, clubs des femmes, arrestations, fédérés trouvés dans les Catacombes
massacre des otages, scènes de barricades, séances de la Commune, prise de Paris,
Paris et ses environs, etc., etc.

Un fort volume gr. in-4º, de 416 pages, sur 2 colonnes, contenant la matière de 8 volumes ordinaires

Prix, rendu franco à domicile : **6 francs 75 centimes**

Seul ouvrage donnant les portraits des Membres de la Commune dessinés d'après nature

NOUVELLE ENCYCLOPÉDIE UNIVERSELLE

DES

CONNAISSANCES HUMAINES

OU

L'HISTOIRE, LES SCIENCES, LES ARTS ET LES LETTRES

Mis à la portée de toutes les classes et de toutes les intelligences

Par une société de savants et de gens de lettres , sous la direction de MM.

ABEL LEROUX	**Dr H. TROUSSET**	**DE LA BRUGÈRE**	**F. DE BOYÈRES**
chef d'instiution	*ancien professeur*	*rédacteur en chef du*	*collaborateur de l'Ency-*
auteur de plusieurs	*rédr du Grand Diction-*	*Journal historique*	*clopédie française*
ouvrages	*naire du XIXᵉ siècle*		

Ouvrage orné de gravures et de cartes par nos premiers artistes

Cet ouvrage contient :

Première Partie.

L'HISTOIRE GÉNÉRALE DE TOUS LES PEUPLES, depuis les temps les plus reculés jusqu'à nos jours (1873). — Eléments d'histoire générale : Création , le déluge , les Hébreux, la mythologie, les Égyptiens, Assyriens, Babyloniens, les Chinois, Japonais, les Mèdes, les Perses, les Indiens, les Indoux, les Grecs, les Romains, ère chrétienne, les peuples d'Italie, *Histoire des Papes*, les Phéniciens, les Arabes, les Turcs, états barbaresques, les Germains, les Allemands, les Gaulois et les Francs, Espagne et Portugal, Suisse, Belgique, Hollande, les Bataves, les Russes, les Polonais, les Prussiens, les peuples Scandinaves, les Anglais, les Américains, le Mexique, le Brésil, *gouverne-ments des principaux peuples* — Les Révolutions françaises. — *Chronologie ou science des temps.*— Table chronologique de l'Histoire générale.

Biographie des personnages les plus célèbres de l'histoire générale ancienne et moderne

Géographie ancienne avec carte, Géographie descriptive et moderne

Deuxième Partie.

ASTRONOMIE. —But et origine, historique de l'astronomie, découvertes, système du monde, mouvement de la terre et des astres, les planètes, les comètes, les éclipses, calendriers, etc., etc. — GÉOLOGIE. Définition, composition géologique, carte géologique, soulèvements volcaniques, puits artésiens, etc., etc.—PALÉONTOLOGIE. Fossiles, etc., etc,—MÉTÉOROLOGIE. Définition, chaleur, goutte d'eau, rosée, givre, verglas, pluie, neige, phénomènes , électricité, paratonnerres, pronostics météorologiques, etc., etc. — GÉOGRAPHIE PHYSIQUE. Définition, etc. — MINÉRA-LOGIE. But, classification, minéraux, terres diverses, etc., etc.— PHYSIQUE. Définition, propriétés des corps, forces, pesanteur, le pendule, la balance, hydrostatique, pesanteur de l'air, baromètre, densité des corps, attraction, acoustique, thermomètre, électricité, galvanisme, magnétisme, etc., etc.— PHOTOGRAPHIE. Origine, nouveaux procédés, etc., etc.—CHIMIE. Nomenclature, langage chimique, etc., etc. — BOTANIQUE. Définition, anatomie , classification , plantes médicinales , plantes vénéneuses, plantes à cultiver dans les jardins , époque des semences , etc., etc. — ZOOLOGIE. Définition, classification, poissons, oiseaux, mammifères, etc., etc —LITTÉRATURE. Définition, Historique, etc., etc.— POÉSIE. Définition, règles, etc., etc.— MUSIQUE. Définition , principes, etc., etc.— ANTROPOLOGIE. Défininition, origine de l'homme , races , les 4 âges du monde , etc., etc.—HYGIÈNE. Tampérament, constitution , etc.—ANATOMIE ET PHYSIOLOGIE DE L'HOMME. Alimentation , vêtement, habitation , exercice. — HYGIÈNE RURALE. Diverses recettes.—MÉDECINE POPULAIRE. Recettes, gymnastique , bains, natation.

LES CODES EXPLIQUÉS, mis à la portée de tous, les NOUVELLES LOIS JUSQU'EN 1873, expliquées, — TRAITÉ D'AGRICULTURE, — l'ART VÉTÉRINAIRE PRATIQUE, — les LES LOIS COMMERCIALES expliquées. — TENUE des livres en partie double et partie simple. PRINCIPALES ORIGINES des INVENTIONS et DÉCOUVERTES, — etc., etc., etc.

1 très-gros vol. gr. in-8º raisin, d'environ 1,000 pages, 2,000 colonnes, 120,000 lignes.

Prix : 10 francs rendu à domicile.

S'adresser à nos voyageurs.

LE GRAND PLANISPHÈRE ILLUSTRÉ
D'après les cartes de la marine et les documents les plus récents.

Cette splendide carte mesure 1 mètre 20 sur 90 centimètres de largeur; elle est fort bien imprimée à la main, sur beau papier très-fort, et très-bien coloriée ; pour toutes les personnes qui souscriront à un de nos ouvrages ce planisphère leur sera donné moyennant 3 francs seulement au lieu de 6 francs, son prix habituel.

BRISEFERT L'INSURGÉ
HISTOIRE POPULAIRE DU 2 DÉCEMBRE
Par JEAN BRUNO

1 fort volume grand in-4º, orné de 60 belles gravures, prix : 5 francs, *franco*.

UN DRAME SUR LES PONTONS
Par PIERRE ZACCONE

édition ornée de gravures, prix · 2 francs, *franco*.

LE PANTHÉON RÉPUBLICAIN

15 centimes. La livraison contient une biographie et un magnifique portrait. Beau papier glacé, satiné, format grand in-folio. — Le portrait peut être détaché de la livraison pour être encadré.

LES ENFANTS DU PÈRE DUCHÊNE

Scènes de la Commune en 1871 — 1 volume in-4º orné de gravures inédites. Prix 2 fr. 50

DERNIER OUVRAGE DE VERMOREL

QU'EST-CE QUE LA RÉPUBLIQUE ?
Par VERMOREL

Cet ouvrage a été écrit quelques jours avant le 18 mars. Pendant la Commune, Vermorel pria son éditeur de ne pas le faire paraître; il craignait, disait-il, ses collègues de la Commune de Paris. On le verra, l'auteur était bien éloigné des doctrines terroristes de la Commune.
PRIX : 1 franc, envoi *franco* contre timbres-poste.

MÉMOIRES D'UN AGENT DE POLICE
Par M. X···, ancien agent secret

DRAMES   MYSTÈRES   RÉVÉLATIONS

Cet ouvrage est tout à la fois intéressant comme le roman le plus dramatique, et instructif comme l'histoire. C'est la chronique tour à tour émouvante ou scandaleuse de la vie publique et de la vie privée depuis 60 ans.—Drames mystérieux et sanglants, machinations ténébreuses, révélations sur les causes d'événements peu ou mal connus, qui jetèrent dans la société le trouble, la douleur et l'effroi : tout concourt, dans ces mémoires, à la lecture la plus attachante, 10 centimes la livraison illustrée, chez tous les libraires. — L'ouvrage complet, broché avec couverture en couleur, édition illustrée de 82 grandes gravures inédites, prix : 8 fr. 50.
Pour recevoir l'ouvrage complet et franco, adresser à M. Fayard, éditeur, un mandat de 8 fr. 50.

LES GRANDS DRAMES DE LA COUR D'ASSISES
ET DES CONSEILS DE GUERRE

10 centimes la brochure de 32 pages ornées de gravures

Les 100 premières brochures sont en vente, elles forment 12 beaux volumes environ. 3,600 pages de texte ornées de 300 gravures inédites. *Pour recevoir les 12 volumes franco par la poste, adresser à M. Fayard, éditeur, rue des Noyers, à Paris, un mandat de 10 fr. 80. Bon marché sans précédent.*

RABAIS INCROYABLE, 16 FR. AU LIEU DE 80 FRANCS

HISTOIRE DE FRANCE, PAR ANQUETIL
Terminée jusqu'en 1873 par DE LA BRUGÈRE
5 centimes la livraison illustrée

290 livraisons sont parues; l'ouvrage sera complet en 1873 et formera 320 livraisons à 5 centimes; les personnes qui adresseront dans le courant de l'année 16 francs en un mandat sur la poste à M. Fayard, éditeur, 49, rue des Noyers, recevront de suite les 7 beaux volumes parus et le 8e et dernier volume en décembre 1873. — **Avis important.** En 1874, le prix de cet ouvrage sera doublé; il est vraiment impossible de faire une nouvelle édition au même prix.

Imprimerie Moderne (Barthier, d?), rue J.-J.-Rousseau, 61.